国家开放教育汽车类专业（专科）规划教材
全国汽车职业教育人才培养工程规划教材

# 二手车鉴定与评估

国家开放大学汽车学院组织编写
卞良勇　主　编
施玉民　副主编

人民交通出版社股份有限公司·北京
国家开放大学出版社·北京

## 内 容 提 要

本书为国家开放教育汽车类专业(专科)规划教材、全国汽车职业教育人才培养工程规划教材之一。主要内容包括:二手车鉴定评估基础、二手车交易资格的审定、二手车技术状况鉴定、二手车价值评估方法、二手车鉴定评估方法的运用、二手车鉴定评估报告的撰写、二手车收购评估与销售定价。

本书可作为高等职业技术学院和高等专科学校汽车类专业的教材,也可供从事汽车维修、汽车营销的工程技术人员参考。

**图书在版编目(CIP)数据**

二手车鉴定与评估/卞良勇主编. —北京:人民交通出版社股份有限公司:国家开放大学出版社,2018.4

ISBN 978-7-114-14560-5

Ⅰ.①二… Ⅱ.①卞… Ⅲ.①汽车—鉴定 ②汽车—价格评估 Ⅳ.①U472.9 ②F766

中国版本图书馆 CIP 数据核字(2018)第 030466 号

| | |
|---|---|
| 书　　名: | 二手车鉴定与评估 |
| 著 作 者: | 卞良勇 |
| 责任编辑: | 郭　跃 |
| 出版发行: | 人民交通出版社股份有限公司 |
| | 国家开放大学出版社 |
| 地　　址: | (100011)北京市朝阳区安定门外外馆斜街 3 号 |
| | (100039)北京市海淀区西四环中路 45 号 |
| 网　　址: | http://www.ccpress.com.cn |
| | http://www.crtvup.com.cn |
| 销售电话: | (010)59757973 |
| | (010)66490011 |
| 总 经 销: | 人民交通出版社股份有限公司发行部 |
| 经　　销: | 各地新华书店 |
| 印　　刷: | 北京市密东印刷有限公司 |
| 开　　本: | 787×1092　1/16 |
| 印　　张: | 14.75 |
| 字　　数: | 326 千 |
| 版　　次: | 2018 年 4 月　第 1 版 |
| 印　　次: | 2024 年 5 月　第 5 次印刷 |
| 书　　号: | ISBN 978-7-114-14560-5 |
| 定　　价: | 36.00 元 |

(有印刷、装订质量问题的图书由本公司负责调换)

# 总 序

　　国家开放大学汽车学院是国家开放大学的二级学院。其前身为北京中德合力技术培训中心与中央广播电视大学（现国家开放大学）于2004年创建的汽车专业（专科）。经过多年的教学努力与经验积累，以及北京中德合力技术培训中心与国家开放大学、中国汽车维修行业协会、中国汽车文化促进会鼎力合作，2013年11月26日国家开放大学汽车学院正式成立。

　　在2003年颁布的《教育部等六部门关于实施职业院校制造业和现代服务业技能型紧缺人才培养培训工程的通知》中，汽车维修专业被确定为紧缺人才专业。为满足教学需要，由北京中德合力技术培训中心负责组织编写，中央广播电视大学出版社（现国家开放大学出版社）出版了汽车专业（专科）系列教材，包括27本文字教材和相配套的课程形成性考核册、音像资料等。2008年5月，远程开放教育首届汽车维修专业500多名专科毕业生走向社会，受到行业普遍欢迎。十几年来，国家开放大学累计培养汽车专业（专科）毕业生近3万人，社会评价较高。

　　2015年年底，按照教育部最新颁布的《普通高等学校高等职业教育（专科）专业目录（2015年版）》，国家开放大学汽车学院对已开设的开放教育汽车（汽车维修方向）专业、汽车（汽车营销方向）专业两个专业和"新型产业工人培养和发展助力计划"汽车检测与维修技术专业、汽车技术服务与营销专业两个专业进行了合并，重新设置了汽车运用与维修技术、汽车营销与服务两个专业（专科），制定了新专业的人才培养方案。为满足新专业的教学需要，汽车学院组织编写了本套国家开放教育汽车类专业（专科）规划教材、全国汽车职业教育人才培养工程规划教材。本套教材具有如下特点：

　　第一，针对性强。教材内容的选择、深浅程度的把握、编写体例严格按照国家开放大学关于开放教育教材的编写要求进行，满足成人教育的需要。

　　第二，专业特色鲜明。汽车运用与维修技术、汽车营销与服务两个专业（专科）是应用型专业。教材主编均为来自高校和汽车维修、营销一线的专家，他们的教学和实践经验丰富，所选内容能够强化实训环节，理论和实训部分比例适当，联系紧密，实用性强。

　　第三，采用互联网科技。全套教材实现了文字教材＋二维码，引入了二维、三维动画和音视频等学习资源，对传统教材是一大突破，增加了教材的可读性、可视性、知识性和趣味性。

　　第四，整合优质资源。本套教材是由国家开放大学出版社、人民交通出版社股份有限公司联合出版发行的国家开放教育汽车类专业（专科）规划教材、全国汽车职业教育人才培养工程规划教材，面向国家开放大学系统和全社会公开发行，不但适合国家开放大学的需要，也适合其他高等职业院校汽车运用与维修技术、汽车营销与服务专业（专科）的教学需要。

　　在本套教材的组编过程中，国家开放大学就规划教材如何做出鲜明行业特色做了重要指示。北京中德合力技术培训中心承担了教材编写、审定的组织实施及出版、发行等环节的沟通协调工作。中国汽车维修行业协会积极调动行业资源，深入参与教材的组织编写，人民交通出版社股份有限公司积极提供二维码资源。中国汽车文化促进会积极推荐主编人选，参与教材编写的组织工作。各教材主编、参编老师和专家们认真负责、兢兢业业,确保教材的组编工作如期完成。没有他们认真负责的工作和辛勤的劳动付出,本套教材的编写、出版、发行就不可能这么顺利进行。借此机会,对所有参与、关心、支持本套教材编辑、出版、发行的先生、女士表示衷心感谢!

本套教材编写时间紧,协调各方优质资源任务重,难免存有不足之处,还请使用者批评指正,不吝赐教。

2017 年 8 月

# 前　言

《二手车鉴定与评估》是国家开放教育汽车类专业(专科)规划教材、全国汽车职业教育人才培养工程规划教材之一。

通过本书的学习，使学生能够了解二手车交易市场状况；掌握二手车交易类型和交易程序；掌握二手车鉴定评估的目的、程序、依据和原则；掌握二手车手续和车辆识伪检查方法；掌握二手车技术状况的静态和动态检查方法；理解现行市价法、收益现值法、重置成本法和清算价格法的基本概念和原理并掌握其选用原则和计算方法；理解二手车营销内容，掌握二手车收购和销售定价方法；掌握二手车质量认证方法和质量担保内容。能识别二手车手续的真伪；能识别走私车、拼装车、盗抢车、事故车；能进行二手车的技术状况鉴定和技术等级评定；能确定事故车贬值额和二手车变现系数；能运用现行市价法、重置成本法、收益现值法、清算价格法评估二手车的价值；能撰写二手车鉴定评估报告；熟悉二手车营销内容、收购和销售定价方法等。使学生具备二手车鉴定与评估所必需的基础理论、专业知识和技能，成为高等职业教育应用型人才。

本书的编写是根据汽车专业培养目标和培养对象的认知水平及学习特点，将二手车鉴定与评估知识紧密围绕专业特点展开阐述，本书实现二手车鉴定与评估知识和汽车专业知识的有机结合，以"必需、够用、有效、经济"为原则，对教学内容进行整合优化和深度融合，在内容编排上突出介绍二手车鉴定评估知识在汽车专业基础上的运用，注重体现汽车专业学习中的基础性和实用性，具有专业知识和技能培养的针对性。

本书由山东交通学院卞良勇高级工程师主持编写，并担任统稿工作。本书共7章，按顺序分别由山东交通学院尹健、孙玉波、施玉民、赵帅华、付宾、张越、尹姝峰编写。在本书的编写过程中，承蒙有关同志的大力支持和山东交院旧机动车评估有限责任公司提供的大量案例素材，在此表示衷心感谢。此外，本书在编写过程中参考了大量的文献资料，在此向原作者表示诚挚谢意。由于本书编写时间仓促，编者知识水平有限，书中难免存在错误和不妥之处，敬请读者批评指正。

编　者<br/>
2018年2月

# 学习指南

## 0.1 学习目标

完成本门课程的学习之后,你将达到以下目标:

1. 认知目标

(1) 了解二手车交易市场状况,掌握二手车交易类型和交易程序。

(2) 理解二手车鉴定评估的概念、特点、目的和业务类型。

(3) 掌握二手车鉴定评估的程序、依据和原则,了解二手车鉴定评估机构及其业务类型。

(4) 理解二手车鉴定评估的假设和价值类型。

(5) 理解机动车使用寿命的定义与分类,了解机动车技术状况的变化规律,掌握机动车强制报废标准规定。

(6) 理解二手车交易的基本条件。

(7) 理解二手车交易资格审定程序。

(8) 掌握二手车手续识伪和车辆识伪方法。

(9) 掌握二手车技术状况的静态与动态检查方法,了解仪器检测法。

(10) 掌握二手车技术状况的评定与分级。

(11) 理解现行市价法、收益现值法、重置成本法和清算价格法的基本概念和原理。

(12) 理解现行市价法和收益现值法的应用前提。

(13) 掌握现行市价法、收益现值法、重置成本法和清算价格法的计算方法。

(14) 理解评估方法的区别与联系,掌握评估方法的选用原则。

(15) 理解事故车贬值的计算方法。

(16) 理解变现系数的概念。

(17) 理解二手车鉴定评估报告的概念与作用。

(18) 理解二手车鉴定评估报告撰写的基本要求和主要内容。

(19) 理解二手车营销内容,掌握二手车收购与销售定价方法。

(20) 掌握二手车质量认证流程与质量担保主要项目。

2. 技能目标

(1) 能根据评估目的选择正确的评估方法和适用的价值类型。

(2) 能根据机动车强制报废标准确定车辆剩余使用寿命。

(3) 能识别禁止交易的车辆。

(4) 能识别二手车手续和车辆的真伪。

(5) 能进行二手车技术状况的静态与动态检查,并识别事故车。

(6) 能根据静态、动态和仪器检查结果确定二手车技术状况,并进行等级评定。

(7) 能识别事故车的损伤程度。

(8) 能根据不同的评估目的选用合适的评估方法。

(9) 能用现行市价法、收益现值法、重置成本法和清算价格法评估二手车的价值。

（10）熟悉事故车贬值计算方法。
（11）熟悉变现系数的选择方法。
（12）能撰写二手车鉴定评估报告。
（13）熟悉二手车收购与销售定价方法。
（14）熟悉二手车质量认证与担保的主要内容。

3. 情感目标

（1）发挥自主学习的能力和团队合作精神，养成良好的工作作风。
（2）发挥收集、分析学习资料的能力，培养归纳、总结、关联知识点的能力。
（3）养成分析问题、解决问题的能力。

## 0.2 学习内容

本教材包括以下内容：

1. 二手车鉴定评估基础

本部分主要包括二手车与二手车交易市场的定义、二手车交易程序，二手车鉴定评估的概念、特点和程序，二手车鉴定评估的目的、依据和原则，二手车鉴定评估的假设与价值类型，机动车使用寿命及技术状况变化规律、机动车强制报废标准规定等内容。通过本部分内容的学习，能熟悉二手车交易流程和二手车鉴定评估流程。

2. 二手车交易资格的审定

本部分主要包括二手车交易的条件、二手车手续及车辆识伪检查等内容。通过对本部分内容的学习，重点掌握二手车手续及车辆识伪检查方法。

3. 二手车技术状况鉴定

本部分主要包括二手车技术状况鉴定方法、二手车技术状况的评定与分级、事故车的损伤鉴定等内容。通过对本部分内容的学习，重点掌握二手车静态与动态检查方法，能够识别事故车，并能对二手车技术状况进行评定与分级。

4. 二手车价值评估方法

本部分主要包括二手车鉴定评估的现行市价法、收益现值法、重置成本法、清算价格法等内容。通过对本部分内容的学习，重点掌握现行市价法和重置成本法的应用。

5. 二手车评估价值的计算

本部分主要包括事故车贬值损失计算和二手车鉴定评估案例等内容。通过对本部分内容的学习，重点掌握二手车鉴定评估方法的运用。

6. 二手车鉴定评估报告的撰写

本部分主要包括二手车鉴定评估报告的内容及撰写基本要求、撰写步骤及注意事项等内容。通过对本部分内容的学习，重点掌握二手车鉴定评估报告的撰写方法及步骤。

7. 二手车收购评估与销售定价

本部分主要包括二手车营销与市场分析、二手车的收购与销售定价、二手车的质量认证与担保等内容。通过对本部分内容的学习，重点掌握二手车收购与销售定价方法和二手车质量认证程序与质量担保内容。

## 0.3 学习准备

在学习本教材之前，你应具有汽车结构原理与维修、汽车检测与诊断的基础知识以及使用计算机或手机进行网页浏览、资料下载等能力。

## 0.4 学习评价

1. 评价方式

本课程的学习评价采用形成性考核和终结性考试两种方式进行。其中,形成性考核采取作业册的方式进行,主要检验学生的作业完成情况。终结性考试是在形成性考核的基础上,对学生学习情况和学习效果进行的一次全面检测。

2. 评价要求

本课程的评价重点为文字教材的基本概念、基础知识和基本分析方法,各章内容均有考核要求。

3. 试题题型

本课程试题题型及其他说明详见国家开放大学考试中心发布的课程考试管理文件"二手车鉴定与评估课程考核说明"。

# 目 录

## 第1章 二手车鉴定评估基础 ... 1
1.1 二手车与二手车交易市场 ... 1
1.2 二手车鉴定评估概述 ... 8
1.3 二手车鉴定评估的假设和价值类型 ... 20
1.4 机动车使用寿命与技术状况变化的一般规律 ... 23
本章小结 ... 28
自测题 ... 29

## 第2章 二手车交易资格的审定 ... 30
2.1 二手车交易的条件 ... 30
2.2 二手车手续及车辆的识伪检查 ... 32
本章小结 ... 46
自测题 ... 46

## 第3章 二手车技术状况鉴定 ... 48
3.1 技术状况鉴定方法 ... 48
3.2 事故车的损伤鉴定 ... 80
3.3 二手车技术状况的评定与分级 ... 99
本章小结 ... 110
自测题 ... 110

## 第4章 二手车价值评估方法 ... 112
4.1 现行市价法 ... 112
4.2 收益现值法 ... 115
4.3 重置成本法 ... 119
4.4 清算价格法 ... 135
本章小结 ... 137
自测题 ... 137

## 第5章 二手车鉴定评估方法的运用 ... 139
5.1 二手车鉴定评估方法的选择 ... 139
5.2 事故车贬值的估算 ... 142
5.3 变现系数的确定 ... 145
5.4 二手车评估实例 ... 146
本章小结 ... 158
自测题 ... 159

**第6章　二手车鉴定评估报告的撰写** ·········································· 160
  6.1　二手车鉴定评估报告的概念与作用 ······································ 160
  6.2　撰写鉴定评估报告的基本要求和主要内容 ································ 161
  6.3　二手车鉴定评估报告的撰写步骤 ········································ 164
  6.4　二手车鉴定评估报告撰写示例 ·········································· 165
  本章小结 ······························································ 171
  自测题 ································································ 171

**第7章　二手车收购评估与销售定价** ·········································· 173
  7.1　二手车营销与市场分析 ················································ 173
  7.2　二手车收购定价 ···················································· 179
  7.3　二手车销售定价 ···················································· 183
  7.4　二手车质量认证与担保 ················································ 190
  本章小结 ······························································ 199
  自测题 ································································ 199

**参考文献** ································································ 201

# 第1章 二手车鉴定评估基础

## 导言

本章主要介绍了二手车、二手车交易市场与二手车鉴定评估的相关定义及基本概念,围绕二手车交易和二手车鉴定评估工作,阐述相关基本理论和知识点。本章的学习内容力求使学生掌握二手车相关基本知识,为继续学习后续章节打下坚实的基础。

## 学习目标

1. 认知目标
(1) 了解二手车交易市场状况,掌握二手车交易类型和交易程序。
(2) 理解二手车鉴定评估的概念、特点、目的和业务类型。
(3) 掌握二手车鉴定评估的程序依据和原则,了解二手车鉴定评估机构及其业务类型。
(4) 理解二手车鉴定评估的假设和价值类型。
(5) 理解机动车使用寿命的定义与分类,了解机动车技术状况的变化规律,掌握机动车强制报废标准规定。
2. 技能目标
(1) 能根据评估目的选择正确的评估方法和适用的价值类型。
(2) 能根据机动车强制报废标准确定车辆剩余使用寿命。
3. 情感目标
(1) 初步养成自觉遵守国家标准的习惯。
(2) 培养一丝不苟、严肃认真的工作作风。
(3) 增强空间想象能力和思维能力,提高学习兴趣。

## 1.1 二手车与二手车交易市场

近年来,随着国民经济的发展和市场经济体制的不断完善,我国汽车的保有量迅速增加,特别是私人汽车保有量和城乡对不同层次汽车需求量的增加尤为明显。据统计,2016年全国乘用车新车的销售量达到了2438万辆,汽车产业的零售规模已经达到了4万亿元。二手车交易也日趋活跃,交易量逐年增加。2016年,全国二手车交易量已达到了1039万辆,如此庞大的数字背后是汽车需求多元化发展的结果,其中二手车交易市场占有举足轻重的地位。

### 1.1.1 二手车与二手车交易市场的定义

1. 二手车的定义

为了加强旧机动车流通管理,规范旧机动车交易行为,保障旧机动车交易双方的合法权益,1998年3月国内贸易部发布了《旧机动车交易管理办法》,将旧机动车定义为:办理了机动车注册登记等手续,距报废标准规定年限一年以上的汽车(含摩托车)及特种车辆;2005年8月29日,商务部、公安部、工商总局、税务总局联合发布《二手车流通管理办法》,将二手车定义为:从办理完注册登记手续到达到国家强制报废标准之前进行交易并转移所有权的汽车(包括三轮汽车、低速载货汽车,即原农用运输车)、挂车和摩托车。在国外,则将二手车称为"Used Car",意为"使用过的汽车"。

为规范二手车鉴定评估行为,营造公平、公正的二手车消费环境,保护消费者合法权益,促进汽车市场健康发展,2013年12月31日,国家质检总局、国家标准委正式发布了由中国汽车流通协会起草的国家标准 GB/T 30323—2013《二手车鉴定评估技术规范》,将二手车定义为:二手车是指从办理完注册登记手续到达到国家强制报废标准之前进行交易并转移所有权的汽车。

2. 二手车交易市场的定义

在我国,二手车交易市场是指依法设立、为买卖双方提供二手车集中交易和相关服务的场所。在某些地方,仍沿用旧机动车交易中心的名称,其经营主体是经工商行政管理部门依法登记,从事二手车经销、拍卖、经纪、鉴定评估的企业。二手车交易市场具有中介服务商和商品经营者的双重属性。具体而言,二手车交易市场就是把二手车信息和资源聚集在一起,买主和卖主进行二手车产权交易的场所。

二手车交易市场经营者应当为二手车经营主体提供固定场所和设施,并为客户提供办理二手车鉴定评估、转移登记、保险、纳税等手续的条件。二手车经销企业、经纪机构应当根据客户要求,代办二手车鉴定评估、转移登记、保险、纳税等手续。二手车交易市场经营者和二手车经营主体应当建立完整的二手车交易购销、买卖、拍卖、经纪以及鉴定评估档案。随着市场经济的发展,二手车交易市场所具备的功能相应增加,主要有:二手车收购、销售、寄售、代购代销、租赁、置换、拍卖、鉴定评估、检测维修、配件供应、美容装饰、售后服务,以及为客户提供过户、转籍、上牌、保险等服务。有的二手车交易市场还具有汽车文化、科技科普教育、展示、旅游、娱乐等多项功能。

### 1.1.2 国内外二手车交易概况

1. 我国二手车交易概况

近年来,随着品牌专卖、大型超市、连锁经营、电子商务市场等经营模式的先后涌现,以及二手车经纪、拍卖、置换、租赁业务等交易模式的不断发展,二手车市场上呈现一派繁荣景象,但这些外部条件的变化并没有改变我国二手车市场长期以来形成的以有型交易市场为主体的流通特征。

1) 有形市场占据主导地位

(1) 宏观政策调控影响二手车交易量上升。自 2015 年 10 月 1 日到 2016 年 12 月 31 日止,我国对购买 1.6L 及以下排量乘用车实施减半征收车辆购置税的优惠。自 2017 年 1 月 1 日起至 12 月 31 日止,则按 7.5% 的税率征收车辆购置税。购置税优惠对于促进汽车销量增长有明显作用,同时也带来了二手车交易量的显著增长。特别是 2016 年 3 月,国务院办公厅发布了《关于促进二手车便利交易的若干意见》,提出"营造二手车自由流通的市场环境"等八条意见(俗称二手车"国八条"),目的是便利二手车交易,繁荣二手车市场,为新车消费创造更大的市场空间。二手车在"国八条"取消"限迁"等政策的驱动下,交易规模同比增速呈现稳步上升态势。虽然新车增幅略大于二手车,但从近 6 年的年均复合增长率来看,二手车市场的增速高于新车。同时国家加强了对于二手车市场的政策辅助,在未来几年二手车市场的潜力将会不断释放,交易规模也将保持较高的增长势头。

(2) 二手车交易市场规模逐年扩大。根据中国汽车流通协会的统计数据,2016 年全国二手车交易市场数量共 1068 家,与去年相比有所下降;市场内的经营服务企业数量为 44274 家,同比增长 10.19%。

2016 年二手车交易市场经营面积总和达 2261 万 $m^2$,较 2015 年同比上升 4.37%,其中交易大厅面积为 173 万 $m^2$,较 2015 同比增长 15.33%。

(3) 乘用车占交易量比重较大,车龄趋于"年轻化"。从中国汽车流通协会发布的百强市场交易车辆结构统计中可以看出,2016 年乘用车占比为 80.9%,比 2015 年增长了 5.6%,占交易总量的 64.7%。车辆车龄为 1~6 年,消费者对汽车的需求类型和活跃度由此可见一斑。

(4) 市场分布区域优势较为明显。受区域经济和汽车保有量基数的影响,华东和华北地区依旧占据整体交易规模的半壁江山,总交易占比达 57.7%,其中广东、江苏、山东、浙江依旧领先于其他省份和地区。

(5) 经纪类企业依旧占据二手车交易主导地位,消费市场的需求促进服务提升。经纪类企业仍是市场主体,占比为 94.6%;经销类企业数量与去年同期相比有所下降,占总企业量的 3.7%;由于国家标准 GB/T 30323—2013《二手车鉴定评估技术规范》的出台,使得市场消费需求以及业务服务质量和水平得到了提升,促进鉴定评估类企业占比上升约为 1.2%。

2) 品牌认证二手车大发展

近几年,除了二手车交易市场在不断发展壮大之外,更有不少汽车品牌开始独立建立自己的认证二手车展厅,主要提供车辆置换、收购、销售、售后服务、汽车美容、认证二手车、二手车分期付款等一系列服务功能。这些现象都表明汽车品牌厂家开始注重对于二手车业务的投入和推广,同时消费者在选择二手车时也从只注重价格逐渐向注重品牌、服务等方面发展,所以依托品牌 4S 店建立起来的品牌认证二手车备受消费者青睐,从 4S 店购买认证二手车已经成为消费者的首选。目前,品牌认证二手车主要有上海通用诚新二手车、东风日产认证二手车、广汽本田喜悦二手车、广汽丰田心悦二手车、东风雪铁龙龙信二手车、BMW 尊选二手车、奥迪品荐二手车、奔驰星睿认证二手车、起亚至诚二手车等,这主要得益于品牌认证二手车有着令人放心的车源和良好的售后服务,从而免除了消费者的后顾之忧,加强了消费者对购买二手车的信心。

3)二手车电商的兴起

二手车电商市场的不断发展吸引了各大资本的关注,其经营模式正在不断创新、扩张中,现在已悄然进入到了精耕细作阶段。首先消费者可以直接在网上浏览各家店铺,从中选择适合自己的二手车品牌和车型,进而选择自己满意的性价比最高的产品,并且能直接在网上与店家谈价,这样既节省了消费者的时间,也提高了店家的工作效率。对网络电商而言,有些已经形成了线上线下一条龙服务,只要消费者在网上下订单,二手车销售企业会专门安排工作人员把车开到消费者的楼下,让消费者直接试驾,从而大大提高了顾客的满意度。类似的优点还有很多,所以电商模式将继续给二手车市场带来惊喜。

4)二手车消费环境更加宽容和理性

经过10余年汽车市场的快速发展,我国消费者的消费习惯和消费行为极大地改变了各个汽车品牌在我国的发展格局,相信在不久的将来,也会改变二手车在我国的发展速度和进程。几年前买一台二手车好像是没面子的事,但是随着时代的发展,有品质保证的二手车受到越来越多务实年轻人的青睐。二手车的消费人群正悄然发生转变,并且这种趋势会更加明显。

2. 国外二手车交易概况

美、日、德、法等国家的汽车工业高度发达,汽车保有量大,其二手车交易量也很大。二手车市场很成熟,相关制度健全、完善,拥有健全的中介组织和完善的税收政策、过户转籍便利、鉴定评估科学。另外,国外二手车的评估一般由第三方评估机构或评估公司进行。二手车实行认证制度,由汽车生产企业或者大型经销商对二手车进行全方位的质量检测,以确保汽车的品质达到一定的出售标准,同时经过认证的二手车还可以在一定时期内享受与新车同样的售后保障。二手车认证制度建立起了二手车交易的公信力和良好的售后保障体系,为二手车消费者解除了后顾之忧。总体上来讲,汽车工业发达国家的二手车交易数量大、价格低、市场潜力巨大、售后服务完善、政府监管到位、行业自律性强。

以美国为例,其二手车的年平均销售量在4000万辆以上,远超1600万辆的年平均新车销售量。美国二手车的热销,除了与美国民众对二手车的偏爱以外,其主要原因是美国二手车市场已经形成了一套行之有效的市场规则和体制,从二手车认证、置换、拍卖、收购和销售体制,到价格、质量、服务等多个汽车消费环节,都给消费者提供了保证。有成熟的价格评估和质量认证体系,加上权威的认证机构,解决了消费者在交易过程中对诚信方面的忧虑,并且消费者一旦发现所购买的车辆有非人为因素造成的质量问题,只要行驶里程不超过300km或购买天数少于3天,就会全额退款,这让消费者彻底解除了后顾之忧。

总体来看,国外二手车市场具有产业化、交易行为自发性、行业组织自律性等主要特点,包括二手车市场的管理、宣传、操作、技术、定价比较科学;交易网络化趋势十分明显;交易流程和交易手续简易高效;鉴定、评估有着相当健全的中间指导组织,已经形成了强大的社会化服务体系等。与此同时,国外二手车贸易在汽车工业中非常独立,整个行业有着统一的市场操作规范,强调二手车的质量和服务。

## 1.1.3　二手车交易类型

我国二手车的交易有以下几种类型。

**1. 经销**

二手车经销是指二手车经销企业收购、销售二手车的经营活动。二手车经销商与车主协商定价后,按照法律法规要求进行过户,并以现金形式支付给车主以获得车辆的所有权,再以高于收购价格转卖给买家,从中赚取中间差价的过程。二手车经销商在对二手车进行收购时通常以利润、销量或竞争为目标进行定价,最大限度地避免营销过程中的风险。

二手车置换也是一种经销行为。置换分为狭义置换和广义置换两种。狭义置换是指过去卖新车的品牌专卖店参与二手车经营,用"以旧换新"的方式促进新车的销售,客户可以通过支付新旧车之间的差价来完成车辆更新,也可以通过原有二手车在销售抵扣购买新车的分期付款,其方式主要有品牌旧车置换同一品牌新车、本品牌旧车置换新车或者是置换的旧车不分品牌来购买新车。很多厂家还给自己经营的二手车赋予了品牌名称,如"别克诚新二手车"、"奥迪品鉴二手车""BMW 尊选二手车""上海大众特选二手车"等。广义的置换指在以旧换新业务基础上,同时兼容二手车整新、二手车再销售、跟踪服务、二手车以旧换旧乃至折抵分期付款等项目的一系列业务组合,使之成为一种有机而独立的营销方式。

二手车典当不赎回情况也可以算作一种二手车销售。二手车典当是指二手车所有人将其拥有的、具有合法手续的车辆质押给典当公司,典当公司支付典当当金,封存质押车辆,双方约定在一定期限内由出典人(二手车所有人)结清当金本息、赎回车辆的一种贷款行为。典当时二手车所有人须持合法有效的手续到典当行办理典当手续,由典当行工作人员和车主当面查验,填写《机动车抵押/注销抵押登记申请表》,此申请表必须交到车辆管理所备案,然后将车辆封入典当公司的专业车辆库房。如果到约定的赎回期限二手车所有人不赎回车辆,则典当行即可依据协议自行处置该车,如将车辆出售等。

**2. 中介经营**

中介经营是指二手车买卖双方通过中介方的帮助而实现交易,中介方收取约定佣金的一种交易行为。中介经营包括经纪、拍卖等。

1) 经纪

二手车经纪是指二手车经纪机构以收取佣金为目的,为促成他人交易二手车而从事居间、经纪或者代理等经营活动。二手车经纪人或经纪公司依托二手车交易市场,负责介绍买卖双方进行交易并从中获取佣金。二手车经纪人或经纪公司通常不会将车辆收购后再进行销售,而是对买卖双方提供服务,即利用手中的车辆信息资源帮助买方寻找符合其需求的车辆进行中介洽谈,最终促成双方交易成功,并从中收取一定比例的佣金作为报酬。

2) 拍卖

二手车拍卖是指二手车拍卖企业以公开竞价的形式将二手车转让给最高应价者的经

营活动。其目的在于提高二手车市场交易的透明度,打造专业的机动车流通平台,提高交易双方的满意度,规范二手车交易行为,谋求更高的成交率。二手车的拍卖必须在二手车交易市场或者其他经过行政审批的交易场所进行,也可以利用互联网技术在网上竞拍,但不管什么方式,它必须符合《二手车流通管理办法》《二手车交易规范》《中华人民共和国拍卖法》和《拍卖管理办法》等法律法规规定。二手车的拍卖流程通常按照接受委托、签订《机动车委托拍卖合同》、发布拍卖公告、车辆展示、拍卖实施、收费、车辆移交的顺序来进行。

3. 直接交易

二手车直接交易是指二手车所有人不通过经销企业、拍卖企业和经纪机构将车辆直接出售给买方的交易行为。二手车直接交易应当在二手车交易市场进行。

4. 电子商务

电子商务是指在互联网、企业内部网和增值网(Value Added Network,VAN)上,以电子交易方式进行的交易活动和相关服务活动,是传统商业活动各环节的电子化、网络化。二手车电子商务的核心价值在于目标客户更精确、沟通方式更互动、线索收集更快捷、服务成本更节约、客户数据更完整等,如图1-1所示。

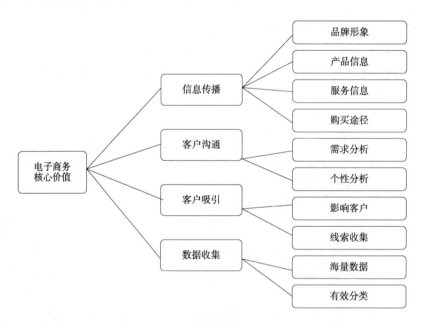

图1-1 二手车电子商务的核心价值

利用互联网技术进行二手车交易的模式是近年来最前沿的模式,二手车电商也正逐渐成为二手车大流通的主流。所有二手车电商的交易模式都是基于O2O,线上只是作为一个信息和沟通平台,而最终交易还是靠线下来完成的。其中较为成熟的二手车电商交易模式有:

1) 个人车源交易平台,纯C2C模式

通过提供免费上门检测车况信息服务,验车成功后把二手车信息发布到官网,同时评估师会陪同买家上门看车,确定交易后双方再通过交易担保与售后服务跟踪等方式实现O2O闭环。这种模式的代表是人人车、好车无忧和由赶集网专门打造的C2C平台赶集好车。

这种纯粹的C2C交易模式去除了黄牛、4S店、二手车商等中间商的利润空间,消费者能够以更低的价格购买到合适的二手车。另外由平台派出的评估师上门评估,有一定的公平性,再加上平台能为消费者提供一定的质保和售后服务,还是很受消费者欢迎的。

2)C2B交易模式

卖主先通过线上平台预约卖车,然后开车到线下门店或检测点进行检测。由平台出具检测报告后,终端车商通过平台进行出价竞拍,价高者得,最后由终端车商把车卖给C端用户。这种模式的代表平台为开新二手车帮卖、平安好车。

虽说这类平台绕开了黄牛和4S店等主要卖车渠道,免去了中间的二手车倒卖成本,但是相比个人C2C来说还是多了一层终端商的成本。

3)B2C模式

通过线上平台对二手车进行收购,然后再利用平台或线下卖场转卖给消费者,收取差价盈利的"买进卖出"模式。B2C模式的代表为优途、优信。

这种模式在收购环节,定价权完全掌握在平台的采购人员手中,卖主的利益有可能受损,但对于买者来说,由于是平台直接出售给消费者,所以能够给客户一定的信任感。

4)B2B模式

这种模式其实电商不介入车辆的直接交易,而是搭建一个二手车商间的B2B拍卖交易平台。代表平台有车享拍、车易拍、优信拍等。

这种平台对于卖车人来说,售价相对更高、更合理,转籍过户更放心、更安全,当然对于买车人来说买价自然也就更高了,不过车况信息会更透明、更有保障,同时也能大幅提升二手车的交易效率。

5)寄售模式

卖方将二手车放在平台线下的体验网点进行检测和自主定价,然后在线上和线下展示车辆;买方可以在线上看车后去线下的体验网点试乘试驾以得到更好的体验,双方最终完成交易后支付给平台服务佣金。这种模式的代表为优车诚品、大搜车、卓杰行等平台。因为平台能提供二手车认证、交易及质保服务,对消费者来说具有一定的保障,但由于二手车经过多次倒卖,无形之中增加了二手车的交易成本,客户购买价格自然会提升不少。

## 1.1.4 二手车交易程序

对于二手车交易市场来说,全国各地的二手车交易程序大同小异,常见的交易程序如图1-2所示。

要注意,根据《二手车流通管理办法》,二手车鉴定评估应当本着买卖双方自愿的原则,不得强制进行;属国有资产的二手车应当按国家有关规定进行鉴定评估。

# 二手车鉴定与评估

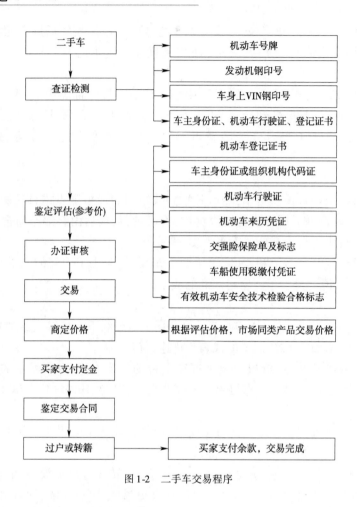

图 1-2　二手车交易程序

## 1.2　二手车鉴定评估概述

### 1.2.1　二手车鉴定评估的概念

二手车鉴定评估是指对二手车进行技术状况检测、鉴定,确定某一时点价值的过程。

二手车鉴定评估是市场经济的产物,是为了二手车在市场上流转的需要,由鉴定评估人员根据所掌握的资料,在对市场进行预测的基础上对二手车的现实价值进行估算的过程。做好二手车鉴定评估工作,不仅有利于维护公民的合法权益、保障司法诉讼和行政执法等活动的顺利进行,而且对维护正常的社会经济秩序,促进经济发展具有重要意义。因此建立一套完整、科学、适用的二手车鉴定评估体系,以保证鉴定评估结果的客观、公正、合理,就显得十分重要。

在鉴定评估过程中,涉及的评估要素首先是鉴定评估的主体,亦即从事鉴定评估工作的机构和人员,他们作为工作中的主导者,对最终得出的结论起关键性作用;其次是鉴定评估的客体,亦即待评估的车辆,它作为鉴定评估的具体对象贯穿于整个工作的始终;再次是鉴定评估依据,亦即进行鉴定评估工作所遵循的法律、法规、经济行为文件、合同协议以及收费标准等依据;还有就是鉴定评估的目的,因为不同的评估目的对应不同的评估方法,否则得出的结论可能大相径庭;另外,鉴定评估工作要符合程序,既要符合鉴定评估工作程序,也要符合司法鉴定程序;最后是鉴定评估的方法,亦即二手车鉴定评估所用的特定技术,它是实现机动车评估价值或结论的手段和途径。以上要素之间相互依托,是保证二手车鉴定评估工作正常进行和评估价值或结论科学性的重要因素。

## 1.2.2 二手车鉴定评估的特点

二手车作为一类资产,与其他类型的资产是有区别的,因为它既是生产资料,又是消费资料。二手车的主要特点是单位价值较大、工程技术性强;使用范围广;使用强度、使用条件、使用时间、维护水平差异较大;有权属登记,税费附加值高,使用管理严格。以上特点决定了二手车鉴定评估的特点。

1. 二手车鉴定评估以技术鉴定为基础

由于二手车本身具有较强的工程技术特点,其技术含量较高,尤其是电子和计算机技术的大量应用,加之车辆在长期使用过程中各零部件在摩擦力和自然力的作用下不断磨损,二手车实体的有形和无形损耗随着使用里程和使用年限的增加而不断加剧,其损耗程度的大小因使用强度、使用条件、维护水平等不同而差异较大,所以要评估一辆二手车的现实价值,通常需要通过检测诊断等技术手段进行鉴定才能实现。

2. 二手车鉴定评估以单台车辆作为评估对象

由于二手车的单位价值相差较大、规格型号繁多、车辆结构性能和配置也存在较大差别,所以为了保证评估质量,通常都是分整车、分系统、分部件、逐台、逐件地进行鉴定评估。

3. 二手车鉴定评估要考虑其手续构成的价值

由于我国对机动车实行"户籍"管理,使用税费附加值较高,所以对二手车进行鉴定评估时,除了估算其实体价值以外,还要考虑由"户籍"管理手续和各种使用税费构成的价值。

4. 二手车鉴定评估的价值与价格

价格是价值的货币表现。商品价值和商品价格既有联系又有区别。

价值(value)和价格(price)之间的关系及本质区别在于:价值是物的真实所值,是内在的,是相对客观和相对稳定的;价格是价值的外在表现,围绕着价值而上下波动,是实际发生、已经完成并且可以观察到的事实,它因人而异,时高时低。现实中,由于定价决策、个人偏好或者交易者之间的特殊关系和无知等原因,时常会出现"低值高价"或者"高值低价"等价格背离价值的情况。因此,为了表述上更加科学、准确,也为了与国际上通行的估价理念、理论相一致,便于对外交流沟通,应当指出估价本质上是评估价值而不是评估价格。

对于具体资产评估来说,评估是对资产价值的评估,当然,资产评估价格是该资产在特定条件下的价值。其价值的含义随着条件的不同而具有不同的量值。任何评估结果都是有条件的，不同的市场条件，评估的目的及其价值的含义也是不同的。

二手车评估是资产评估的一种，所以要正确理解评估价格和价值的区别与联系。实际工作中，二手车价格受到市场等外界因素影响很大，但又是围绕价值而变动。在二手车交易过程中，由于交易双方的个人偏好与需求、投资策略、市场经验等原因，常常会出现价格与价值相背离的情况，所以不能用交易价格来评估价值的正确与否。

从实际应用状况观察，二手车鉴定评估中的价值与价格没有经济学中定义的那样严格，在实践中通常可以理解为交换价值或市场价格的概念。

### 1.2.3 二手车鉴定评估的目的和任务

二手车鉴定评估的目的是为了正确反映车辆的价值量及其变动，为将要发生的经济行为提供公平的价格尺度。二手车鉴定评估的目的可分为两大类：一类是变动二手车产权，另一类是不变动二手车产权。

1. 变动二手车产权

变动二手车产权是指车辆所有权发生转移的经济行为，主要包括：二手车的交易、置换、转让、并购、拍卖、投资、抵债、捐赠等。

1）车辆交易转让

二手车在交易市场进行买卖时，买卖双方对交易价格的期望值是不相同的，因此鉴定评估人员应该站在公正、独立的立场上对被交易的车辆出具成交的参考底价。

2）车辆拍卖

对于执法机关罚没车辆、抵押车辆、企业清算车辆、抵债车辆、公务车辆和海关获得的抵税和放弃车辆、私家车等，在进行拍卖之前都需要进行鉴定评估，以提供车辆的拍卖底价。

3）车辆置换

置换有两种业务形式，一是以旧换新，二是以旧换旧。两种情况都会涉及对置换车辆的鉴定评估，其评估结果涉及置换方给予差额补贴的多少，因而直接关系到置换双方的利益。

4）其他

其他涉及产权变动的经济行为，例如企业或者个人的合资、合作和联营；企业分设、合并和兼并；企业出售、股份经营、破产清算等资产业务，基本都会涉及车辆的鉴定评估。若二手车涉及国有资产，国有资产占用单位需按照国家规定在委托评估之前先向国有资产管理部门办理评估立项申请，得到批准后方可委托办理二手车评估等事宜。

2. 不变动二手车产权

不变动二手车产权是指车辆所有权未发生转移的经济行为，主要包括二手车的纳税、保险、抵押、典当、事故车定损、司法鉴定（海关罚没、盗抢、财产纠纷车辆等）等。

1）抵押贷款

银行为了确保放贷安全，要求贷款人以机动车作为抵押物。为了安全起见，需对车辆进行鉴定评估。而这种贷款的安全性，在一定程度上取决于抵押车辆评估的准确性。

2)车辆保险

在对机动车进行投保时,所缴纳的保险费高低与车辆本身价值大小有直接关系。当保险车辆发生交通事故时,保险公司需要对事故车辆进行理赔。为了保障双方利益,需要对核保和理赔车辆的价值进行公平的鉴定评估。

3)担保

担保是指车辆所有单位或个人,以其拥有的车辆为其他单位或者个人的经济行为提供担保,并承担连带责任的行为。对于提供担保的车辆价值,需要进行鉴定评估。

4)典当

当典当双方对当物车辆的价值估算有较大差别时,可以委托二手车鉴定评估机构对当物车辆价值进行评估,典当行可以此作为放款依据。若当物车辆发生绝当,同样需要委托二手车鉴定评估机构为其提供鉴定评估服务,并作为处理绝当车辆的依据。

5)法律诉讼咨询服务

当事人遇到机动车诉讼时,可以委托二手车鉴定评估机构对车辆进行评估,法院可以将评估机构出具的评估结论作为司法裁定的参考依据。对于民事案件,其委托方通常是人民法院,委托目的是提供拍卖底价。对于刑事案件,其委托方通常是司法机关和行政机关,委托目的是提供二手车现实价值证据。

从评估过程来看,二手车鉴定评估师首先要明确评估目的,然后选择合适的评估方法,最后才能得出正确的评估结论。

虽然二手车鉴定评估的目的各不相同,但二手车鉴定评估机构所承担的任务却大体相同,主要包括:为二手车所有权转让提供交易参考价;为拍卖车辆提供参考底价;为抵押、担保、典当车辆作价;为司法裁定提供二手车现时价值依据;在企业或个人车辆发生产权变动时提供咨询服务;识别非法车辆。

## 1.2.4 二手车鉴定评估机构及其业务类型

二手车鉴定评估机构是从事二手车鉴定评估经营活动的第三方服务机构。二手车鉴定评估机构的主体就是二手车鉴定评估业务的承担者,即从事机动车鉴定评估的机构和专业鉴定评估人员。

1. 二手车鉴定评估机构的职能

二手车鉴定评估机构的职能主要有:

1)评估职能

即评价、估算,指对某一事物或物质进行评判和预估。

2)公证职能

即以丰富的二手车知识和技能,作为独立的第三方,站在公平公正的立场上就事论事、科学办事,对车辆价值给出准确的评估结论。

3)中介职能

即二手车鉴定评估机构作为中介人,从事评估经济活动,并参与相关利益的分配,为当事人提供服务。

**2. 二手车鉴定评估机构的形式与管理**

根据《资产评估法》第三章第15条规定,"评估机构应当依法采用合伙或公司形式,聘用评估专业人员开展评估业务"。成立评估机构普遍采用的是公司形式,按照法律规定,"公司形式的评估机构,应当有八名以上评估师和两名以上股东,其中2/3以上股东应当是具有3年以上从业经历且最近3年内未受停止从业处罚的评估师",从这一点来看,国家对评估机构的人员构成制定了严格的标准。

2016年2月3日,国发(2016 9号)文件《国务院关于第二批取消152项中央指定地方实施的行政审批的决定》中,取消了"设立旧机动车鉴定评估机构审批"。自此,成立二手车鉴定评估机构经历了从最初的前置审批,到后来的后置审批,再到现在的取消审批的过程,可见国家简政放权的力度之大。

取消行政审批并不代表国家放弃对二手车鉴定评估机构的监管,而是预示着该行业将进入有法可依的时代。2017年12月1日,《资产评估法》正式实施,根据《资产评估法》规定,"设立评估机构,应当向工商行政管理部门申请办理登记。评估机构应当自领取营业执照之日起30日内向有关评估行政管理部门备案。评估行政管理部门应当及时将评估机构备案情况向社会公告。"

作为新时期的二手车鉴定评估机构,法律框架下应当"有所为有所不为",《资产评估法》对评估机构不该为的事情做出了明确的指示。根据《资产评估法》第3章第20条的规定,评估机构不得有下列行为:

(1)利用开展业务之便,谋取不正当利益。
(2)允许其他机构以本机构名义开展业务,或者冒用其他机构名义开展业务。
(3)以恶性压价、支付回扣、虚假宣传,或者贬损、诋毁其他评估机构等不正当手段招揽业务。
(4)受理与自身有利害关系的业务。
(5)分别接受利益冲突双方的委托,对同一评估对象进行评估。
(6)出具虚假评估报告或者有重大遗漏的评估报告。
(7)聘用或者指定不符合本法规定的人员从事评估业务。
(8)违反法律、行政法规的其他行为。

**3. 二手车鉴定评估机构的业务类型**

按照二手车鉴定评估机构服务对象的不同大致可分为以下三种类型。

1)单一型

在二手车交易市场内,只为二手车交易市场提供二手车整车价值评估服务,可以充分发挥其评估职能。

2)专业型

为司法部门提供服务。此类二手车鉴定评估机构作为独立的第三方,专门为司法部门提供服务。其主要工作是接受法院、仲裁委等司法机关的委托,对涉案车辆的整车价值、事故损失价值、停运损失、贬值损失等进行鉴定评估并出具评估报告,司法机关以此作为司法裁定的参考依据。为了确保司法公正,要求专业型评估机构的从业人员的较强的技术能力和较高的业务素质。

3）综合型

为企业、个人、机关事业单位及司法部门提供服务。顾名思义，此类二手车鉴定评估机构要具备单一型和专业型评估机构的所有能力，能为企业、个人、机关事业单位及司法部门提供全方位的服务。在整车评估业务方面，与单一型机构不同之处在于，其工作内容主要针对政府机关及国有企事业单位的公务用车拍卖处置前进行评估；在为司法机关提供服务方面，要具有专业型评估机构的业务能力，所以，综合型二手车鉴定评估机构具有较高的社会地位、公信力和影响力。

### 1.2.5　二手车鉴定评估的程序

二手车鉴定评估作为一个重要的专业领域，情况复杂、作业量大，应分步骤、分阶段地实施相应工作。二手车鉴定评估流程如图 1-3 所示：

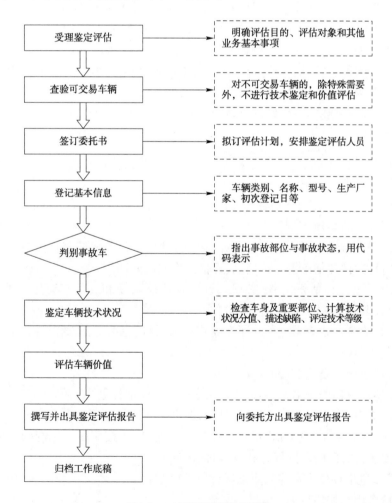

图 1-3　二手车鉴定评估流程图

1. 受理鉴定评估

接待客户,具体应该了解的内容包括:

1)客户基本情况

包括车辆权属和权属性质。

2)客户要求

客户要求的评估目的,期望使用者和完成评估的时间。

3)车辆使用性质

了解车辆是生产营运车辆还是生活消费车辆。

4)车辆基本情况

包括车辆类别、名称、型号、生产厂家、注册登记日期、行驶里程、所有权变动或流通次数、落籍地、技术状态等。

2. 查验可交易车辆

(1)查看机动车登记证书、行驶证、有效的机动车安全技术检验合格标志、车辆购置税完税证明、车船使用税缴付凭证、车辆保险单等法定证明和凭证是否齐全。

(2)查验车辆是否已达到国家强制报废标准;是否为抵押期间或海关监管期间的车辆;查验车辆是否为人民法院、检察院、行政执法等部门查封扣押期间的车辆;是否为盗抢、诈骗等手段获得的车辆;查验发动机号与机动车登记证书登记的号码是否一致且无凿改痕迹;查验是否为走私、非法拼装等法律禁止交易的车辆。

3. 签订委托书

对经过查验、相关证照齐全、符合国家法律法规的车辆签订委托书,拟定出评估计划,并指定评估人员进行评估工作。

《二手车鉴定评估委托书》是鉴定评估机构与委托方对各自权力、责任和义务的约定,是一种经济合同性质的契约。

(1)《二手车鉴定评估委托书》应写明:委托方和鉴定评估机构名称、委托方地址及联系人电话、评估目的、被评估车辆基本信息、评估工作完成时间等。

(2)《二手车鉴定评估委托书》必须符合国家法律法规和二手车鉴定评估行业管理规定,并做到内容全面、具体,含义清晰准确。

(3)涉及国有资产占有单位的二手车鉴定评估项目,应由委托方按规定办妥有关手续后再进行评估业务委托。

《二手车鉴定评估委托书(示范文本)》见表1-1。

《二手车鉴定评估委托书》签订之后,就需要拟定评估计划。二手车鉴定评估机构要根据评估项目的规模大小、复杂程度和评估目的做出详细评估计划。

(1)二手车鉴定评估机构和人员执行评估业务时,应该按照事先编制的评估计划,对工作做出合理安排,保证在预计时间内完成评估任务。

(2)二手车鉴定评估人员应当重点考虑以下因素:

①被评估车辆和评估目的。

②评估风险,评估业务的规模和复杂程度。

③相关法律、法规及宏观经济的近期发展变化对评估对象的影响。
④被评估车辆的结构、类别、数量、分布。
⑤与评估有关资料的齐备情况及变现的难易程度。
⑥评估小组成员的业务能力,评估经验及其优化组合。
⑦对专家及其他评估人员的合理使用。

二手车鉴定评估委托书(示范文本)　　　　表1-1

委托书编号:_____

委托方名称(姓名):　　　　　　法人代码证(身份证)号:
鉴定评估机构名称:　　　　　　法人代码证:
委托方地址:　　　　　　　　　鉴定评估机构地址:
联系人:　　　　　　　　　　　电话:

因 □交易 □典当 □拍卖 □置换 □抵押 □担保 □咨询 □司法裁决需要,委托人与受托人达成委托关系,号牌号码为_____,车辆类型为_____车架号(VIN码)为_____的车辆进行技术状况鉴定并出具评估报告书,____年____月____日前完成。

委托评估车辆基本信息

| 车辆情况 | 厂牌型号 | | 使用用途 | 营运□　非营运□ |
|---|---|---|---|---|
| | 总质量/座位/排量 | | 燃料种类 | |
| | 初次登记日期 | 年　月　日 | 车身颜色 | |
| | 已使用年限 | 年　个月 | 累计行驶里程(万km) | |
| | 大修次数 | 发动机(次) | 整车(次) | |
| | 维修情况 | | | |
| | 事故情况 | | | |
| 价值反映 | 购置日期 | 年　月　日 | 原始价格(元) | |
| 备注: | | | | |

委托方:(签字、盖章)　　　　　　受托方:(签字、盖章)
　　　　　　　　　　　　　　　　(二手车鉴定评估机构盖章)
　年　月　日　　　　　　　　　　　　　　年　月　日

1. 委托方保证所提供的资料客观真实,并负法律责任。
2. 仅对车辆进行鉴定评估。
3. 评估依据:《机动车运行安全技术条件》《二手车鉴定评估技术规范》等。
4. 评估结论仅对本次委托有效,不做他用。
5. 鉴定评估人员与有关当事人没有利害关系。
6. 委托方如对评估结论有异议,可于收到《二手车鉴定评估报告》之日起10日内向受托方提出,受托方应给予解释。

**4. 登记基本信息**

登记车辆使用性质信息,明确车辆是营运还是非营运;登记车辆基本情况信息,其中包括车辆类别、名称、型号、生产厂家、注册登记日期、表征里程等。如果表征里程与车辆技术状况不符,应该在报告书或作业表中予以注明。

**5. 判别事故车**

(1) 对车辆外观进行检查,判别车辆是否发生过碰撞、火烧、水淹,确定车体结构是完好无损还是有事故痕迹。

(2) 在检查过程中可以使用漆膜厚度检测设备配合对车体结构部件进行检测,还可以使用车辆结构尺寸检测工具或设备检测车体左右对称性。

(3) 如果车体部位如乘用车的 A、B、C 柱,前纵梁,前后减振器悬架部位有变形、扭曲、更换、烧焊、褶皱情况,则该车为事故车。

**6. 鉴定车辆技术状况**

按照车身、发动机舱、驾驶舱、起动、路试、底盘等项目顺序检查车辆技术状况,根据检查结果确定车辆技术状况分值,再根据鉴定分值确定车辆对应的技术等级。

**7. 评估车辆价值**

1) 市场调查和资料搜集

在评估车辆价值时,应首先进行市场调查与资料搜集,其目的在于确定被评估车辆的现行市场价格。进行市场询价时,应重点作好如下工作:

(1) 确定被评估车辆基本情况(车辆类型、厂牌型号、生产厂家、主要技术参数等)。

(2) 确定询价参照对象及询价单位(询价单位名称、询价单位地址、询价方式、联系电话或传真号码、询价单位接待人员姓名等),并将询价参照对象情况与被评估车辆基本情况进行比较,在两者相一致的情况下,询到的市场价格才是可比的、可行的。

(3) 市场调查和询证资料经过整理,就可以编制成《车辆询价表》,并确定询价结果,《车辆询价表》亦是二手车鉴定评估主要的工作底稿之一。

2) 确定估算方法

估值方法选用原则:

(1) 二手车鉴定评估人员应根据委托目的和车辆有关情况,恰当选择评估方法。除依据评估职业准则只能选择一种评估方法外,应当选择两种以上评估方法,经综合分析,形成评估结论。

(2) 通常情况下,推荐选用现行市价法;在无参照物、无法使用现行市价法的情况下,可选用重置成本法。

(3) 对于营运车辆,在评估资料可查并齐全的情况下,可选用收益现值法为其中的一种评估方法。

3) 评价评估结果

(1) 对不同评估方法估算出来的结果,应进行比较分析。当这些结果差异较大时,应寻找并排除出现的原因。

(2) 对不同评估方法估算出的结果应做下列检查:

①计算过程是否有误。

②基础数据是否准确。

③参数选择是否合理。

④是否符合评估原则。

⑤公式选用是否恰当。
⑥选用的评估方法是否适宜评估对象和评估目的。

(3) 在确认所选用的评估方法估算出的结果无误之后,应根据具体情况计算求出一个综合结果。

(4) 在计算求出一个综合结果的基础上,应考虑一些不可量化的价格影响因素,对结果进行适当的调整、或取用、或认定该结果作为最终的评估结果。

(5) 当有调整时,应在评估报告中明确阐述理由。

8. 撰写并出具鉴定评估报告

1) 撰写二手车鉴定评估报告

撰写评估报告可分以下两步:

(1) 在完成车辆评估初步意见的分析和讨论,并对有关部分的数据进行调整后,由具体参加评估的各组负责人草拟出各自负责评估部分的车辆评估说明,同时由全面负责、熟悉本项目评估具体情况的人员草拟出二手车鉴定评估报告。

(2) 将评估基本情况和评估报告书初稿的初步结论与委托方交换意见,听取委托方的反馈意见后,在独立、客观、公正的前提下,认真分析研究委托方提出的问题和建议,对评估报告书中存在的疏忽、遗漏、错误和不当之处做出必要的修正,最后提交正式的二手车评估报告。

2) 提交二手车鉴定评估报告

二手车鉴定评估机构撰写出正式的鉴定评估报告以后,经过审核无误,按程序进行签名盖章,按照《资产评估法》第 4 章第 27 条规定:评估报告应当由至少 2 名承办该项业务的评估专业人员签名,并加盖评估机构印章。

二手车鉴定评估报告书签发盖章后即可连同作业表等送交委托方。

9. 归档工作底稿

将《二手车鉴定评估报告》及其附件与工作底稿独立汇编成册,存档备查。按照《资产评估法》第 4 章第 29 条规定:评估档案的保存期限不少于 15 年,属于法定评估业务的,保存期限不少于 30 年。

## 1.2.6 二手车鉴定评估的依据和原则

1. 二手车鉴定评估的依据

二手车鉴定评估工作和其他工作一样,必须有正确、科学、充分的依据,这样才能得出正确的结论。二手车鉴定评估的依据是指评估工作所遵循和法律、法规、经济行为文件以及其他参考资料。通常包括行为依据、法律依据、产权依据和取价依据 4 部分。

1) 行为依据

行为依据是指实施二手车鉴定评估的依据。通常包括经济行为成立的有关决议文件以及评估当事方的二手车鉴定评估委托书。

2) 法律依据

法律依据是指二手车鉴定评估所遵循的法律法规,主要包括:

(1)《资产评估法》。
(2)《国有资产评估管理办法》。
(3)《国有资产评估管理办法实施细则》。
(4)《企业国有资产评估管理暂行办法》。
(5)《机动车强制报废标准规定》。
(6)《机动车登记规定》。
(7)《报废汽车回收管理办法》。
(8)《报废汽车回收管理办法实施细则》。
(9)《汽车产业发展政策》(国家发展和改革委员会令2014年第8号)。
(10)《二手车流通管理方法》。
(11) GB 7258—2017《机动车运行安全技术条件》。
(12)《汽车销售管理办法》(商务部令2017年第1号)。
(13) 其他方面的政策法规。

3)产权依据

产权依据是指表明机动车权属证明的文件,主要包括机动车来历凭证、《机动车登记证书》《机动车行驶证》《出租车营运证》《道路营运证》等。

4)取价依据

取价依据是指实施二手车鉴定评估的机构或人员,在评估工作中直接或间接取得或使用对二手车鉴定评估有借鉴或佐证作用的资料,主要包括价格资料和技术资料。

(1)价格资料。价格资料包括最新二手车整车销售价格、易损零部件价格、车辆精品装备价格、维修工时定额和维修工时单价等资料;国家税费征收标准、车辆价格指数变化、各品牌车型残值率等资料。

(2)技术资料。技术资料包括机动车的技术参数,新产品、新技术、新结构的变化;车辆故障的表面现象与差别;车辆维修工艺及国家有关技术标准等资料。

2.二手车鉴定评估的原则

二手车鉴定评估的基本原则是对二手车鉴定评估行为的规范。正确理解和把握二手车鉴定评估的原则,对于选择科学、合理的二手车鉴定评估方法,提高评估效率和质量具有十分重要意义。

二手车鉴定评估的原则分为工作原则和经济原则两大类。

1)工作原则

二手车鉴定评估的工作原则是评估机构与评估工作人员在评估工作中应遵循的基本原则,包括合法性原则、独立性原则、客观性原则、科学性原则、公平性原则、规范性原则、专业化原则和评估时点原则等。

(1)合法性原则。二手车鉴定评估行为必须符合国家法律、法规,必须遵循国家对机动车户籍管理、报废标准、税费征收等政策的要求,这是开展二手车鉴定评估的前提。

(2)独立性原则。独立性原则一是要求二手车鉴定评估机构和评估工作人员应该依据国家的法规和规章制度及可靠的资料数据,对被评估的二手车价格独立地做出评估结论,且不受外界干扰和委托者的意图影响,保持独立公正;二是评估行为对于委托当事人应具有非利害和非利益关系。评估机构必须是独立的评估中介机构,评估人员必须与评估对象的利益涉及者没有任何利益关系。评估人员也决不能既从事交易服务经营,又从事交易评估。

(3)客观性原则。客观性原则要求鉴定或评估结果应以充分的事实为依据,在鉴定评估过程中的预测推理和逻辑判断等只能建立在市场和现实的基础资料以及现实的技术状态上。

(4)科学性原则。科学性原则是指二手车鉴定评估机构和评估人员应运用科学的方法、程序、技术标准和工作方案开展活动。即根据评估的基准日,特定目的,选择适用的方法和标准,遵循规定的程序实施操作。

(5)公平性原则。公平、公正、公开是二手车鉴定评估机构和评估工作人员应遵守的一项最基本的道德规范。要求鉴定评估人员的思想作风、态度应当公正无私,评估结果应该公道、合理,绝不能偏向任何一方。

(6)规范性原则。规范性原则要求鉴定评估机构建立完整、完善的管理制度,严谨的鉴定作业流程。管理上要建立回避制度、复审制度、监督制度;作业流程制度要科学、严谨。

(7)专业化原则。专业化原则要求二手车鉴定评估工作尽量由专业的鉴定评估机构来承担。同时还要求二手车鉴定评估行业内部存在专业技术竞争,以便为委托方提供广阔的选择余地,并要求鉴定评估人员接受国家专门的职业培训,持证上岗。

(8)评估时点原则。评估时点,又称评估基准日、评估期日、评估时日,是一个具体日期,通常用年、月、日表示,评估值是在该日期的价格。二手车市场是不断变化的,二手车价格具有很强的时间性,它是某一时点的价格。在不同时点,同一辆二手车往往会有不同的价格。

评估时点原则是要说明,评估实际上只是求取某一时点上的价格,所以在评估一辆二手车的价格时,必须假定市场情况停止在评估时点上,同时评估对象即二手车的状况通常也是以其在该时点时的状况为准。"评估时点"并非总是与"评估作业日期"(进行评估的日期)相一致的。一般将评估人员进行实车勘察的日期定为评估时点,或因特殊需要将其他日期指定为评估时点。确立评估时点原则的意义在于:评估时点是责任交代的界限和评估二手车时值的界限。

2)经济原则

二手车鉴定评估的经济原则是指在二手车鉴定评估过程中,进行具体技术处理的原则。它是在总结二手车鉴定评估经验及市场能够接受的评估准则的基础上形成的。主要包括预期收益原则、替代原则、最佳效用原则。

(1)预期收益原则。预期收益原则是指在对营运车辆进行评估时,车辆的价值可以不按照其过去形成的成本或购置价格决定,但必须充分考虑它在未来可能为投资者带来的经济效益。车辆的市场价格,主要取决于其未来的有用性或获利能力。未来效用越大,评估值越高。

预期收益原则要求在进行评估时,必须合理预测车辆的未来获利能力以及取得获利能力的有效期限。

(2)替代原则。替代原则是商品交换的普遍规律,即价格最低的同质商品对其他同质商品具有替代性。据此原理,二手车鉴定评估的替代原则是指在评估中,面对几个相同或相似车辆的不同价格时,应取较低者为评估值,或者说评估值不应高于替代物的价格。这一原则要求评估人员从购买者的角度进行二手车鉴定评估,因为评估值应是车辆潜在购买者愿意支付的价格。

（3）最佳效用原则。最佳效用原则是指若一辆二手车同时具有多种用途，在公开市场条件下进行评估时，应按照其最佳用途来评估车辆价值。这样既可保证车辆出售方的利益，又有利于车辆的合理使用。

## 1.3 二手车鉴定评估的假设和价值类型

### 1.3.1 二手车鉴定评估的假设

二手车鉴定评估假设是与二手车鉴定评估标准有着密切联系的概念。二手车鉴定评估过程中所采用的理论和方法，都是建立在一定的假设条件上的。如果其假设前提不同，所适用的评估标准也就不同，评估结果也会大相径庭。二手车鉴定评估的假设有继续使用假设、公开市场假设和清偿假设三种。

1. 继续使用假设

继续使用假设是指二手车将按现行用途继续使用，或将转换用途继续使用。这一假设的核心是强调二手车对未来的有效性。

对于可继续使用的二手车的评估与不能继续使用的二手车的评估，所采用的价值类型是不同的。例如，对一辆可继续使用的处于在用状态的二手车进行评估时，通常采用重置成本法评估其处于在用状态的价值，其评估值包括车辆的购买价及运输费用等。但如果二手车无法继续使用，只能将其拆零出售，以现行市价法评估其零件的变现值，并且还需扣除拆零费用。两者的评估值显然不同。再如，一辆正在营运的二手车，用收益现值法评估其价值为 10 万元，如果该二手车所属的企业因破产被强制清算拍卖，就只能以清算价格法评估这辆车的价值，其价格一定会大大低于 10 万元。

在采用继续使用假设时，需考虑以下几个条件：

（1）车辆尚有显著的剩余使用寿命。这是继续使用假设的最基本的前提条件。

（2）车辆能用其提供的服务或用途满足所有者或占有使用者经营上期望的收益，这是投资者持有或购买车辆的前提条件。

（3）车辆的所有权明确，能够在评估后满足二手车交易或抵押等业务需要。这同时也是转换用途的前提条件。

（4）充分考虑车辆的使用功能，即无论车辆按现行用途使用，还是转换用途继续使用，都是在法律许可的范围内，按车辆的最佳效用使用。

（5）车辆从经济上和法律上允许转作他用。

2. 公开市场假设

公开市场假设是指被评估的车辆可以在完全竞争的交易市场上，按市场原则进行交易，其价格的高低取决于该二手车在公开市场上的行情。

不同类型的车辆，其性能、用途不同，市场竞争程度也不一样。通常情况下，用途广泛的车辆比用途狭窄的车辆市场活跃，因而也越容易通过市场交易实现其最佳效用。这里所说的最佳效用是指车辆在法律许可的范围内,被用于最有利的用途,可取得最佳经济效果。在二手车鉴定评估时,对于具备条件可在公开市场上进行交易的车辆,做公开市场假设,并根据车辆所在的地区、环境条件及市场的供求关系等因素确定其最佳用途。按车辆的最佳用途进行评估,有助于实现车辆的最佳效用。

3. 清偿假设

清偿假设是指车辆所有者由于种种原因,被迫以拍卖的方式出售车辆。这种情况下的二手车交易与公开市场条件下的交易具有两个显著区别:一是交易双方的地位不平等,卖方是非自愿地被迫出售;二是交易被限制在较短的时间内完成。因此,二手车的价格往往明显低于继续使用或公开市场假设条件下的价格。

### 1.3.2 二手车鉴定评估的价值类型

资产评估的价值类型,是指资产评估价值的质的规定性,即评估值内涵,是资产评估值形式上的具体化。

资产评估价值类型应与特定经济行为相匹配,不同的评估目的决定了不同的价值内涵,也决定了评估项目应选择的价值类型。价值类型的确定,对评估方法的选用具有约束性。评估值是价值类型与评估方法即评估价值质的规定和量化过程共同作用的结果。合理选择资产评估价值类型是资产评估具有科学性和有效性的根本前提。

关于资产评估的价值类型,从不同的角度出发有不同的表述。目前理论界有两种表述方式。

一种是将价值类型分为市场价值和非市场价值。市场价值是指在公开市场条件下自愿买方与自愿卖方在评估基准日进行交易的价值估计数额,当事人双方应自主谨慎行事,不受任何强迫压制。非市场价值是指不满足市场价值成立的资产在非公开市场条件下实现的价值。

另一种表述是将资产评估价值归纳为重置成本、现行市价、收益现值和清算价格四种价值类型。

1. 重置成本价值类型

重置成本是指在现行条件(市场条件与技术条件)下,按功能重置车辆,并使其处于在用状态所耗费的成本。

重置成本与历史成本一样,都是反映车辆在购置、运输、注册、登记等构建过程中全部费用的价格。只是重置成本以现行价格和费用标准作为计价依据。车辆在全新状态下,即刚购买时,其重置成本与历史成本是一致的。但由于车辆出厂后或长或短地保留了一段时间,在此期间,不论是否使用,车辆的价值、技术等因素都可能发生变化,从而影响车辆的重置更新费用,使车辆的重置成本与历史成本发生差异。

车辆的重置成本以功能重置为依据,但由于对现行技术条件利用不同,可分为复原重置成本与更新重置成本。两者的区别在于:复原重置成本是指按照与被评估车辆的材料、制造标准、设计结构等相同的条件,以现时价格购置相同的全新车辆所需的全部成本;更新重置成本是指利用新材料、新设计、新技术标准等,以现时价格购置相同或相似功能的全新车辆所支付的全部成本。两者的共同点在于均按现行市价与费用标准核计成本。

一般情况下,进行重置成本计算时,如果可以同时取得复原重置成本和更新重置成本,应选用更新重置成本。如果不存在更新重置成本,再考虑选用复原重置成本。

重置成本作为资产计价概念,不是以重置全价为依据,而是以重置净价为依据的。重置净价只是重置全价扣除各种损耗的余额。

重置成本是被评估车辆处于在用状态或可使用状态时的价值,因此适用重置成本价格计量的前提条件有以下两条:

(1)车辆已完成购置过程,处于可使用状态,或正处于营运之中。

(2)可继续使用。车辆可以按重置成本计价,不仅仅是车辆处于在用状态,更重要的是社会承认处于在用状态的车辆对未来经营的有效性。车辆对未来经营的有效性可以完全不受过去和现在是否有效的影响。

2. 收益现值价值类型

收益现值是指根据车辆预期的未来获利能力,以适当的折现率将未来收益折成现值。从"以利索本"的角度看,收益现值就是为获得车辆并取得预期收益的权利所需支付的货币总额。在折现率相同的情况下,车辆未来的效用越大,获利能力就越强,其评估值就越大。投资者购买车辆时,一般要进行可行性分析,只有在预期回报率超过评估时的折现率时,才可能支付货币购买车辆。

适用收益现值价格计量的前提条件是车辆可以按其预期收益的现值进行评估,车辆投入使用后可连续获利。

3. 现行市价价值类型

现行市价又称变现价格,是指车辆在公开市场上的销售价格。由于是对预期投入市场车辆的评估,因此,这里的"销售"可以是实际销售,也可以是模拟销售。

现行市价的最基本特征是价格源于公平市场。所谓公平市场,即充分竞争的市场,卖方不存在对市场的垄断,买卖双方的交易行为都是自愿的,都有足够的时间与能力了解市场行情。

车辆以现行市价价格进行价值评估时,需具备以下两个基本条件:

(1)存在一个充分发育、活跃、公平的二手车交易市场。

(2)与被评估车辆相同或类似的车辆在市场上有一定的交易量,能够形成市场行情。

4. 清算价格价值类型

清算价格是指企业由于破产等原因,以变卖车辆的方式来清偿债务或分配剩余权益状况的车辆价格。显然,清算价格是非正常的市场价格。它与现行市价相比,两者的根本区别在于:现行市价是公平市场价格;而清算价格是非正常市场上的拍卖价格,这种价格由于受到期限限制和买主限制,通常大大低于现行市价。

适用于清算价格计量的二手车鉴定评估业务主要有企业破产清算,以及因抵押、典当等不能按期偿债而导致的车辆变现清偿等。

5. 各种价值类型的联系与区别

重置成本价值类型与现行市价价值类型的联系主要表现在,决定重置成本的因素与决定现行市价的最基本因素相同,即在现有条件下,生产功能相同的车辆所花费的社会必要劳动时间。但是现行市价的确定还需考虑其他与市场相关的因素。一是车辆功能的市场性,即车辆的功能能否得到市场承认。例如,一辆设计及制造质量都很好的专用车辆,尽管它在某一特定领域内具有很强的功能,但一旦退出该领域,其功能就难以完全被市场所接受。二是供求关系的影响。现行市价价格随供求关系的变化,将会出现波动。由此可见,现行市价与重置成本的区别在于:现行市价以市场价格为依据,车辆价格受市场因素约束,并且其评估值直接受市场检验;而重置成本只是模拟条件下重置车辆的现行价格。

现行市价价值类型与收益现值价值类型在价格形式上有相似之处,两者都是公平市场价格。但是两者的价格内涵不同,现行市价主要是车辆进入市场的价格计量;而收益现值主要是以车辆的获利能力进入市场的价格计量。

现行市价价值类型与清算价格价值类型均是市场价格,两者的根本区别在于:现行市价是公平市场价格;而清算价格是非正常市场上的拍卖价格,通常大大低于现行市价。

## 1.4 机动车使用寿命与技术状况变化的一般规律

### 1.4.1 机动车使用寿命的定义与分类

机动车使用寿命是指机动车从投入使用到淘汰、报废的最终时间过程。主要可分为:技术使用寿命、经济使用寿命和合理使用寿命。

1. 技术使用寿命

技术使用寿命是指汽车从开始使用至其主要机件到达技术极限状态而不能再继续修理时为止的总工作时间或总行驶里程。这种极限的标志,在结构上是零部件的工作尺寸、工作间隙的极度超标;在使用上是燃、润料的极度超耗;在性能上是汽车总体的动力性、经济性、安全性、可靠性的极度下降。

机动车的技术寿命主要取决于各部分总成的设计水平、制造质量、使用与维修状况。汽车维护、修理工作做得越好,机动车的技术寿命会延长,但随着汽车使用时间的延长,机动车的维修费用也将增加。机动车到达技术寿命时,应对其进行报废处理,其零部件也不能流入市场。

2. 经济使用寿命

机动车的经济使用寿命是指车辆使用到相当里程和使用年限,对其进行全面经济分析之后得出车辆已到达不经济合理、使用成本较高的寿命时刻。机动车经济使用寿命是车辆经济使用的理想时期,研究机动车的使用寿命,主要是研究车辆的经济使用寿命。这里所说的全面经济分析,就是从车辆使用总成本出发,分析车辆制造成本、使用与维修费用、使用者管理开支、车辆当前的折旧以及市场可能变化等一系列因素,经过分析做出综合的经济评定,并确定其经济是否合理,能否继续使用。

3. 合理使用寿命

机动车的合理使用寿命是以车辆经济使用寿命为基础,考虑整个国民经济的发展和能源节约等因素,制定符合当地实际情况的使用期限。也就是说车辆已经到达了经济寿命,但是否要更新,还要视当地的实际情况来定,如更新资金、有无理想的汽车等因素,为此各国根据上述情况制定出车辆更新的技术政策,考虑国民经济的可能并加以修正,规定机动车的使用年限。

机动车技术、经济、合理使用寿命三者的关系可用下式表示:

技术寿命 > 合理使用寿命 ≥ 经济使用寿命

我国自2013年5月1日起实行的《机动车强制报废标准规定》,是在充分考虑上述因素和我国国情,又考虑报废标准与国际接轨的基础上颁布的,是二手车鉴定评估的重要依据之一。

### 1.4.2 机动车技术状况变化的一般规律

机动车技术状况变化规律是指车辆技术状况与车辆行驶里程或行驶时间之间的相对关系。研究机动车技术状况变化规律在于掌握其特点,由此采取相应的补救措施,降低磨损速度,延长车辆的使用寿命。机动车的主要零部件技术状况变化直接影响到车辆技术状况的变化规律,因此,通常用车辆主要零部件的磨损规律作为车辆技术状况变化规律的主要指标。车辆使用时由于各种零部件所处的工作条件不尽相同,引起的磨损原因和程度也不会完全一致。大致分为以下三个阶段:

第一阶段是零部件的磨合期,其特点是汽车行驶1000~1500km时零部件磨损较快,这是由于新加工的零部件表面凹凸不平,从而产生了啮合性摩擦,使零部件表面的凹凸峰尖剥落,造成较为严重的磨料磨损,直到配合零部件磨合良好,才使零件磨损速度逐渐减慢。零件在磨合期内的磨损量主要取决于零件加工工艺、质量和磨合期使用工况、维护质量等。

第二阶段是零件的正常工作期,其特征是零件表面经过磨合后,变得较为光滑,表面粗糙度有所改善,零件表层组织有所硬化,润滑条件较好。此阶段的磨损是缓慢且均匀的,所以,必须认真执行各级维护制度,严格执行驾驶操作规程,保持汽车经常处于完好技术状况,从而延长汽车的使用寿命。

第三阶段是零部件的极限磨损期,其特征是零部件的磨损已经达到了正常工作极限,零配件之间的松旷程度较大,所产生的冲击、振动会使相互间的作用力变大,零部件的磨损量将急剧增加。又由于配合间隙过大、润滑油油楔效应降低,难以形成油膜来保护零部件,并伴随着渗漏、油压降低、异响等症状的发生,极易转化和引发事故性损伤。如果发现异常磨损,应及时进行大修,以恢复汽车使用性能。

通常车辆技术状况变化表现为三个方面:一是汽车运行能力变差,动力性降低,最大爬坡度减小、加速时间和加速距离延长、牵引力下降;二是汽车燃、润料消耗增加,燃料消耗量比正常额定用量增加15%甚至40%、润滑油消耗量比正常消耗量增加3~4倍;三是工作可靠性变坏,安全行车无保障。表现为汽车的制动效能变差、维修次数增多、故障率提高等。

机动车技术状况变化表现为渐发性和突发性两种变化规律。渐发性变化规律表示机动车技术状况的变化随行驶时间或行驶里程而单调变化;突发性变化规律表示车辆或总成出现故障或达到极限状态的时间是随机的、偶发的,对其变化过程进行独立观察所得到的结果呈现不确定性,没有必然的变化规律,但在大量重复观察中又具有一定的统计规律。

渐发性变化规律又称为机动车技术状况随行程的变化规律,突发性变化规律又称为机动车技术状况的随机变化规律。

## 1.4.3 机动车强制报废标准规定(2012)

第一条 为保障道路交通安全、鼓励技术进步、加快建设资源节约型、环境友好型社会,根据《中华人民共和国道路交通安全法》及其实施条例、《中华人民共和国大气污染防治法》、《中华人民共和国噪声污染防治法》,制定本规定。

第二条 根据机动车使用和安全技术、排放检验状况,国家对达到报废标准的机动车实施强制报废。

第三条 商务、公安、环境保护、发展改革等部门依据各自职责,负责报废机动车回收拆解监督管理、机动车强制报废标准执行有关工作。

第四条 已注册机动车有下列情形之一的应当强制报废,其所有人应当将机动车交售给报废机动车回收拆解企业,由报废机动车回收拆解企业按规定进行登记、拆解、销毁等处理,并将报废机动车登记证书、号牌、行驶证交公安机关交通管理部门注销:

(一)达到本规定第 5 条规定使用年限的。

(二)经修理和调整仍不符合机动车安全技术国家标准对在用车有关要求的。

(三)经修理和调整或者采用控制技术后,向大气排放污染物或者噪声仍不符合国家标准对在用车有关要求的。

(四)在检验有效期届满后连续 3 个机动车检验周期内未取得机动车检验合格标志的。

第五条 各类机动车使用年限分别如下:

(一)小、微型出租客运汽车使用 8 年,中型出租客运汽车使用 10 年,大型出租客运汽车使用 12 年。

(二)租赁载客汽车使用 15 年。

(三)小型教练载客汽车使用 10 年,中型教练载客汽车使用 12 年,大型教练载客汽车使用 15 年。

(四)公交客运汽车使用 13 年。

(五)其他小、微型营运载客汽车使用 10 年,大、中型营运载客汽车使用 15 年。

(六)专用校车使用 15 年。

(七)大、中型非营运载客汽车(大型轿车除外)使用 20 年。

(八)三轮汽车、装用单缸发动机的低速货车使用 9 年,装用多缸发动机的低速货车以及微型载货汽车使用 12 年,危险品运输载货汽车使用 10 年,其他载货汽车(包括半挂牵引车和全挂牵引车)使用 15 年。

(九)有载货功能的专项作业车使用 15 年,无载货功能的专项作业车使用 30 年。

(十)全挂车、危险品运输半挂车使用 10 年,集装箱半挂车 20 年,其他半挂车使用 15 年。

(十一)正三轮摩托车使用 12 年,其他摩托车使用 13 年。

对小、微型出租客运汽车(纯电动汽车除外)和摩托车,省、自治区、直辖市人民政府有关部门可结合本地实际情况,制定严于上述使用年限的规定,但小、微型出租客运汽车不得低于 6 年,正三轮摩托车不得低于 10 年,其他摩托车不得低于 11 年。

小、微型非营运载客汽车、大型非营运轿车、轮式专用机械车无使用年限限制。

机动车使用年限起始日期按照注册登记日期计算,但自出厂之日起超过 2 年未办理注册登记手续的,按照出厂日期计算。

**第六条** 变更使用性质或者转移登记的机动车应当按照下列有关要求确定使用年限和报废:

(一)营运载客汽车与非营运载客汽车相互转换的,按照营运载客汽车的规定报废,但小、微型非营运载客汽车和大型非营运轿车转为营运载客汽车的,应按照本规定附件 1 所列公式核算累计使用年限,且不得超过 15 年。

(二)不同类型的营运载客汽车相互转换,按照使用年限较严的规定报废。

(三)小、微型出租客运汽车和摩托车需要转出登记所属地省、自治区、直辖市范围的,按照使用年限较严的规定报废。

(四)危险品运输载货汽车、半挂车与其他载货汽车、半挂车相互转换的,按照危险品运输载货车、半挂车的规定报废。

距本规定要求使用年限 1 年以内(含 1 年)的机动车,不得变更使用性质、转移所有权或者转出登记地所属地市级行政区域。

**第七条** 国家对达到一定行驶里程的机动车引导报废。

达到下列行驶里程的机动车,其所有人可以将机动车交售给报废机动车回收拆解企业,由报废机动车回收拆解企业按规定进行登记、拆解、销毁等处理,并将报废的机动车登记证书、号牌、行驶证交公安机关交通管理部门注销:

(一)小、微型出租客运汽车行驶 60 万千米,中型出租客运汽车行驶 50 万千米,大型出租客运汽车行驶 60 万千米。

(二)租赁载客汽车行驶 60 万千米。

(三)小型和中型教练载客汽车行驶 50 万千米,大型教练载客汽车行驶 60 万千米。

(四)公交客运汽车行驶 40 万千米。

(五)其他小、微型营运载客汽车行驶 60 万千米,中型营运载客汽车行驶 50 万千米,大型营运载客汽车行驶 80 万千米。

(六)专用校车行驶 40 万千米。

(七)小、微型非营运载客汽车和大型非营运轿车行驶 60 万千米,中型非营运载客汽车行驶 50 万千米,大型非营运载客汽车行驶 60 万千米。

(八)微型载货汽车行驶 50 万千米,中、轻型载货汽车行驶 60 万千米,重型载货汽车(包括半挂牵引车和全挂牵引车)行驶 70 万千米,危险品运输载货汽车行驶 40 万千米,装用多缸发动机的低速货车行驶 30 万千米。

(九)专项作业车、轮式专用机械车行驶 50 万千米。

(十)正三轮摩托车行驶 10 万千米,其他摩托车行驶 12 万千米。

**第八条** 本规定所称机动车是指上道路行驶的汽车、挂车、摩托车和轮式专用机械车;非营运载客汽车是指个人或者单位不以获取利润为目的的自用载客汽车;危险品运输载货汽车是指专门用于运输剧毒化学品、爆炸品、放射性物品、腐蚀性物品等危险品的车辆;变更使用性质是指使用性质由营运转为非营运或者由非营运转为营运,小、微型出租、租赁、教练等不同类型的营运载客汽车之间的相互转换,以及危险品运输载货汽车转为其他载货汽车。

本规定所称检验周期是指《中华人民共和国道路交通安全法实施条例》规定的机动车安全技术检验周期。

**第九条** 省、自治区、直辖市人民政府有关部门依据本规定第五条制定的小、微型出租客运汽车或者摩托车使用年限标准,应当及时向社会公布,并报国务院商务、公安、环境保护等部门备案。

**第十条** 上道路行驶拖拉机的报废标准规定另行制定。

**第十一条** 本规定自 2013 年 5 月 1 日起施行。2013 年 5 月 1 日前已达到本规定所列报废标准的,应当在 2014 年 4 月 30 日前予以报废。《关于发布〈汽车报废标准〉的通知》(国经贸经〔1997〕456 号)、《关于调整轻型载货汽车报废标准的通知》(国经贸经〔1998〕407 号)、《关于调整汽车报废标准若干规定的通知》(国经贸资源〔2000〕1202 号)、《关于印发〈农用运输车报废标准〉的通知》(国经贸资源〔2001〕234 号)、《摩托车报废标准暂行规定》(国家经贸委、发展计划委、公安部、环保总局令〔2002〕第 33 号)同时废止。

附件:
1. 非营运小微型载客汽车和大型轿车变更使用性质后累计使用年限计算公式。
2. 机动车使用年限及行驶里程参考值汇总表。

**附件1**

**非营运小微型载客汽车和大型轿车变更使用性质后累计使用年限计算公式**

$$累计使用年限 = 原状态已使用年 + \left(1 - \frac{原状态已使用年}{原状态使用年限}\right) \times 状态改变后年限$$

备注:公式中原状态已使用年中不足一年的按一年计算,例如,已使用 2.5 年按照 3 年计算;原状态使用年限数值取定值为 17;累计使用年限计算结果向下圆整为整数,且不超过 15 年。

**附件2**

**机动车使用年限及行驶里程参考值汇总表**

| | | 车辆类型与用途 | | 使用年限（年） | 行驶里程参考值（万千米） |
|---|---|---|---|---|---|
| 汽车 | 载客 | 营运 | 出租客运 小、微型 | 8 | 60 |
| | | | 出租客运 中型 | 10 | 50 |
| | | | 出租客运 大型 | 12 | 60 |
| | | | 租赁 | 15 | 60 |
| | | | 教练 小型 | 10 | 50 |
| | | | 教练 中型 | 12 | 50 |
| | | | 教练 大型 | 15 | 60 |
| | | | 公交客运 | 13 | 40 |
| | | | 其他 小、微型 | 10 | 60 |
| | | | 其他 中型 | 15 | 50 |
| | | | 其他 大型 | 15 | 80 |
| | | | 专用校车 | 15 | 40 |
| | | 非营运 | 小、微型客车、大型轿车* | 无 | 60 |
| | | | 中型客车 | 20 | 50 |
| | | | 大型客车 | 20 | 60 |

续上表

| 车辆类型与用途 | | | 使用年限<br>(年) | 行驶里程参考值<br>(万千米) |
|---|---|---|---|---|
| 汽车 | 载货 | 微型 | 12 | 50 |
| | | 中、轻型 | 15 | 60 |
| | | 重型 | 15 | 70 |
| | | 危险品运输 | 10 | 40 |
| | | 三轮汽车、装用单缸发动机的低速货车 | 9 | 无 |
| | | 装用多缸发动机的低速货车 | 12 | 30 |
| | 专项作业 | 有载货功能 | 15 | 50 |
| | | 无载货功能 | 30 | 50 |
| 挂车 | 半挂车 | 集装箱 | 20 | 无 |
| | | 危险品运输 | 10 | 无 |
| | | 其他 | 15 | 无 |
| | 全挂车 | | 10 | 无 |
| 摩托车 | | 正三轮 | 12 | 10 |
| | | 其他 | 13 | 12 |
| 轮式专用机械车 | | | 无 | 50 |

注:1. 表中机动车主要依据《机动车类型 术语和定义》(GA802—2008)进行分类;标注 * 车辆为乘用车。

2. 对小、微型出租客运汽车(纯电动汽车除外)和摩托车,省、自治区、直辖市人民政府有关部门可结合本地实际情况,制定严于表中使用年限的规定,但小、微型出租客运汽车不得低于 6 年,正三轮摩托车不得低于 10 年,其他摩托车不得低于 11 年。

# 本章小结

本章主要内容包括二手车与二手车交易市场、二手车鉴定评估概述、二手车鉴定评估假设和价值类型、机动车使用寿命与技术状况变化规律、机动车强制报废标准规定等内容。

下列的总体概要覆盖了本章的主要学习内容,可以利用以下线索对所学内容进行做一次简要的回顾,以便归纳、总结和关联相应的知识点。

1. 二手车与二手车交易市场

主要介绍了二手车、二手车交易市场的基本概念以及国内外二手车市场的基本情况。列举了经销、经纪、拍卖、置换、电子商务等二手车主要交易类型,介绍了二手车的交易程序。

2. 二手车鉴定评估概述

主要对二手车鉴定评估的概念、特点、目的和任务进行了诠释,并对二手车鉴定评估机构进行了介绍,着重讲解了二手车鉴定评估程序、依据和原则。

3. 二手车鉴定评估的假设与价值类型

对二手车鉴定评估的三种假设:继续使用假设、公开市场假设和清偿假设进行了归纳总结;以资产评估的价值类型为基础,从市场价值和非市场价值,重置成本、现行市价、收益现值、清算价格两个角度对二手车的价值类型进行了阐述。

4.机动车使用寿命与技术状况变化的一般规律

给出了机动车使用寿命及其所包含的技术使用寿命、经济使用寿命和合理使用寿命的定义,说明了三种寿命之间的关系;对机动车零部件的磨合期、正常工作期、极限磨损期加以分析,提出了机动车技术状况变化存在的渐发性和突发性两种变化规律;同时附《机动车强制报废标准规定》(2012)以备今后工作中的参考。

# 自测题

**一、单项选择题**(在每小题的备选答案中,选出一个正确答案,并将其序号填在括号内)

1.二手车是指在( )登记注册,在达到国家规定的报废标准之前或在经济实用寿命期内服役,并仍可继续使用的机动车。

  A.人民法院       B.工商行政管理局
  C.公安交通管理机关    D.旧车交易市场

2.《机动车强制报废标准规定》中规定小、微型非营运载客汽车、大型非营运轿车、轮式专用机械车的使用年限为( )。

  A.8年    B.15年    C.无    D.10年

3.二手车鉴定评估的客体是( )。

  A.评估车辆的主人     B.评估的车辆
  C.评估车辆的驾驶员    D.都不是

**二、多项选择题**(在每小题的备选答案中,选出两个以上正确答案,并将其序号填在括号内)

1.机动车使用寿命是指机动车从投入使用到淘汰、报废的最终时间过程。主要可分为( )。

  A.技术使用寿命     B.经济使用寿命
  C.合理使用寿命     D.平均使用寿命

2.二手车置换的主要目的是( )。

  A.以旧换新       B.简化更新程序
  C.开展二手车贸易     D.以上都不是

3.二手车鉴定评估的依据是指评估工作所遵循和法律、法规、经济行为文件以及其他参考资料。一般包括( )。

  A.行为依据   B.法律依据   C.产权依据   D.取价依据

**三、判断题**(在括号内正确打√,错误打×)

1.所有二手车电商的交易模式都是基于O2O。  ( )
2.二手车鉴定评估的原则分为工作原则和技术原则两大类。  ( )
3.二手车鉴定评估委托书可以作为接受委托的证明。  ( )

**四、简答题**

1.机动车技术状况变化规律大致分为哪几个阶段?
2.二手车鉴定评估的依据和原则是什么?
3.资产评估价值类型的基本含义及其表述方式有哪些?

# 第2章　二手车交易资格的审定

## 导言

本章主要介绍了二手车交易的条件和禁止交易的车辆,二手车手续和车辆的识伪检查程序以及如何进行识伪检查等内容。力求使学生学习和掌握二手车交易资格审定的相关基础知识,为学习后续章节打下坚实的基础。

## 学习目标

1. 认知目标
(1)理解二手车交易的基本条件。
(2)理解二手车交易资格审定程序。
(3)掌握二手车手续识伪和车辆识伪方法。
2. 技能目标
(1)能识别禁止交易的车辆。
(2)能识别二手车手续和车辆的真伪。
3. 情感目标
(1)初步养成自觉遵守国家标准的习惯。
(2)培养一丝不苟、严肃认真的工作作风。
(3)增强空间想象能力和思维能力,提高学习兴趣。

## 2.1　二手车交易的条件

### 2.1.1　基本条件

二手车交易是一种产权交易,是实现二手车所有权从卖方到买方的转移过程。二手车交易的基本条件包括交易双方、交易物品、交易条件、交易合同和交易发票。

1. 交易双方

交易双方是指二手车的所有者和二手车购买者。交易双方有个人对个人、个人对单位、单位对个人、单位对单位四种类型。

2. 交易物品

至少有一方提供的物品是二手车或双方提供的物品都是二手车(其中至少有一方为二手车),后者属于汽车置换。必须强调的是,双方提供的车辆必须具有交换价值和使用价值。国家法律禁止交易的走私车或报废车,纵使其具有使用价值,但因无法实现交换价值,也就不是交易物品。

3. 交易条件

二手车买卖双方应当拥有车辆的所有权或者处置权;卖方必须具有合法、完整的车辆法定证明;国家机关、国有企事业单位在出售、委托拍卖二手车时,应持有本单位或者上级主管单位出具的资产处理证明;买卖双方必须通过二手车交易市场、经销企业、拍卖公司进行交易。

4. 交易合同

《二手车交易规范》中明确规定,二手车交易必须签订买卖合同,以规范二手车交易行为,保障双方的合法权益。买卖合同包括直接交易合同、委托购买合同、委托出售合同、委托拍卖合同等。委托拍卖的二手车,在拍卖成交后还需在《二手车拍卖成交确认书》上签字。

5. 交易发票

二手车交易市场、经销企业、拍卖公司对成交的二手车必须按照国家有关规定开具二手车销售统一发票,作为车辆转移登记的法定来历证明。

## 2.1.2 禁止交易的车辆

下列机动车禁止交易:
(1)已报废或者达到国家强制报废标准的车辆。
(2)在抵押期间或者未经海关批准交易的海关监管车辆。
(3)在人民法院、人民检察院、行政执法部门依法查封、扣押期间的车辆。
(4)通过盗窃、抢劫、诈骗等违法犯罪手段获得的车辆。
(5)发动机号码、车辆识别代号或者车架号码与登记号码不相符,或者有凿改迹象的车辆。
(6)走私、非法拼(组)装的车辆。
(7)不具有《机动车登记证书》、《机动车行驶证》、有效的机动车安全技术检验合格标志、车辆购置税完税证明、有效的车船使用税缴付凭证、有效的交强险保险单的车辆。
(8)在本行政辖区以外的公安机关交通管理部门注册登记的车辆。
(9)国家法律、行政法规禁止经营的车辆。
(10)距《机动车强制报废标准规定》规定要求使用年限1年以内(含1年)的机动车,不得变更使用性质、转移所有权或者转出登记地所属地市级行政区域。亦即此类机动车禁止跨地市级行政区域交易。

即便是能够交易的机动车,二手车交易市场经营者和二手车经营主体还应核实卖方的所有权或处置权证明。车辆所有权或处置权证明应符合下列条件才能交易:
(1)机动车登记证书、机动车行驶证与卖方身份证明名称一致;国家机关、国有企事业单位出售的车辆,应附有资产处理证明。

(2)委托出售的车辆,卖方应提供车主授权委托书和身份证明。

(3)二手车经销企业销售的车辆,应具有车辆收购合同等能够证明经销企业拥有该车所有权或处置权的相关材料,以及原车主身份证明复印件。原车主名称应与机动车登记证、机动车行驶证名称一致。

## 2.2 二手车手续及车辆的识伪检查

### 2.2.1 二手车交易资格审定程序

二手车交易资格包括手续的合法性和车辆的合法性两个方面,缺一不可。二手车手续及车辆识伪检查是车辆完成鉴定、评估的大前提,必须严格按程序仔细审查。在手续及车辆识伪核查无误后方可继续进行后续的车辆技术状况鉴定和交易,否则会被不法分子钻空子。如果发现证件有伪造以及车辆相关部位有重新打刻、凿痕、挫痕等人为改动和毁坏的,应及时向当地公安交通管理部门报告。二手车交易资格审定通常遵循以下程序:

(1)检查车主身份证明。

(2)检查机动车登记证书上的车主姓名与其身份证证明是否一致;机动车登记证书上的发动机号、车架号与实车号码是否一致;检查登记证书上的使用性质、获得方式、注册登记日期、车辆生产日期、总质量、轮胎规格、功率、抵押情况等相关内容是否属实。

(3)检查车辆行驶证上的车主姓名与其身份证明、机动车登记证书是否一致;检查机动车行驶证上的车辆发动机号和车架号与实车号码是否一致;检查行驶证上的车辆使用性质、车辆类型、品牌型号、年审日期等相关内容是否属实。

(4)检查是否有机动车销售统一发票、二手车销售统一发票或其他机动车来历证明。

(5)检查是否有车辆购置税缴费凭证。

(6)检查是否有有效的车船使用税缴付凭证、交强险标志机动车安全技术检验合格标志、车辆购置税完税证明、保险人与被保险人情况交强险保险单等。

(7)检查车辆安全技术检验合格标志是否在有效期内。

(8)检查机动车号牌的真伪及正确性。

(9)检查车辆道路运输证的真伪及有效性。

(10)检查车辆是否是走私车、拼装车、报废车等。

### 2.2.2 二手车的手续检查

二手车的手续检查是指检查汽车能够上道路行驶,按照国家法规和地方法规应该办理的各项有效证件和应该交纳的各项税费凭证。二手车的手续主要包括:机动车来历凭证、机动车法定证明和凭证,对于道路运输车辆还包括道路运输证。

二手车属特殊商品,它的价值包括车辆实体本身的有形价值和由各项手续构成的无形价值。只有手续齐全,才能构成车辆的完全价值并可正常办理过户、转籍。没有合法手续的机动车是不具备交易基本条件的二手车。

1. 机动车来历凭证

在国内购买的机动车,其来历凭证是全国统一的机动车销售统一发票或者二手车销售统一发票;在国外购买的机动车,其来历凭证是该车销售单位开具的销售发票及其翻译文本。

人民法院调解、裁定或者判决转移的机动车,其来历凭证是人民法院出具的已经生效的《调解书》、《裁定书》或者《判决书》以及相应的《协助执行通知书》。仲裁机构仲裁裁决转移的机动车,其来历凭证是《仲裁裁决书》和人民法院出具的《协助执行通知书》。

继承、赠予、中奖和协议抵偿债务的机动车,其来历凭证是继承、赠予、中奖和协议抵偿债务的相关文书和公证机关出具的《公证书》。

资产重组或者资产整体买卖中包含的机动车,其来历凭证是资产主管部门的批准文件。国家机关统一采购并调拨到下属单位未注册登记的机动车,其来历凭证是全国统一的机动车销售统一发票和该部门出具的调拨证明。国家机关已注册登记并调拨到下属单位的机动车,其来历凭证是该部门出具的调拨证明。

经公安机关破案发还的被盗抢且已向原机动车所有人理赔完毕的机动车,其来历凭证是保险公司出具的《权益转让证明书》。

更换发动机、车身、车架的来历凭证,是销售单位或者修理单位开具的发票和交管部门出具的《车辆责任事故认定书》。

2. 机动车法定证明和凭证

机动车的法定证明、凭证主要包括:机动车登记证书、机动车行驶证、有效的机动车安全技术检验合格标志、车辆购置税完税证明、车船使用税缴付凭证、交强险保险单。

1) 机动车登记证书

根据2001年10月1日起实施的《中华人民共和国机动车登记办法》和2008年10月1日起实施的《机动车登记规定》以及2012年9月12日起实施的《机动车登记规定》修正版,在我国境内道路上行驶的机动车,应当按规定到车辆管理所办理登记,并核发《机动车登记证书》、机动车号牌、《机动车行驶证》和安全技术检验合格标志。

机动车所有人申请办理机动车各项登记业务时均应出具《机动车登记证书》;当需要变更登记信息时,机动车所有人应当及时到车辆管理所办理相关手续;当机动车所有权发生转移时,原机动车所有人应当将《机动车登记证书》随车交给现机动车所有人。《机动车登记证书》还可以作为有效的资产证明,可到银行办理抵押贷款等。

《机动车登记证书》同时也是机动车的"户口本",所有机动车的详细信息及机动车所有人的资料都记载在上面。登记证书上所记载的原始信息发生变化时,机动车所有人应携《机动车登记证书》到车辆管理所作变更登记。

2) 机动车行驶证

《机动车行驶证》是由公安车辆管理机关依法对车辆进行注册登记核发的证件,它是机动车取得合法行驶权的凭证。《中华人民共和国道路交通安全法》第八条规定,国家对机动车实行登记制度。机动车经公安机关交通管理部门登记后,方可上道路行驶。《中华人民共和国机动车登记管理办法》规定机动车行驶证是二手车过户、转籍必不可少的证件。

3) 机动车号牌

机动车号牌是指在法定机关登记的机动车号牌是准予机动车在中华人民共和国境内道路上行驶的法定标志,其号码是机动车登记编号。机动车登记编号是办理机动车登记业务时,按规则给机动车确定的编号。机动车登记编号包含:用汉字表示的省、自治区、直辖市简称、用英文字母表示的发牌机关代号、由阿拉伯数字和英文字母组成的序号以及用汉字表示的专用号牌简称。机动车号牌必须在机动车的特定位置悬挂。

机动车号牌由公安车辆管理机关依法对机动车进行注册登记后与《机动车行驶证》一同核发,其号码与行驶证必须一致,两者是机动车取得合法行驶权的标志。《中华人民共和国道路交通安全法》第十六条规定,不得伪造、变造或者使用伪造、变造的机动车登记证书、号牌、行驶证、检验合格标志、保险标志。

机动车号牌有两种类型,即"九二"式和"二〇〇二"式号牌。"二〇〇二"式号牌仅在北京等少数几个城市使用过,数量较少,现已不再核发。"九二"式号牌是按 GA 36—1992《中华人民共和国机动车号牌》标准制作的,之后的新版本 GA 36—2007、GA 36—2014 对机动车号牌的制作质量,特别是防伪标记提出了更高的要求。

4) 有效的机动车安全技术检验合格标志

机动车应当从注册登记之日起,按照规定期限进行安全技术检验,检验合格的发给机动车安全技术检验合格标志。

2014 年 5 月 16 日,公安部、国家质检总局公布了《关于加强和改进机动车检验工作的意见》,意见公布了关于机动车检验工作的 18 项新政。其中最引人关注的是自 2014 年 9 月 1 日起,试行 6 年以内的非营运轿车和其他小型、微型载客汽车(面包车、7 座及 7 座以上车辆除外)免检制度。对注册登记 6 年以内的非营运轿车和其他小型、微型载客汽车(面包车、7 座及 7 座以上车辆除外),每 2 年需要定期检验时,机动车所有人提供交通事故强制责任保险凭证、车船税纳税或者免征证明后,可以直接向公安机关交通管理部门申请领取检验标志,无须到检验机构进行安全技术检验。申请前,机动车所有人应当将涉及该车的道路交通安全违法行为和交通事故处理完毕。但车辆如果发生过造成人员伤亡的交通事故的,仍应按原规定的周期进行检验。

机动车安全技术检验合格标志是机动车安全技术符合行驶要求的重要证明。机动车安全技术检验合格标志必须贴在机动车前风窗玻璃的右上角。

5) 车辆购置税缴费凭证

车辆购置税缴费凭证,其正式名称是"车辆购置税完税证明",它是纳税人交纳车辆购置税的完税依据,也是作为车辆管理部门办理车辆牌照的主要依据。车辆购置税缴费凭证分正本和副本,每车一证,正本由纳税人保管以备查验,副本用于办理车辆注册登记。

车辆购置税是由车辆购置附加费演变而来。车辆购置附加费是国家向购车单位和个人在购车时征收用于公路建设的专用资金。2000 年 10 月 22 日,国务院颁布《中华人民共和国车辆购置税暂行条例》规定,从2001年1月1日起开始向有关车辆征收车辆购置税,原有的车辆购置附加费取消。自2005年1月1日起,纳税人交纳车辆购置税后,由税务机关核发《车辆购置税完税证明》。已经缴纳车辆购置税的车辆进行交易时,必须出示车辆购置税缴费凭证。除国家规定可以免交购置税的车辆外,漏交购置税的车辆必须补交车辆购置税。对于纳税人在办理车辆登记注册后,车辆购置税凭证发生损毁、丢失的,只核发车辆购置税凭证正本。

6) 车船使用税缴付凭证

车船使用税是指对在我国境内应依法到公安、交通、农业、渔业、军事等管理部门办理登记的车辆、船舶,根据其种类,按照规定的计税依据和年税额标准计算征收的一种财产税。

从2007年7月1日开始,车辆所有者可以在从事机动车第三者责任强制保险业务的保险机构在投保交强险的同时代为收缴车使用船税。扣缴义务人在代收车船税时,应当在机动车交通事故的保险单上注明已收税款的信息,作为纳税人完税的证明。除另有规定外,扣缴义务人不再给纳税人开具代扣代收税款凭证。纳税人如有需要,可以持注明已收税款信息的保险单,到主管地方税务机关开具完税凭证。

7) 交强险保险单

交强险是由保险公司对被保险机动车发生道路交通事故造成受害人(不包括本车人员和被保险人)的人身伤亡、财产损失,在责任限额内予以赔偿的强制性责任保险。

机动车保险费用是车辆所有人购买车辆保险时向保险公司所支付的费用。车辆保险可分交强险和商业险两类。交强险是我国首个由国家法律规定实行的强制保险,是机动车必须购买的险种。商业险又包括车辆主险和附加险两个部分。商业险主险包括车辆损失险、第三者责任险、车上人员责任险、全车盗抢险。附加险包括玻璃单独破碎险,车辆停驶损失险,自燃损失险,新增设备损失险,发动机进水险、无过失责任险,代步车费用险,车身划痕损失险,不计免赔率特约条款,车上货物责任险等多个险种。

购买交强险的证明文件包括交强险单证和交强险标志两部分。交强险单证是指投保人与保险公司签订的,证明强制保险合同关系存在的法定证明文件;交强险标志是指根据法律、行政法规的有关规定,保险公司向投保人核发的,证明其已经投保强制保险的标识。

交强险保险单和交强险定额保险单由正本和副本组成。正本由投保人或被保险人留存;副本应包括业务留存联、财务留存联和公安交管部门留存联。业务留存联和财务留存联由保险公司留存,公安交管部门留存联由保险公司加盖印章后交投保人或被保险人,由其在公安交管部门进行注册登记、检验等时交公安交管部门留存。

3. 道路运输证

《道路运输证》是道路运输管理机构向根据各自许可权限向从事道路旅客运输经营和道路货物运输经营的申请人投入运输的车辆配发的从事道路运输经营活动的合法凭证。该证件也叫"车辆营运证",一车配一证。凡在我国境内从事道路运输经营活动的机动车辆,均须持有交通运输部统一制发的《道路运输证》,并随车携带,以备查验。需要转籍过户时,应到相应道路运输管理机构办理营运过户有关手续。

### 2.2.3 二手车手续的识伪检查

二手车的识伪检查主要是验证车辆以及车辆手续是否齐全、有效、合法，其中很重要的一方面就是要能够进行证件税费的真伪鉴别。通过对车辆证件、税费和车辆实际情况进行比较检查，以判断车辆是否具有合法交易的资格。杜绝盗抢车、走私车、拼装车和非法改装车辆上市交易。

**1. 查验机动车来历凭证**

机动车来历凭证除了全国统一的机动车销售统一发票或者二手车销售统一发票之外，还有法院调解书、裁定书、判决书、公证书、权益转让证明、没收走私汽车证明、协助执行通知书、调拨证明等机动车来历凭证。凡无合法机动车来历凭证的，应认真查验。机动车发票分为手工票和计算机票两种。手工票规格为 214mm×150mm（25 开）；计算机发票规格为 241mm×153mm。计算机发票如图 2-1 所示。针对二手车销售统一发票真假的辨别，可以根据开票日期、发票代码、发票号码及开票单位识别号等信息在税务机关网站查询真伪。

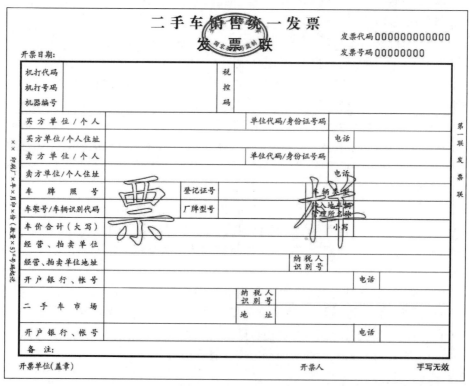

图 2-1 二手车销售统一发票

**2. 查验机动车登记证书**

机动车登记证书是机动车的"户口本"，如图 2-2 所示。所有机动车的详细信息及机动车所有人的资料都记载在上面。在二手车评估中，评估参数必须从机动车登记证书获取，为此应当详细检查机动车登记证书每个项目的内容及其变更情况，并进行认真核对。查验内容包括:核对机动车所有人是否曾为出租公司或租赁公司;核对登记日期和出厂日期是否时间跨度很大;核对进口车是海关进口或海关罚没;核对使用性质是非营运、营运、租赁或营转非。机动车使用性质主要有公路客运、公交客运、出租客运、旅游客运、租赁、货运、非营运、警用、消防、救护、工程抢险、营转非、出租营转非等多种;核对登记栏内是否注明该车已作抵押;对于货运车辆还要核对长、宽、高、轮距、轴距、轮胎的规格是否一致;核对钢板弹簧片数是否一致或存在加厚的现象;核对现机动车登记证书持有人与受委托人是否一致等。

a)封面

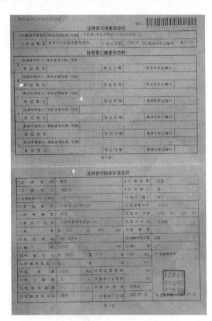

b)转移及注册登记信息栏

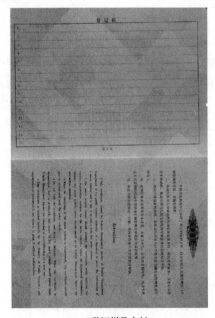

c)登记栏及内封

图2-2 机动车登记证书

## 3. 查验机动车行驶证

机动车行驶证是车辆上路必须携带证件之一，如图2-3所示。行驶证正证上有可识别的不规则的与行驶证卡片上图形相同的暗记，只要用紫外线照射即可显示。还要查看行驶证背面上的车辆照片与实物是否相符以及行驶证上的印刷字体、字号是否一致，纸质是否合格、印刷质量是否清晰。最常见的是伪造行驶证副页上的检验合格时间，车辆没有按规定时间到车辆检测机构办理车辆年检手续，却利用造假手段在行驶证副页上打印检验合格日期。这种情况下可以根据机动车号牌到当地车辆管理所对车辆年检合格时间进行核对。

图2-3 机动车行驶证

## 4. 查验机动车号牌

机动车号牌可以通过非法加工、偷牌、拼装等手段被伪造。因此在二手车交易中，一定要先判断车辆号牌的真伪。

车辆号牌的识伪方法有：一是看号牌的识伪标记，因为我国机动车号牌实行准产管理制度，取得准产证的企业生产的号牌上都加有防伪合格标记；二是看号牌着色深浅和反光特征，因为机动车号牌在生产中涂抹底漆并采用发光膜技术，而伪造的号牌在阳光下，牌照的颜色会发生变化，偏红或者偏黄，字体也会变瘦，这些都是假牌照的硬伤，细加端详就能发现。三是查看号牌外观特征、字符特征和间隔符特征。因为伪造的机动车号牌会出现四角弧度不一致、有凸角、四角有锋口、手摸有刺痛感、号牌质量参差不齐等情况。拆下车牌，其背面可能就会有敲打过的痕迹，而且伪造号牌上有时字迹模糊，字符存在差异，字体边缘会有棱角，字符字形和笔画粗细都不一致，只要细心观察，就能分辨真假。GA36—2014规定的号牌的分类、规格、颜色及适用范围见表2-1所示。

号牌的分类、规格、颜色及适用范围　　　　表2-1

| 序号 | 分类 | 外廓尺寸（mm×mm） | 颜色 | 数量 | 适用范围 |
|---|---|---|---|---|---|
| 1 | 大型汽车号牌 | 前：440×140<br>后：440×220 | 黄底黑字，黑框线 | 2 | 符合GA802规定的中型（含）以上载客、载货汽车和专项作业车；电车 |
| 2 | 挂车号牌 | 440×220 | 黄底黑字，黑框线 | 1 | 符合GA802规定的挂车 |

续上表

| 序号 | 分 类 | 外廓尺寸（mm×mm） | 颜 色 | 数量 | 适用范围 |
|---|---|---|---|---|---|
| 3 | 小型汽车号牌 | | 蓝底白字,白框线 | | 符合 GA802 规定的中型以下的载客、载货汽车和专项作业车 |
| 4 | 使馆汽车号牌 | | 黑底白字,红"使"、"领"字,白框线 | | 驻华使馆的汽车 |
| 5 | 领馆汽车号牌 | 440×140 | | 2 | 驻华领事馆的汽车 |
| 6 | 港澳入出境车号牌 | | 黑底白字,白"港"、"澳"字,白框线 | | 港澳地区入出内地的汽车 |
| 7 | 教练汽车号牌 | | 黄底黑字,黑"学"字,黑框线 | | 教练用汽车 |
| 8 | 警用汽车号牌 | | 白底黑字,红"警"字,黑框线 | | 汽车类警车 |
| 9 | 普通摩托车号牌 | | 黄底黑字,黑框线 | | 符合 GA802 规定的两轮普通摩托车、边三轮摩托车和正三轮摩托车 |
| 10 | 轻便摩托车号牌 | | 蓝底白字,白框线 | | 符合 GA802 规定的两轮轻便摩托车和正三轮轻便摩托车 |
| 11 | 使馆摩托车号牌 | 220×140 | 黑底白字,红"使"字,白框线 | 1 | 驻华使馆的摩托车 |
| 12 | 领馆摩托车号牌 | | 黑底白字,红"领"字,白框线 | | 驻华领事馆的摩托车 |
| 13 | 教练摩托车号牌 | | 黄底黑字,黑"学"字,黑框线 | | 教练用摩托车 |
| 14 | 警用摩托车号牌 | | 白底黑字,红"警"字,黑框线 | | 摩托车类警车 |
| 15 | 低速车号牌 | 300×165 | 黄底黑字,黑框线 | 2 | 符合 GA802 规定的低速载货汽车、三轮汽车和轮式专用机械车 |
| 16 | 临时行驶车号牌 | 220×140 | 天(酞)蓝底纹黑字黑框线 | 2 | 行政辖区内临时行驶的载客汽车 |
| | | | | 1 | 行政辖区内临时行驶的其他机动车 |
| | | | 棕黄底纹黑字黑框线 | 2 | 跨行政辖区临时移动的载客汽车 |
| | | | | 1 | 跨行政辖区临时移动的其他机动车 |
| | | | 棕黄底纹黑字黑框线黑"试"字 | 2 | 试验用载客汽车 |
| | | | | 1 | 试验用其他机动车 |
| | | | 棕黄底纹黑字黑框线黑"超"字 | 1 | 特型机动车,质量参数和/或尺寸参数超出 GB 1589 规定的汽车、挂车和汽车列车 |
| 17 | 临时入境汽车号牌 | | 白底棕蓝色专用底纹,黑字黑边框 | 1 | 临时入境汽车 |
| 18 | 临时入境摩托车号牌 | 88×60 | | 1 | 临时入境摩托车 |
| 19 | 拖拉机号牌 | 按 NY 345.1—2005 执行 | | | 上道路行驶的拖拉机 |

**5.查验机动车安全技术检验合格标志**

机动车检验合格标志的颜色分为黄、绿、蓝三种,每3年循环一次。按照惯例,2017年的标志为黄色,2018 年的标志为绿色,2019 年的标志为蓝色,以此类推。机动车安全技术检验合格标志的查验主要是看标志颜色、标志反面的合格标志号、检验有效期及检验机构,如图 2-4 所示。若怀疑造假,可向检验机构查证。

a)正面　　　　　　　　　　　b)背面

图 2-4　机动车检验合格标志

6. 查验车辆购置税缴费凭证

车辆购置税完税证明有以下特征:

(1)纸质坚韧,用手弹击声音清脆。

(2)对光观看可见纸内有多个税徽标识。

(3)证明下边花纹集中,显示"车辆购置税"五字汉语拼音第一个大写字母 CLGZS。

(4)证明正、副本备注页中有一个蓝色税徽。

(5)完税证明右上方编码规则,2009 年以前证明为 10 位数字,第一位数字表示年份,第二、三位数字代表省份,以后 7 位数字表示证明编号。2010 年后为 11 位数字,第一、二位数字表示年份,第三、四位数字代表省份,以后 7 位数字表示证明编号。

(6)在征税或免税栏内有征税专用章。专用章为圆形,直径 3cm,外边宽 1mm,内容是"××市(县)国家税务局,01(02)号,车购税征税专用章",宋体字。

(7)在紫外线下可见证明编号发亮,变成红色。证明中有一直径约 3cm 圆形团花。

根据以上特征仔细分辨真伪后,还要查验纳税人(车主)名称、车辆厂牌型号、发动机号、车架号(或车辆识别代码)、牌照号码与实际车辆是否一致等。对于车辆购置税完税证明丢失的,可以到税务机关或通过互联网查询。

新版《车辆购置税完税证明》于 2013 年 4 月 1 日正式启用,如图 2-5 所示。防伪加强,使用方便。

7. 查验交强险保险单

查验交强险保险单有无涂改,因为涂改后的交强险单证无效。

8. 查验车船使用税缴付凭证

车船使用税通常由保险公司代为收缴,可查验有效交强险保单代收车船税栏内信息,确认缴费情况。

9. 查验机动车交通事故责任强制保险标志

从 2011 年开始,交强险标志循环使用 2008、2009 和 2010 年度的三套交强险标志颜色标准(对应蓝色、绿色、黄色)。按照此办法,2017年的交强险标志为黄色,2018年为绿色,2019年为蓝色,以此类推。2018年交强险标志如图2-6所示。查验机动车交强险标志主要是看标志的颜色是否正确,标志反面的保险单号与纸质保险单号是否一致,号牌号码与实车是否一致,保险期间是否在有效期内,有无涂改、交强险承保公司是否属实等。要注意,涂改的交强险标志无效。

a)正面　　　　　　　　　　　　　　　　　　　　b)背面

图2-5　车辆购置税完税证明(新版)

图2-6　机动车强制保险标志

10. 查验道路运输证

道路运输证是证明营运车辆合法经营的有效证件,也是记录营运车辆审验情况和对经营者奖惩的主要凭证,道路运输证必须随车携带,在有效期内全国通行。道路运输证由正证和副证两部分组成,采用防伪标识,封面为墨绿色,外廓尺寸为10.5cm×7.5cm,证件尺寸正证为9.0cm×6.2cm,副证尺寸为9.5cm×6.8cm,材质为205克铜版纸,如图2-7所示。道路运输证正证正面是车辆有关内容;背面是车辆45°角彩色照片。正证第一行左上方为运政号;第二行为业户名称;第三行为地址;第四行为车辆行驶证号;第五行为经营许可证号;第六行为车辆类型;第七行为吨(座)位;第八行为经营范围;第九行为经济类型;第十行为企业经营资质等级;第十一行为备注;第十二行为核发机关和日期;第十三行为审验有效期。副证作为查扣及待理记载依据之用。道路运输证中的主证和副证必须齐全,编号必须相同,填写的内容必须一致。

随着科学技术的发展,根据交通运输部有关规定以及JT/T 654—2006《IC卡道路运输证应用技术规范》、JT/T 825—2012《IC卡道路运输证件》等行业标准,自2012年5月1日起开始启用IC卡道路运输证,如图2-8所示,原纸质两证将逐步换发。换证期间,IC卡证件与纸质证件同为有效证件。目前IC卡道路运输证件已逐渐代替纸质版道路运输证。IC卡道路运输证件集成了道路运输证和高速ETC的功能。检查道路运输证正面文字应正确,图案应清晰。背面底纹应为公路徽标和"道路运输证"文字浮雕底纹,颜色为两边蓝绿色,中间蓝色,渐变过渡,文字内容、编排应符合JT/T 825.4—2012的要求,照片与实车必须一致。

a)封面　　　　　　　　　　　b)正证　　　　　　　　　　　c)副证

图2-7　道路运输证

a)正面　　　　　　　　　　　　　　　　　　b)背面

图2-8　IC卡道路运输证

## 2.2.4　二手车辆的识伪检查

车辆的识伪检查又称车辆的身份鉴别或车辆合法性检查,主要鉴别车辆的身份是否合法,可分为三大类:一类针对进口汽车,检查其是通过正规渠道进口的车辆,还是非法走私、旧车拼装或者走私散件组装车辆等;另一类针对国产车,检查其是否是冒牌车、拼装车;第三类是盗抢车。

进行车辆身份鉴别时,要求检查评估人员凭借专业知识和丰富的市场和社会经验,结合相关部门提供的信息资料,对车辆进行详细鉴别,特别是有些车辆由于某些原因资料不全或者不同部门提供的资料不吻合的情况,应严格鉴定。

1. 查验VIN码(车辆识别代号)

VIN码又称车辆识别代号,相当于车辆的身份证号码,共有17位。汽车、摩托车、半挂车和中置轴挂车应具有唯一的车辆识别代号,其内容和构成应符合 GB 16735 的规定;应至少有一个车辆识别代号打刻在车架(无车架的机动车为车身主要承载且不能拆卸的部件)能防止锈蚀、磨损的部位上。VIN 码是由生产厂家在车辆出厂前用专用的工业打标机打刻在规定的车身位置。乘用车的 VIN 码应打刻在发动机舱内能防止替换的车辆结构件上,或打刻在车门立柱上,如受结构限制没有打刻空间也可打刻在右侧除行李舱外的车辆其他结构件上,如图 2-9 所示;对总质量大于或等于 12000kg 的货车、货车底盘改装的专项作业车及所有牵引杆挂车,VIN 码应打刻在右前轮纵向中心线前端纵梁外侧,如受结构限制也可打刻在右前轮纵向中心线附近纵梁外侧。对半挂车和中置轴挂车,VIN 码应打刻在右前支腿前端纵梁外侧(无纵梁的除外);其他汽车和无纵梁挂车的 VIN、轮式专用机械的产品识别代码(或 VIN)应打刻在右侧前部的车辆结构件上,如受结构限制也可打刻在右侧其他车辆结构件上。其他机动车(摩托车除外)应在相应的易见位置打刻整车型号和出厂编号,型号在前,出厂编号在后。在出厂编号的两端应打刻起止标记。

车辆识别代号(或整车型号和出厂编号)一经打刻不得更改、变动,但按 GB 16735—2004《道路车辆 车辆识别代号(VIN)》的规定重新标识或变更的除外。同一辆机动车的车架(无车架的机动车为车身主要承载且不能拆卸的部件)上,不应既打刻车辆识别代号(或产品识别代码),又打刻整车型号和出厂编号。同一辆车上标识的所有车辆识别代号内容应相同。因此,VIN 码的识伪检查时要谨记:工业打印机打出的 VIN 码字母、数字都是横平竖直,字迹清晰,深度一致,宽度相等,间距均匀;如人工篡改,因为手法、力度的不一致,必然会造成圆坑大小不一,深浅不同,只要细心观察不难看穿。同样,在识伪检查发动机号码时,也可借鉴上述方法。

图 2-9 车辆 VIN 码常见位置

2. 查验发动机号

发动机号也叫发动机出厂编号,在行驶证上的名称是发动机号码(Engine NO.)。发动机型号和出厂编号应打刻(或铸出)在汽缸体上且应能永久保持,在出厂编号的两端应打刻起止标记(没有打刻起止标记的空间时不打刻);摩托车应在发动机的易见部位铸出商标或厂标,发动机出厂编号应打刻在曲轴箱易见部位,在出厂编号的两端应打刻起止标记(没有打刻起止标记的空间时不打刻);如打刻(或铸出)的发动机型号和出厂编号不易见,则应在发动机易见部位增加能永久保持的发动机型号和出厂编号的标识。纯电动汽车、插电式混合动力汽车、燃料电池汽车和电动摩托车应在主驱动电动机壳体上打刻电动机型号和编号;如打刻的电动机型号和编号被覆盖,应留出观察口,或在覆盖件上增加能永久保持的电动机型号和编号的标识。例如,雪铁龙世嘉的发动机号的位置如图2-10所示。车辆发动机号应该与机动车行驶证、机动车登记证书上的发动机号一致,如果发现发动机号与其任何证件上的发动机号码不一致,车辆就不具备交易资格。查验车辆发动机号时要谨记:工业打印机打出发动机号码的字母、数字都是横平竖直,字迹清晰,深度一致,宽度相等,间距均匀;如人工篡改,因为手法、力度的不一致,必然会造成圆坑大小不一,深浅不同,只要稍作细心观察不难看穿。

3. 进口车的身份鉴别

正规的进口汽车都是通过正规渠道并符合我国的相关汽车质量标准和排放标准要求以及道路使用条件的,带有中文的使用手册和维护保养手册各一本,在前风窗玻璃上贴有黄色的商检标志(换过风窗玻璃的车辆可能丢失了商检标志),以及海关对进口汽车签发的进口证明书。

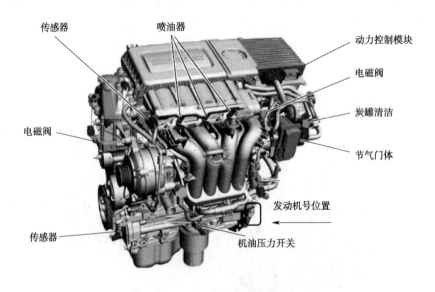

图2-10 雪铁龙世嘉发动机号的位置

走私汽车指不是通过国家正常的进口渠道进口、偷逃税的车辆;拼装车是指不法厂商为了谋取高额利润,采取非法组织生产、拼装的方法,生产假冒伪劣汽车。常见的非法手段有整车走私,境外切割、境内焊接拼装,进口散件国内拼装的外国品牌整车,利用旧车的零部件进行拼装,也有些是利用进口散件和国产零部件共同拼装的汽车等等。被假冒的生产厂家不承认这些走私车辆,4S店也不给这些车辆做PDI(交车前检查),也不提供质保,致使这些车辆的技术和使用性能得不到保障,也存在极大的安全隐患。评估人员在进行评估前,应首先识别非法走私车辆以及非法拼装车辆,并禁止进行交易。关于进口车的鉴别可以从以下几个方面进行：

(1) 检查车辆的产品合格证、维护保养手册是否齐全，检查是否有商检证明书和商检标志，检查进口证明。

(2) 检查汽车的 VIN 码是否正确，同时确定该车是否在我国进口汽车的产品目录上；通过公安部门的车辆档案资料，查找该车辆的相关信息，确定车辆的合法性。

(3) 检查车辆的外观。若是通过境外切割、境内焊接而拼装的车辆，一些小的曲线部位不可能处理得天衣无缝，总会留下一些加工痕迹，如焊接工艺不一样使得焊缝和焊口与原车不同，通过眼睛观察和用手触摸会发现车辆不是非常平整光滑。检查车身与各附件之间的缝隙是否整齐一致，间隙是否过大、过小或不匀等现象。

(4) 检查发动机舱。首先检查发动机型号是否与该品牌汽车型号相符，其次检查各种管线布置是否有条理，是否有重新装配或者改装的痕迹，或者有新旧程度不一的零部件等。

(5) 检查变速器。特别是自动变速器，由于我国的交通规则是"靠右行驶"，汽车的转向盘都在左边（中国香港和澳门地区除外），而有些国家和地区的汽车是右驾车，走私进来的右驾车要改为左驾车很容易，但是为了降低成本获取更高的利润，走私者一般不换自动变速器。这样通过检查变速杆的 P 挡锁按钮就可以发现，右驾车的变速杆的 P 挡锁按钮在右侧，而左驾车在左侧。

4. 国产车的身份鉴别

相对进口车来说，国产车的身份容易鉴别。按照《机动车登记规定》第 9 条的规定，申请改变机动车车身颜色、更换车身或车架的，应当填写《机动车变更登记申请表》，提交法定证明、凭证。按照《机动车登记规定》第 10 条的规定，更换发动机的，机动车所有人应当于变更后 10 日内向车辆管理所申请变更登记，填写《机动车变更登记申请表》，提交法定证明、凭证，并交验机动车。

在鉴别国产车的身份时，首先检查汽车铭牌上的 VIN 编码是否与行驶证记载一致，其次检查发动机号、车身或车架上的 VIN 与行驶证上记载是否一致，初步判别车辆是否是组装车或冒牌车。如果发现有不一致的地方，或者发动机号、车架号有被改动的痕迹，如焊接、凿痕、切割痕迹等，该车有可能是非法车辆，应进一步核实。由于汽车修理厂或改装厂一般搞不到国产车的车身，仿制也比较难，常采用切割、焊接等一系列方法进行组装或改装车辆，评估人员只要仔细观察或借助于放大镜和漆膜厚度仪，就会发现改装的痕迹，从而鉴别车辆的真假身份。

特别注意的是：借助公安车辆管理所的车辆档案资料，查找车辆来源信息，确定车辆的合法性及来源情况，是一种最直接有效的判别方法。

5. 盗抢车识别

盗抢车辆一般是指在公安车辆管理所已登记上牌的，在使用期内丢失的或被不法分子盗窃的，并已向公安机关报案的车辆。由于这类车辆被盗窃的方式多种多样，被盗窃后所遗留下来的痕迹会不同。如撬开门锁、砸破车窗玻璃、撬动转向盘锁等，都会留下痕迹。这些被盗车辆大部分会经过一定修饰后，企图在市场上卖出，很可能会流入二手车交易市场。鉴别盗抢车辆的方法一般有以下几种。

1)通过档案资料

根据公安车辆管理所的档案资料,及时掌握车辆动态,防止盗抢车辆进入市场交易。盗抢车辆在追寻期内,公安车辆管理所已将这部分车辆档案材料锁定,不允许进行车辆过户、转籍等一切交易活动。

2)通过车辆鉴定

根据盗窃一般手段,主要检查汽车门锁是否过新;锁芯有无被更换的痕迹;门窗玻璃是否为原配正品;窗框四周的防水胶条是否有插入玻璃升降器部位开门的痕迹;转向盘锁或点火开关是否有破坏或更换的痕迹等。

3)通过证件和号码验证

不法分子急于对这些车辆销赃,会对车辆、有关证件进行篡改和伪造,使被盗车辆面目全非。检查重点是核对发动机号码和车辆识别代码、钢印周围是否变形或有褶皱现象,钢印正反面是否有焊接的痕迹等。

4)通过外观油漆

查看车辆外观是否全车重新喷漆,或者改变了原车颜色。

## 本章小结

本章主要内容包括二手车交易条件、二手车手续和车辆识伪检查等内容。

下列的总体概要本章的主要学习内容,可以利用以下线索对所学内容进行做一次简要的回顾,以便归纳、总结和关联相应的知识点。

1. 二手车交易条件

介绍了二手车交易的基本条件和禁止交易的车辆等。

2. 二手车手续及车辆识伪检查

介绍了二手车交易资格审查程序、二手车手续及识伪检查方法、车辆识伪检查方法等。

## 自测题

**一、单项选择题**(在每小题的备选答案中,选出一个正确答案,并将其序号填在括号内)

1. 二手车交易是一种产权交易,交易成功后车辆所有权将从卖方转移到(     )。
   A. 车辆交易市场            B. 车辆经纪人
   C. 车辆中间商              D. 买方

2. 以下车辆 VIN 码打印位置正确的是(     )。
   A. 行李舱                  B. 前座副驾驶的地板
   C. 左前车门                D. 发动机

3. 二手车手续识伪检查中不需要检查的选项是(     )。
   A. 检查车辆的相关证件      B. 检查车辆的外观

C. 检查发动机舱　　　　　　　　D. 检查变速器

**二、多项选择题**(在每小题的备选答案中,选出两个以上正确答案,并将其序号填在括号内)

1. 二手车辆的识伪检查中的主要检查内容是(　　)。
   A. 查验 VIN 码　　　　　　　　B. 查验发动机号
   C. 进口车的身份鉴别　　　　　　D. 查验保险单

2. 二手车手续检查中的机动车的主要证件内容包括(　　)。
   A. 车辆行驶证　　　　　　　　　B. 车辆登记证书
   C. 车辆道路运输证　　　　　　　D. 车辆检验合格标志

3. 关于进口车的鉴别可以从以下几个方面进行(　　)。
   A. 车辆行驶证　　　　　　　　　B. 车辆登记证书
   C. 车辆道路运输证　　　　　　　D. 车辆检验合格标志

**三、判断题**(在括号内正确打√,错误打×)

1. 已报废或者达到国家强制报废标准的车辆禁止交易。　　　　　(　　)
2. 发动机号码、车辆识别代号或者车架号码与登记号码相符的车辆禁止交易。(　　)
3. 二手车交易的基本条件包括交易双方、交易物品、交易条件、交易发票。(　　)

**四、简答题**

1. 简述二手车手续识伪检查方法。
2. 简述二手车交易资格审定程序。
3. 简述车辆识伪检查方法。

# 第3章 二手车技术状况鉴定

## 导言

本章主要介绍了二手车技术状况鉴定的三种方法及其综合运用;事故车的损伤鉴定;二手车技术状况的评定与分级。本章的学习内容力求使学生掌握如何运用所学的鉴定方法对二手车实际技术状况做出准确的评定,为二手车价值评估打下坚实的基础。

## 学习目标

1. 认知目标
(1)掌握二手车技术状况的静态与动态检查方法,了解仪器检测方法。
(2)理解事故车损伤鉴定方法。
(3)掌握二手车技术状况的评定与分级方法。
2. 技能目标
(1)能进行二手车技术状况的静态与动态检查,并识别事故车。
(2)能根据静态、动态和仪器检查结果确定二手车技术状况,并进行等级评定。
(3)能识别事故车的损伤程度。
3. 情感目标
(1)初步养成自觉遵守国家标准和行业标准的习惯。
(2)培养一丝不苟、严肃认真的工作作风。
(3)增强技术鉴定的综合运用能力,提高专业技能素养。

## 3.1 技术状况鉴定方法

随着使用年限的增长、行驶里程的增加,汽车的技术状况会逐渐下降,特别是各种故障或事故(碰撞、水灾、火灾等)的发生,以及用户维护和修理不及时或修理质量差、使用劣质油品和配件等,都会导致整车技术性能如动力性、经济性、安全性、环保性、可靠性、舒适性、操控性等的下降。汽车的技术状况有些可以从外观上直接看出,如车身及附件变形、油漆老化剥落、零件部件锈蚀、内饰陈旧、密封条老化、漏油漏水等,而有些需要通过仪器检测才能确定,如发动机的动力性、自动变速器性能、制动效能、尾气排放等。因为汽车的技术状况会直接影响其交易价值,所以对其进行准确鉴定显得尤为重要。

汽车的技术状况是由汽车的各种性能参数确定的,而这些参数的获得通常需要以下三

种方法:

1. 静态检查

静态检查就是汽车处于静止状态,鉴定评估人员根据自身的经验和技能,辅之以简单的工量具,对车辆技术状况进行直观检查和鉴定。

2. 动态检查

动态检查就是汽车处于运动状态或者发动机运转时,鉴定评估人员根据自身的经验和技能,辅之以简单的工量具,对车辆技术状况进行定性和定量地直观检查和鉴定。

3. 仪器检测

仪器检测就是使用各种仪器、设备对汽车的技术性能和存在的故障进行综合检测和诊断,定量、客观地测量和鉴定技术状况,为车辆技术等级划分提供依据。

## 3.1.1 静态检查

汽车技术状况静态检查的目的是快速、全面地了解汽车的大概技术状况。通过初步的全面检查,评估人员可以发现汽车表面上比较明显的缺陷,如是否为事故修复车辆,车身是否锈蚀、底盘零部件是否损坏、发动机是否漏油漏水、车内各功能开关是否正常等,为车辆价值评估提供依据。

静态检查主要是通过外观检查实现。

1. 静态检查的准备

(1)静态检查前要做好工量具及相关物品的准备,包括:

①检查记录表:用于记录车辆信息和检查过程中所发现的各种缺陷和瑕疵。

②照相机:用于拍摄车辆铭牌信息、车辆的全景和各种缺陷和瑕疵。

③清洁布:用于清洁手和零部件上的污渍。

④手电筒:对车辆的暗处照明。

⑤工具箱:对车辆看不到的部位进行简单拆卸。

⑥帆布垫:对车辆底盘检查时做铺垫。

⑦起动电源:蓄电池亏电时备用。

(2)静态检查前,车辆通常都要进行外部全面清洗。

(3)底盘检查时,要准备好检测用的地沟或带汽车举升器的工位。

2. 车辆的外观检查

通过检查车身是否有严重的碰撞修复痕迹,可以判断车辆是否曾经发生过严重事故。由于轿车和客车的车身在整车价值中权重较大,维修费用也比较高,故车身检查是技术状况鉴定的重要环节。检查顺序通常从车的前部开始,可以按以下方法进行:

1)检查车身是否周正

与车辆保持一定距离,从正前方、正后方观察车辆左右各部位的对称性。如有不对称,可能是轮胎气压不一致、悬架有损坏变形、车身及附件修复不到位;从左前、右前45°角向后观察各部件线条是否衔接一致;从左后、右后45°角向前观察各部件线条是否衔接一致,如图3-1所示。如有不一致,可能是车身修复不到位、附件碰撞变形、连接处松脱变形等。

图3-1 周正性检查

2)检查车身各处的缝隙

近距离观察车身各部位,如图3-2所示。如出现接缝不直、缝隙不一、线条弯曲、装饰条有脱落痕迹或新旧不一,说明该车的车身可能修理过。

a)
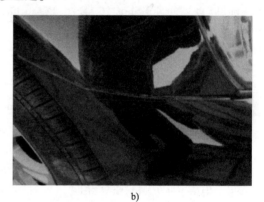
b)

图3-2 缝隙检查

3)观察车漆的颜色和车身平整度

后补的油漆色彩往往不同于原车漆色。如果补过漆,仔细观察整个车身各个部位漆的颜色,通过车身反射光的明暗对比就可以判断,通常补漆的地方反射光较暗。也可以借助放大镜观察漆面颗粒大小或漆膜中所含添加颗粒的成分和状态,并与原车漆或未损伤部位车漆进行比较来判断是否补过漆。至于车身平整度,特别是有较大面积撞伤的部位,工人在打磨原子灰时往往磨不平,导致车身漆面看上去有波浪感,漆面凹凸不平。也可以用漆膜厚度仪沿着车身四周移动,若移到某处时漆膜厚度突然变厚,说明该处打过原子灰、补过漆,用手敲击此处,声音也会较别处沉闷。

4)检查保险杠

在交通事故中,保险杠是最易、最先被撞坏的部件,通过检查保险杠是否变形、损坏或重新补过漆,以及保险杠骨架有无损伤变形等痕迹,可以判断汽车是否发生过前、后部碰撞的事故。

5）检查车门

升起四门玻璃，将车门打开再关闭时如发出"砰砰"声，说明车门与门框四周贴合密封良好。再观察车门与A柱、B柱及C柱的缝隙应均匀，前后车门几何线条应呈一条直线或过度圆滑的曲线，接缝应平整，否则说明车门经整形修复过；打开车门，观察车门框应过渡圆滑无棱角、接缝均匀、电阻焊点清晰，否则说明进行过钣金修理。

6）检查前风窗玻璃

前风窗玻璃应有国家安全认证3C标志，否则说明前风窗玻璃已经更换过。还可以检查玻璃的生产日期是否晚于车辆出厂日期，如此也可证明更换过前风窗玻璃。

7）观察车窗、车门的关闭

车窗、车门应关闭灵活、密封严实，锁止可靠，缝隙均匀，胶条无老化现象。

8）检查后视镜、下视镜

汽车必须在左右各设一面后视镜，安装、调节及其视野范围要符合相关规定。车长大于6m的平头客车、平头货车应在车前设置一面下视镜。

9）检查灯光

主要检查灯光是否齐全、有效，光色、光强、光照位置等是否符合国家标准规定。

10）检查车身金属件的锈蚀情况

随着汽车使用年限的增加，以及各种事故造成的损伤，车身金属零部件会逐渐锈蚀。通过锈蚀的严重程度可以判断该车的使用年限。检查的零部件主要是车门、车窗、排水槽、底板及各接缝处等。

3. 驾驶室和车厢内部检查

（1）检查座椅的完备性。所有的座椅安装应牢固可靠。驾驶人座椅、副驾驶人座椅及长途客车和旅游客车乘客座椅或护栏应齐全，安全带应完备、有效。

（2）查看座椅的新旧程度。座椅表面应平整、清洁、无破损。若座椅松动或严重磨损，表面凹陷，说明该车经常载人，长时间在较高的负荷下运行。

（3）查看车顶的篷布是否破裂，车辆内部是否污秽发霉，地毯或地板垫是否破损残旧。

从地毯上的磨痕可以推断出车辆的使用频率，揭开地毯或地板垫，查看车厢底板是否有潮湿、生锈、烧焊的痕迹，如果有，说明该车在下雨或过水时可能会进水。

（4）查看车窗玻璃升降是否灵活，电动机和升降机构有无卡滞、异响。

（5）检查行李舱。打开行李舱，检查舱盖防水胶条是否完好；检查行李舱是否锈蚀；检查行李舱两边的钣金件以及与后保险杠的接合处是否有焊接整形的痕迹。

（6）查看仪表盘。检查仪表盘底部有无更改线束的痕迹。要求安装汽车行驶记录仪的车辆是否按要求安装，能否正常工作等。

（7）检查各踏板。检查离合器踏板、制动踏板、加速踏板有无弯曲变形及干涉现象，各踏板胶垫是否磨损过度；坐在车上试试所有踏板有没有自由行程以及自由行程是否过大或过小，工作行程是否符合要求，踏下和抬起踏板时有无异常响声等。

4. 发动机舱内检查

发动机的外观检查可以通过以下几个方面进行：

(1) 检查发动机舱盖及水箱框架。首先看外观,仔细检查发动机舱盖与左右翼子板的贴合度以及缝隙是否均匀一致,发动机舱盖与风窗玻璃下饰板之间的间隙是否一致;用漆膜厚度仪测试漆面厚度,如果漆膜厚度超过 200μm,表明发动机舱盖碰撞后修复过。其次检查内部,打开发动机舱盖,先检查一下其内侧,发动机舱盖面板与骨架之间是否留有原车的消音胶,有无烤过漆(或喷漆)的痕迹,再检查发动机前部的水箱框架上端是否变形或有修复过的痕迹。因水箱框架是用于固定水箱和冷凝器的,同时它还是前照灯定位和调整的基准,所以必须认真检查。

(2) 检查发动机外部清洗状况。车辆使用中,发动机外部表面有少量的油迹和灰尘是正常现象,但如果发动机表面油污很多,可能存在发动机漏油现象,说明该车维修不及时;如果发动机表面满是灰尘,说明车主日常维护欠佳或者车辆使用环境恶劣;如果发动机表面一尘不染,则说明发动机刚进行过清洁处理,值得注意的是卖主可能为了车辆好出售,用清洁剂对发动机进行了除垢清洗,这样会掩盖发动机漏油的事实。

(3) 观察发动机前部的传动带。检查传动带有无磨损、裂纹、油迹,松紧度是否合适;发动机各连接件、紧固件有无松动、脱落等现象。

(4) 观察发动机燃油系统、润滑系统油路及各连接部位均不得有漏油现象。

(5) 检查蓄电池。现在汽车用蓄电池多为免维护蓄电池,寿命一般为 3~5 年,使用得好寿命可能更长一些。因此在检查蓄电池时,可先注意观察蓄电池上的制造日期,如果已经超过两年,则表示这个蓄电池已经快要报废了。大多数免维护蓄电池的上部设有一个观察孔,用来确定蓄电池存放电状态和电解液液位的高度。观察孔内有一个比重计(温度补偿型),它会根据电解液比重的变化而改变颜色。当比重计呈绿色时,表明蓄电池正常;当绿色变淡或变为黑色时,表明蓄电池电量不足或极板有轻微硫化现象;当呈淡黄色或白色时,表明蓄电池内部有故障,需要修理或更换。另外还需要检查蓄电池在车上是否固定良好,外壳是否有磕碰损伤;排气孔是否有灰尘或堵塞;蓄电池电缆是否连接可靠。

(6) 检查发动机机油状况。正常情况下,车辆换过机油使用一段时间后,机油颜色会慢慢变黑。拔出机油尺,在白纸上擦一下,如果发现机油的颜色发灰、浑浊或有乳化现象(起水泡),说明机油中混入了水,可能是冷却系统和汽缸有连通的状况,致使冷却液进入了曲轴箱。机油尺上一般都有高低油位的指示孔或刻度线,如果机油高度在两油孔或刻度线之间,表示正常。如果机油量的高度过低,而换机油的时间和里程正常,说明汽缸可能因磨损过大而密封不良,导致机油进入汽缸燃烧室而被烧掉,从而出现发动机"烧机油"现象;若机油量的高度过高,而加入量正常,说明发动机曲轴箱有水或燃油进入。

(7) 检查冷却液状况。注意:一定要在冷车状态下检查,以防高温冷却液溅出伤人。打开散热器盖,如果散热器内的冷却液是黄色或铁锈色,说明发动机水套、散热器内部锈蚀;如果散热器外部或与水管结合部有水渍痕迹,说明散热器或水管有渗漏现象;如果发现冷却液表面有油污漂浮,表明有机油渗入到冷却系,可能是汽缸垫烧损,使得水道和油道串通。用力捏握水箱的上下两根橡胶管,检查有无老化裂痕。检查散热器盖关闭后是否紧密,胶垫是否老化或松脱。检查散热器有无碰撞痕迹,散热管片有无焊修痕迹等。

(8) 检查变速器油。有油尺的变速器,变速器油的油位应在 MIN 和 MAX 之间;无油尺的变速器油位可从仪表上观察油量是否正常。变速器油应该呈红色、淡黄色或无色。如果颜色变为棕黑色,说明长时间未更换变速器油,或因变速器故障油温过高而变质;如果闻到有焦糊味,说明变速器摩擦片磨损严重。

(9)检查软管、传动带、电缆导线。检查进气连接管、暖风水管、水泵连接管、散热连接管等有无老化、变硬、变脆迹象。若是橡胶管,可用手挤压检查应富有弹性,不应有硬和脆的感觉;若是塑料管,则要看有无断裂和松脱;传动带用来带动凸轮轴、平衡轴、水泵、转向助力泵、发电机、空调压缩机、冷却风扇等,检查各传动带是否有脱层、严重开裂、缺齿和磨损过度等现象,另外还要检查皮带轮是否磨损过度。若皮带轮或皮带过度磨损会引起皮带打滑,表现为起动、怠速和急加速时发出刺耳的尖叫响声。检查电缆线、导线等是否有老化、裂纹、外皮剥落、锈蚀、断裂等现象。有的车主购车后加装了防盗器、低音炮、氙气大灯、雾灯等,会用绝缘胶带包裹,这些线路应该捆扎条理、无破损。

5. 车辆底盘检查

汽车底盘由传动系、行驶系、转向系和制动系四部分组成。底盘检查工作主要就是针对这四部分进行的检查,通常在地沟或车辆举升器上进行。

1)传动系的检查

(1)检查离合器踏板的自由行程和离合器彻底分离时的踏板力是否符合技术要求;离合器的摩擦片磨损是否过甚、铆钉是否松动;压板弹簧是否发生疲劳折断和开裂;分离拨叉的支点磨损是否严重;分离轴承是否过度磨损而发出异响。若是液压操纵控制的离合器,还要检查液压系统是否漏油等。有些车辆的离合器零部件在静态检查时是看不到的,只能在路试检查时进行判定。

(2)检查变速器壳体结合部、油封、加油口、放油口等处是否存在漏油或渗油现象;换挡控制机构操作是否顺畅、有无干涉、各连接处的磨损是否严重等。

(3)检查传动轴、中间轴、万向节等处有无裂痕、渗油或者松旷现象;传动轴是否弯曲;中间轴承是否因过度磨损而松旷;连接螺栓是否松动或有裂痕等,如图3-3所示。对于前轮驱动汽车,重点检查半轴是否弯曲,防尘套有无老化、破裂,球笼有无异响等。

(4)检查桥壳是否有裂痕、磕碰变形;检查桥壳各连接处和油封有无漏油或渗油痕迹。

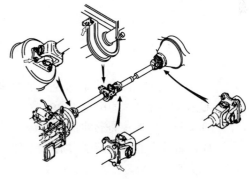

图3-3 传动轴的检查

2)行驶系的检查

(1)对非承载式车身:检查车架是否有裂纹、锈蚀,是否有影响正常行驶的变形(弯曲、扭曲等);检查螺栓和铆钉是否齐全紧固,车架有无修复焊接现象。对承载式车身:前后纵梁处有无碰撞修复痕迹,前后翼子板骨架、车身地板、A柱、B柱、C柱、后围板等处有无修复痕迹。

(2)检查前后桥是否有裂痕和变形。

(3)检查悬架系统有无损坏。螺栓、球头是否松旷,减振器是否漏油;检查板簧有无裂痕、断片和缺片现象,中心螺栓和U型螺栓是否紧固;检查螺旋弹簧是否疲劳变形或折断等。

(4)检查车架与悬架之间的所有拉杆和导杆是否变形,各连接处有无松旷或移位等。

(5)检查轮毂轴承是否松旷、异响;轮胎螺母以及半轴螺母是否齐全紧固。

(6)检查同一桥上左右轮胎的型号、花纹是否相同;轮胎磨损是否严重、是否是翻新轮胎(转向车轮不得使用翻新轮胎)、轮胎的帘线是否外露;检查轮胎是否有异常磨损,若出现异常磨损,说明车轮定位不正确、轮胎气压不正确或者车辆长期超载运行。对于轿车轮胎,其胎冠花纹的深度不得小于1.6mm;其他车辆转向轮胎冠花纹的深度不得小于3.2mm。

3)转向系的检查

(1)检查转向管柱总成与车身的连接是否牢固。

(2)检查转向器与车架固定是否牢固;检查转向臂与转向器输出轴连接是否松旷;检查拉杆球头及连接螺栓是否松旷;检查拉杆与转向节的连接是否松旷等。

(3)检查转向节与主销之间的配合是否符合技术要求;检查转向器的润滑是否良好等。

(4)检查转向传动轴是否弯曲,万向节是否松旷等。

(5)检查液压转向助力泵驱动带松紧度是否合适;油泵、油管是否有漏油现象,软管是否老化。

4)制动系的检查

(1)检查制动踏板的自由行程是否符合车辆技术要求;检查液压制动系统的制动主缸、轮缸、管路以及管路连接处是否有漏油现象。

(2)检查油管是否有损伤,特别是裂纹和凹瘪现象;检查真空管是否有老化破损等。

(3)对于气压制动车辆应检查储气罐的压力能否达到规定气压值,检查制动管路是否有损伤和漏气。

6.汽车电器及其附属装置的检查

(1)检查刮水器、音响、仪表、后视镜、加热器、灯罩灯壳、喷水装置、空调设备等是否破损、残缺。

(2)检查汽车电路各线束的连接是否牢靠,有无损坏或烧焦痕迹;各线束插接器是否脏污、氧化、接触是否良好,锁止是否可靠。

(3)检查电路线束是否会碰到高温、运动部件或有被发动机炙热排气吹到的可能。

(4)检查线束是否有足够的伸缩余地;穿过金属板孔时,是否有护套保护。

(5)检查照明、信号、仪表装置是否齐全;型号、规格是否符合要求;功能是否正常。

(6)检查车厢内的仪表板是否为翻新件。

(7)仪表板及各种开关上的标志是否清晰。

(8)检查刮水器、洗涤器、音响装置、玻璃升降器、电动后视镜及转向柱倾斜、伸缩机构等工作是否正常。

(9)检查空调设备制冷和制热是否正常。

### 3.1.2 动态检查

汽车技术状况的动态检查是指汽车在工作状态下进行的各项检查,又称车辆路试检查。

动态检查的主要目的是在一定条件下,通过对汽车的各种工况如发动机起动、怠速、起步、加速、匀速、滑行、强制减速、紧急制动,从低速挡升到高速挡,从高速挡减到低速挡的行驶,检查汽车的操纵性能、制动性能、滑行性能、加速性能、噪声和废气排放情况,以鉴定车辆的技术状况。

在汽车技术状况的动态检查过程中,根据检查人员的经验和技能,辅之以简单的器具和量具,对车辆进行动态检查。检查可分为无负荷检查和路试检查。

**1. 发动机无负荷检查**

无负荷检查就是车辆在原地,检查发动机的性能状况,包括发动机起动、怠速、急加速性、异响、曲轴箱窜油和窜气量、排气颜色、发动机熄火等项目。

1) 发动机的起动状况检查

正常情况下,用起动机起动发动机时,应在3次内顺利起动,每次起动时间不超过5s,再次起动应间隔15s以上,起动时应无异常响声。如果发动机不能正常起动,表明发动机的起动性能不好。影响发动机起动性能的原因有很多,主要有油路、电路、气路和机械四个方面。如供油不畅、电动汽油泵保压能力降低、点火系统漏电、蓄电池接线柱锈蚀、空气滤清器堵塞、汽缸磨损使汽缸压力过低、气门关闭不严等。若发动机起动困难,应综合分析各种原因。原因不同,对车辆评估价值的影响也不同,并且差别很大。

检查导致发动机起动不良的原因时,第一要检查蓄电池、起动机、起动继电器、点火开关;第二要检查发动机运转的阻力(拆下全部火花塞或喷油器,手动运转曲轴,检查转动阻力大小);第三要检查汽油机的点火系(可能点火不正时、火花塞点火弱或者不点火)、燃油供给系统(混合气体过浓或过稀)、汽缸压力以及进排气是否顺畅等。对于柴油机,则可能是汽缸压力过低;燃油中有水或空气;高低压油泵和喷油器工作不良,或者油路堵塞、进排气管阻塞等原因,应逐一排查。

2) 发动机怠速运转检查

发动机起动后,使其怠速运转,此时发动机应在规定的怠速范围内平稳运行,转速波动应小于50r/min。若出现怠速过高、过低、发动机抖动严重等情况,均表明发动机怠速不良。引起发动机怠速不良的原因很多。对于汽油机,怠速不良的原因主要有节气门位置传感器调整不当、怠速阀调整不当或卡滞;点火不正时、高压漏电;气门间隙过大过小、配气不正时、真空管破损漏气、曲轴箱通风系统单向阀不密封及管路漏气、废气再循环阀关闭不严、进排气不畅、供油系统故障等,这些原因均可能引起怠速不良。有些汽车怠速不良是顽症,可能连汽车生产厂家都无法解决,应引起鉴定评估人员的重视。对于柴油机,怠速不良的原因主要有气门间隙过大过小、配气不正时、怠速调整不当、进排气不畅;供油不正时、燃油中有水、空气或柴油黏度不符合要求;喷油泵、喷油器中的精密偶件磨损、卡滞等因素导致各缸的喷油量不一致;各缸的汽缸力不一致等。

发动机怠速运转时,应同时检查各仪表的工作状况,检查电源系统的充电情况。

3) 检查发动机异响

让发动机怠速运转,评估人员站在车头旁边听发动机有无异响以及响声大小,然后轻轻踩加速踏板,适当增加发动机转速,倾听发动机的异响是否加大,或是否有新的异响出现。技术状况良好的发动机,零部件之间的配合间隙适当、润滑良好、工作温度正常、燃油供给充分、点火正时,无论转速和负荷怎样变化,都会发出平稳而有节奏的排气声音和运转声。在额定转速下,发动机的外部附件会发出轻微的传动噪声,电磁阀和喷油器的针阀也会发出有节奏的"嗒嗒"声。除此之外,如果发动机发出一些不正常的声响,如类似金属敲击的声音、咔嗒声、高摩擦声等,这些声音统称为异响,说明发动机的某个零部件的技术状况发生变化,导致工作异常;如果听到低频的轰隆声或爆燃声,并伴有发动机像筛糠一样抖动,表明发动机受损严重,需要进行维护或修理了。

常见的发动机异响有:曲轴和凸轮轴断裂异响、曲轴轴承和连杆轴承异响(俗称大小瓦异响)、平衡轴瓦异响、凸轮轴轴瓦异响、机油泵异响、活塞敲缸异响、气门及座圈异响等。这些异响很难排除,特别是发动机内部异响,鉴定评估人员需要特别注意,并加以判断。

4) 检查发动机的急加速性能

发动机热机,待冷却液温度、油温都正常后,用脚踩加速踏板,通过改变节气门的开度,检查发动机在各种转速下运转应平稳,转速变化时应过渡顺畅。迅速踏下加速踏板,发动机由怠速状态迅猛加速,观察发动机转速由低到高能否灵活反应,此过程中发动机应无迟滞现象和"回火""放炮"现象。发动机加速运转过程中,检查发动机有无大小瓦响、活塞"敲缸"响和气门异响。把加速踏板踩到底然后迅速释放,观察发动机的转速能否由高速迅速降到怠速,且不熄火。在规定转速下,发动机的机油压力应符合原厂规定。

5) 检查曲轴箱窜气量

打开发动机曲轴箱通风出口,缓慢踩加速踏板,逐渐加大发动机转速,观察发动机曲轴箱的窜气量。正常情况下,汽油机的单缸平均漏气量为 2~4L/min,柴油机为 3~8L/min。若汽油机的单缸平均漏气量达到 16~22L/min,柴油机达到 18~28L/min,且油气味道较重,说明汽缸已出现较严重的磨损,也可能是活塞环弹力变差、积炭过多和活塞环有对口现象等原因。这种情况下可判定车辆行驶里程很长,发动机需要大修。曲轴箱窜气量过大时,曲轴箱通风系统容易结焦堵塞,还会使曲轴箱内压力升高,曲轴前后油封、凸轮轴油封以及气门室盖垫片极易出现渗油和漏油现象。

6) 检查排气颜色

如果发动机技术状况良好,汽缸内的混合气体能够充分燃烧,汽油发动机排出的废气应该是无色的,在冬季能够看到白色的水汽;柴油机小负荷工作时排出的气体一般是淡灰色的,当负荷较大时,排出的气体为深灰色。无论是汽油机还是柴油机通常有三种非正常的排气颜色:如果排气颜色呈蓝色,说明机油窜入了燃烧室。最常见的原因是活塞和活塞环与汽缸磨损严重导致间隙过大、气门油封老化失效、涡轮增压器损坏。如果排气管冒黑烟,说明混合气过浓,可能原因有点火时刻过迟、某只火花塞不工作、高压油泵或喷油器损坏、冷却液温度传感器、进气压力传感器或空气流量计等传感器故障。如果排气管冒白烟,可能是汽缸垫损坏或者汽缸体有裂缝等原因造成冷却液进入汽缸。特别注意的是,在寒冷潮湿环境下,发动机热机过程中也可能会看到排气管冒白烟,这是凝结在排气管内的水受热蒸发造成的,切不可误认为是发动机有故障。

7) 检查排气气流

将手放在距排气管口 10cm 左右处,能感觉到发动机怠速时排气气流的冲击,正常气流有微小的脉冲感。若排气气流有周期性的"咳嗽"或不定时的喷溅,表明配气机构、点火系统、燃油供给系统存在故障,造成汽油发动机的间断性失火或柴油发动机的个别缸工作不良或不工作。

8) 检查发动机熄火情况

对于汽油机,关闭点火开关后,发动机应立即熄火,否则存在发动机炙热点火现象。可能原因是点火开关失效、燃烧室积炭过多;对于柴油机,关闭点火开关后,发动机应立即熄火,否则可能原因是喷油器滴漏。

2. 汽车路试检查

汽车路试检查就是通过一定里程的行驶,检查汽车的技术状况。路试检查应在平坦、硬实、干燥、清洁的道路上进行。检查的内容主要包括以下几个方面:

1) 检查离合器

路试时,评估人员按照正确的汽车起步方法操作,挂低挡平稳起步。正常情况下,离合器应该接合平稳,分离彻底,工作时无异响、抖动和打滑现象。离合器踏板自由行程应符合原厂规定。若自由行程过小,说明离合器摩擦片磨损严重;离合器踏板力应不大于300N,否则有可能是分离轴承卡滞或损坏、压板弹簧损坏、离合器过度磨损。

离合器经常出现的故障是打滑、分离不彻底、共振和异响。这些故障会导致车辆起步困难、行驶无力、爬坡困难、变速器挂不上挡、起步时车身发抖、行驶时车辆抖振等现象。

(1) 离合器分离不彻底检查。离合器分离不彻底会引起挂挡困难或导致齿轮打齿异响。其主要原因有:踏板自由行程过大、液压系统中有空气、液压系统漏油、离合器从动盘翘曲、铆钉松脱、分离杠杆内端不在同一平面内,离合器从动盘毂与变速器输入轴花键磨损、锈蚀使离合器从动盘滑动不灵活等。

发动机怠速时,将离合器踏板踩到底才能断开离合器,或是即便踩到底仍是挂挡困难或变速器齿轮发出刺耳的撞击声,或是挂挡后不抬离合器踏板,车辆就开始前进或后退,这些现象都表明该车的离合器分离不彻底。

(2) 离合器打滑检查。如果离合器打滑,就会出现起步困难、加速无力、重载上坡时明显没劲甚至发出难闻的焦臭气味等。离合器开始打滑后,摩擦片磨损加剧甚至烧蚀,离合器各部机件温度增高,压盘弹簧和减振弹簧等受热变软退火,不能传递全部动力,继续下去离合器很快就报废。比如在挂上1挡后,抬起离合器,车辆不能前进,发动机也不熄火,这就是离合器打滑的表现。其原因是:离合器踏板自由行程太小,分离轴承经常压在膜片弹簧上,使得压盘总是处于半离合状态;离合器压盘弹簧过软或折断;离合器与飞轮连接的螺丝松动等。

(3) 离合器异响的检查。离合器在使用过程中出现异响是不正常的。造成异响的原因大部分都是离合器内部的零件损坏,包括分离轴承磨损严重、轴承回位弹簧折断、膜片弹簧支架故障等。如踩下离合器踏板时听到有"沙沙"声,可以断定是分离轴承润滑不良或轴承已损坏,与分离杠杆内端接触后产生的响声,应予以更换;如果车辆行驶中出现抖振,加减速时伴有异响,可能是双质量飞轮损坏,也需要更换。

2) 检查手动变速器

从车辆起步加速升至高速挡,再减速至低速挡,整个过程中检查换挡是否灵活自如,是否有异响,互锁和自锁装置是否有效,是否有乱挡、掉挡现象。换挡操作时,变速杆是否与其他部件干涉。

汽车挂挡行驶时,变速器如出现响声,其主要原因有:

(1) 轴承松旷发响。轴承长期使用后,其轴向或径向间隙过大,或因轴承钢球(或滚柱、滚针)破裂而产生异响。

(2) 同步器磨损发响。同步器的同步环磨损后,在换挡时因啮合齿轮不能同步,会引起换挡时打齿声响。

(3) 齿轮发响。主要原因是轮齿磨损过于严重,间隙增大,运转中齿面啮合不良;齿面有疲劳剥落或个别轮齿损坏或折断;齿轮与轴上的花键配合松旷或齿轮轴向间隙过大;轴弯曲或轴承松旷等。

(4) 变速器空挡时发响。常啮齿轮过度磨损;轴承磨损松动,轴向或径向间隙过大;常啮齿轮或轴承润滑不良;第二轴磨损或弯曲;止推片或垫片损坏。

如发现上述异响,应根据响声出现的部位进行检查、调整、润滑或修复更换。

(5) 换挡机构失调和变速器掉挡。换挡机构失调,导致换挡困难,变速器齿轮发出响声,主要原因有换挡操纵机构松旷、脱落,换挡拨叉变形、松脱或锈蚀、自锁互锁装置失效等。变速器掉挡的原因主要是变速器内部零件磨损严重或松脱。

3) 检查自动变速器

起动发动机热机,使发动机和自动变速器都达到正常工作温度。

(1) 升挡检查。将换挡手柄拨至前进挡(D)位置,踩下加速踏板,使节气门保持在1/2开度左右,让汽车起步加速,检查自动变速器的升挡情况。自动变速器在升挡时发动机会有瞬时的转速下降,同时车身有轻微的闯动感。正常情况下随着车速的升高,应能感觉到自动变速器能顺利地由1挡升入2挡,再由2挡升入3挡,最后升入超速挡。自动变速器不能升入高挡(直接挡、超速挡),说明自动变速器控制系统或执行元件有故障。

(2) 升挡车速的检查。将换挡手柄拨至前进挡(D)位置,踩下加速踏板,并使节气门保持在某一固定开度,让汽车加速,当察觉到自动变速器升挡时,记下升挡车速。一般4挡自动变速器在节气门开度保持在1/2时,由1挡升至2挡的升挡车速为25~35km/h,由2挡升至3挡的升挡车速为55~70km/h,由3挡升至4挡(超速挡)的升挡车速为90~120km/h。随着自动变速器挡位数量的增加,各挡的升挡车速均会下降。

(3) 升挡时发动机转速的检查。在进行自动变速器道路试验时,应注意观察汽车行驶中发动机转速变化的情况,这是判断自动变速器工作是否正常的重要依据之一。

在正常情况下,若自动变速器处于经济模式或普通模式,节气门保持在低于1/2开度范围内,在汽车由起步加速直至升入高速挡的整个行驶过程中,发动机转速都应低于3000r/min。

(4) 换挡质量的检查。检查有无换挡冲击。正常的自动变速器应有不太明显的换挡冲击。若换挡冲击太大,说明自动变速器的控制系统或换挡执行元件有故障,其原因可能是主油路油压过高或换挡执行元件打滑。为防止进一步扩大损失,应停止路试,并对变速器进行维修。

(5) 变矩器离合器检查。加速至超速挡,以高于80km/h的车速行驶,并让节气门开度保持在低于1/2的位置,使变矩器离合器进入锁止状态。此时快速将加速踏板踩下至2/3

开度,同时检查发动机转速的变化情况。若发动机转速没有太大变化,说明变矩器离合器处于接合状态;若发动机转速升高很多,则表明锁止离合器没有接合,其原因通常是变矩器锁止控制系统有故障或变矩器离合器摩擦片磨损而出现打滑。

(6)发动机制动检查(反拖)。将换挡手柄拨至前进低挡(S、L 或 2、1)位置;在汽车以 2 挡或 1 挡行驶时,突然松开加速踏板,检查是否有发动机制动作用。若松开加速踏板后车速立即随之下降,说明有发动机制动作用,否则说明控制系统或前进挡强制离合器有故障。

(7)强制降挡功能检查。将换挡手柄拨至前进挡(D)位置,保持节气门开度为 1/3 左右,在以高挡或超速挡行驶时突然将加速踏板完全踩到底,检查自动变速器是否被强制降低一个挡位。

4)检查汽车的动力性

汽车的动力性是汽车技术性能中最重要最基本的性能。汽车使用一段时间后,其技术状况会发生某些变化,动力性也会下降。汽车技术状况不良的首要表现是动力不足和燃料消耗增大。

检测汽车动力性的项目通常有最高车速、加速时间(起步和超车)、最大爬坡度,有时也要检测牵引力。

乘用车动力性能最常见的评价指标是从静止状态加速至 100km/h 所需时间和车辆的最高车速,其中前者是国际通行的动力性能评价指标。检测时,汽车起步后,猛踩加速踏板,发动机发出强劲的轰鸣声,车速迅速提高,以此检查汽车的加速性能。各种汽车设计的加速性能不尽相同。有经验的鉴定评估人员应熟悉各种常见车型的加速性能,通过以上方法检测,就可以检查出被检汽车的加速性能与正常的该型号汽车加速性能之间的差距。

检查汽车的爬坡能力。将被检汽车停放在相应的坡道上,再将使用相应的挡位爬坡时的动力性能与经验值相比较,可以感觉到车辆爬坡能力的高低。

检查汽车是否能够达到最高设计车速,如果达不到,可以估计一下差距大小。如果爬坡没劲、最高车速与设计的最高车速相差太大,说明该车辆的动力性能较差。

5)检查制动性能

(1)制动性能检查的技术要求。对于机动车的制动性能和应急制动性能道路试验,应按照 GB 7258—2017《机动车运行安全技术条件》的规定执行。

机动车的行车制动性能和应急制动性能检验应在平坦、硬实、清洁、干燥且轮胎与地面间的附着系数大于等于 0.7 的混凝土或沥青路面上进行。

检验时发动机应与传动系统脱开,但对于采用自动变速器的机动车,其变速器换挡装置应位于驱动挡("D"挡)。

机动车在规定初速度下的制动距离和制动稳定性应符合表 3-1 的要求。

**制动距离和制动稳定性要求** 表 3-1

| 机动车类型 | 制动初速度(km/h) | 空载检验制动距离要求(m) | 满载检验制动距离要求(m) | 试验通道宽度(m) |
| --- | --- | --- | --- | --- |
| 三轮汽车 | 20 | ≤5.0 | | 2.5 |
| 乘用车 | 50 | ≤19.0 | ≤20.0 | 2.5 |

续上表

| 机动车类型 | 制动初速度（km/h） | 空载检验制动距离要求（m） | 满载检验制动距离要求（m） | 试验通道宽度（m） |
|---|---|---|---|---|
| 总质量小于或等于3500kg的低速货车 | 30 | ≤8.0 | ≤9.0 | 2.5 |
| 其他总质量小于或等于3500kg的汽车 | 50 | ≤21.0 | ≤22.0 | 2.5 |
| 铰接客车、铰接式无轨电车、汽车列车（乘用车列车除外） | 30 | ≤9.5 | ≤10.5 | 3.0① |
| 其他汽车、乘用车列车 | 30 | ≤9.0 | ≤10.0 | 3.0① |
| 两轮普通摩托车 | 30 | ≤7.0 | | — |
| 边三轮摩托车 | 30 | ≤8.0 | | 2.5 |
| 正三轮摩托车 | 30 | ≤7.5 | | 2.3 |
| 轻便摩托车 | 20 | ≤4.0 | | — |
| 轮式拖拉机运输机组 | 20 | ≤6.0 | ≤6.5 | 3.0 |
| 手扶变型运输机 | 20 | ≤6.5 | | 2.3 |

注：对车宽大于2.55m的汽车和汽车列车，其试验通道宽度（单位：m）为"车宽（m+0.5）"。

（2）制动性能的检查内容。

①检查行车制动。在路试过程中踩下制动踏板，如果汽车跑偏，很可能是同一轴上左右两个车轮的制动力不等，或者是制动力相同但制动时刻不一致引起的。其原因有轮胎气压不一致、制动鼓（盘）与摩擦片间隙不均匀，或是摩擦片上有油污、制动蹄片回位弹簧损坏等。

汽车起步后，先踩一下制动踏板（俗称点刹），检查是否有制动，然后加速至20km/h进行紧急制动，检查紧急制动是否可靠，有无跑偏、甩尾等现象；再加速至50km/h，先用点刹检查汽车是否能够立即减速以及是否有跑偏现象，再进行紧急制动，检查制动距离和跑偏量。

②检查制动效能。如果在行车过程中进行制动，减速度很小，制动距离很长，说明该车的制动效能差。其原因有摩擦片与制动鼓（盘）的间隙较大，制动踏板自由行程过大。对于液压制动系统，可能是制动管路内有空气、制动主缸或轮缸有故障、制动油管漏油等；对于气压制动系统，可能是制动气压不足、管路漏气、制动气室膜片破损等。

制动时，如果踩下制动踏板时有海绵感觉，说明制动系统有故障，应立即停止路试；如果踩下制动踏板时制动盘或制动鼓发出尖叫声，说明摩擦片有硬质点或已过度磨损，路试结束后应检查摩擦片的表面及摩擦片的厚度是否符合技术要求。

液压行车制动在达到规定的制动效能时，踏板行程应小于或等于全行程的3/4，制动器装有自动调整间隙装置的机动车踏板行程应小于或等于全行程的4/5，且乘用车应小于或等于120mm，其他机动车小于或等于150mm。

③检查驻车制动（手刹）。在空载状态下，驻车制动装置应能保证机动车在坡度为20%（对总质量为整备质量的1.2倍以下的机动车为15%）、轮胎与路面间的附着系数大于等于0.7的坡道上正、反两个方向保持固定不动，时间应大于等于5min。检验汽车列车时，应使牵引车和挂车的驻车制动装置均起作用，若发现有溜车现象，说明驻车制动有故障。其原因

可能是摩擦片与制动鼓(盘)间隙过大或者有油污、摩擦片磨损严重等。驻车制动力应不小于整车质量的20%。

6) 检查行驶稳定性和操纵性

使车辆保持50km/h左右的速度直线行驶,或空挡滑行,双手松开转向盘,观察汽车行驶状况。此时汽车应保持直线行驶,要求侧滑量在±5m/km之间,汽车无论向哪边跑偏超出规定值,都说明该车的车轮定位不准,其原因有车身、悬架变形、两边的轴距不一致、两侧轮胎胎压不一致等。

使车辆保持90km/h(高速)以上的速度行驶,观察转向盘有无摆振现象(俗称汽车摆头)。如果发现汽车有高速摆头现象,则可能存在车轮不平衡、横拉杆球头松旷、轮毂轴承松旷、前束过大或过小等故障。

选择比较宽敞的路面,左右转动转向盘(或做转弯测试),检查转向是否灵活、轻便。若转向沉重,则可能存在下列状况:悬架球头或转向节轴承缺油磨损,轮胎气压过低,横拉杆、前桥、车架弯曲变形,车轮定位不准。对于带液压助力转向的汽车,转向沉重可能是助力泵压力不够、齿轮齿条磨损严重、油路中有空气、驱动皮带打滑等原因;对于带电动助力转向或纯电动转向的汽车可能原因还有电脑和传感器故障,电动机和传动机构故障等。

转向盘最大自由转动量不允许大于15°(最大设计车速不小于100km/h的机动车)。若自由转动量过大,意味着转向机构磨损严重、轮毂轴承间隙过大、悬架系统松旷等,导致转向操控不灵。

7) 检查汽车行驶平顺性

当汽车通过粗糙、凹凸不平的路面,或通过公铁交叉路口时,感觉汽车通过的平顺性和乘坐的舒适性。

当汽车转弯或通过坑洼不平的路面时,仔细听察汽车前后端是否发出"嘎吱"的声音。如果有,则可能是悬架系统松旷、老化或轴承磨损严重。汽车转弯时,若车身侧倾过大,则可能是横向稳定系统有问题或悬架刚性变差。将转向盘向左和向右转至一定位置,如发出"咯啦、咯啦"的响声,可能是前轮驱动的半轴万向节损坏。对于后轮驱动的车辆,在加减速时出现"咯楞咯楞"的响声并伴有车身振动,可能是传动轴及万向节出了问题。

8) 检查汽车传动效率

通过汽车滑行试验,可以检查汽车的传动效率。其方法是:在平坦的路面上,将汽车加速至50km/h左右,踏下离合器踏板,将变速器换挡杆置空挡滑行。可根据经验,通过滑行距离估计汽车传动效率的高低。汽车越重,其滑行距离越远;初始车速越高,其滑行距离越远。否则,可能底盘传动系统、行驶系统、制动系统存在问题。

9) 检查风噪声

汽车行驶过程中,逐渐提高车速至高速行驶,倾听车外风噪声。风噪声过大,说明车门密封不严,原因是密封条老化损坏,或车门变形。特别是事故车在整形修复后,密封问题较难解决。

正常情况下,车速越高,风噪声越大。对于流线型好的汽车,其密封和隔音性能较好,噪声较小。而对于流线型性较差或整形修复质量差的事故车,风噪声通常较大。

10) 路试后的检查

(1) 检查各部件的温度。动态试验结束后,检查人员还要检查润滑油和冷却液的温度。

冷却液温度通常不应超过 90℃,发动机润滑油温度不应高于 95℃,齿轮油温度不应高于 85℃。

(2)检查运动机件是否存在过热现象。察看轮毂、制动鼓、传动轴、变速器壳、中间轴承、驱动桥壳等的温度,不应有过热现象。

(3)检查渗漏现象。在发动机运转及停车时,散热器、水泵、缸体、缸盖、暖风装置以及所有连接部位不得有明显的渗漏现象。汽车连续行驶距离不小于 10km,停车 5min 后观察,不得有明显的渗油、漏油现象。采用气压制动的汽车,在气压升至 750kPa 且不使用制动的情况下,停止空气压缩机工作 3min 后,其气压的降低值应小于或等于 10kPa。在气压为 750kPa 的情况下,停止压缩机工作,将制动踏板踩到底,待气压稳定后观察 3min,气压降低值对汽车应小于或等于 20kPa。采用液压制动的汽车,在保持踏板力为 700N 达到 1min 时,踏板不应有缓慢向前移动的现象。

### 3.1.3 仪器检测法

通过静态检查和动态检查,可以对汽车的技术状况进行定性判断,即初步判定车辆的运行情况是否基本正常、车辆各部件有无故障及导致故障的可能原因等。若要求对汽车的某些项目进行严格鉴定(如为政府相关部门出具鉴定意见)时,仅有定性判断是不够的,这就需要借助某些专用仪器或设备对车辆的各项技术性能及状况进行定量、客观的评价。

检测汽车性能指标的设备主要有底盘测功机、制动检验台、油耗仪、侧滑试验台、前照灯检测仪、车速表试验台、发动机综合性能测试仪、尾气分析仪、示波器、汽车故障电脑诊断仪、四轮定位仪、车轮平衡仪等。要利用这些设备和仪器对汽车进行检测,通常需要在汽车综合性能检测中心(站)或二类以上的汽车修理厂进行。因为这些仪器和设备的使用技术性要求较高,操作难度较大,须专业人员操作。对于二手车鉴定评估人员,有些设备操作只做了解,不要求全部掌握。但对于常规的小型检测设备,如汽缸压力表、真空表、万用表、燃油压力表、废气分析仪、烟度计、声级计、汽车故障电脑诊断仪(俗称解码器)等应熟练掌握,以便能够迅速地判断汽车的技术状况。

1. 汽车动力性检测

动力性是汽车重要的基本性能之一,它直接影响汽车的运输成本和效率,动力性的高低取决于发动机的性能。汽车使用一段时间之后,其技术状况会变差,动力性也会下降。汽车动力性的检测方法有室内台架试验和室外道路试验。

1)汽车动力性台架检测

汽车动力性台架试验,就是利用底盘测功机检测汽车的最大输出功率、最高车速和加速能力。室内台架试验不受气候、驾驶人技术素质等客观因素的影响,只受测试仪本身精度的影响,测试易于控制,所以该设备在汽车检测站广泛使用。

(1)汽车底盘输出功率的检测方法。底盘测功机又叫底盘测功试验台,是一种不解体汽车而测量驱动轮输出功率的台架检测装置。通过在室内台架上模拟汽车道路行驶工况的方法来检测汽车的动力性,并且可以测量汽车多工况排放指标及油耗等。此外,底盘测功机还能方便地进行汽车的加载调试和诊断汽车在负载条件下出现的故障等。

在汽车底盘测功机上进行试验时,可以对试验条件进行控制,从而使周围环境条件的影响降到最小;同时,通过功率吸收加载装置来模拟道路行驶的阻力,控制行驶状况,因此可以进行某些模拟实际行驶状况的复杂循环试验,所以底盘测功机得到了广泛应用。

底盘测功机分为单滚筒和双滚筒两类。单滚筒底盘测功机,其滚筒直径大(1500～2500mm),制造和安装费用大,但其测试精度高,通常用于汽车制造厂和科研单位;双滚筒式底盘测功机的滚筒直径小(180～500mm),设备成本低,使用方便,测试精度稍差,通常用于汽车使用、维修行业及汽车检测站。

普通型汽车底盘测功机通常由滚筒装置、加载装置、惯性模拟装置、测量和辅助装置四大部分组成,如图3-4所示。

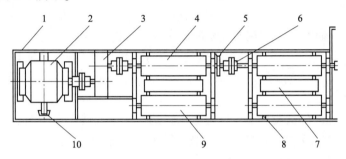

图3-4 普通型汽车底盘测功机道路模拟系统结构示意图
1-机架;2-功能吸收装置;3-变速器;4-滚筒;5-速度传感器;6-联轴节;7-举升器;8-制动器;9-滚筒;10-力传感器

①在动力性检测之前,必须按照说明书的要求对底盘测功机进行试验前的准备。台架举升器处于升起状态,无举升器的滚筒必须锁定;车轮轮胎表面不得夹有小石子或其他坚硬杂物。

②底盘测功机的控制系统、道路模拟系统、引导系统、安全保障系统等必须工作正常。

③在动力性检测过程中,控制方式处于恒速控制,当车速达到设定车速(误差±2km/h)并稳定5s后,通过计算机读取车速与驱动力数值,计算汽车底盘输出功率。

④输出检测结果。

(2)发动机功率的检测方法。发动机输出的有效功率是发动机的综合性能评价指标。该指标直接描述了发动机的技术状况,定量地说明了发动机的动力性。目前,发动机功率的检测方法有无负荷测功法和有负荷测功法。其中有负荷测功法需要将发动机从汽车上卸下,不便于就车检测,其测量精度较高;无负荷测功法又称为动态测功法,它是利用发动机无外载测功仪检测发动机功率的,使用方便,检测快捷,但测量精度低。具体做法是:当发动机在急速或空载某一低转速下运转时,突然全开节气门,使发动机克服惯性力和内部摩擦阻力而加速运转,其加速性能的好坏可以直接反映出发动机功率的大小。

**2. 发动机汽缸密封性检测**

发动机密封性是由汽缸活塞组、气门与气门座以及汽缸盖、汽缸体、汽缸垫及相关零件的配合保证的。发动机在长期使用过程中,汽缸活塞组零件逐渐磨损,气门与气门座磨损、烧蚀以及缸体、缸盖密封面变形,造成汽缸漏气,密封性降低,从而导致发动机功率下降,油耗增加。因此,为了使发动机保持良好的工作状态,须对发动机的密封性进行检测。通常通过检测汽缸压缩压力来评价汽缸的密封性。

汽缸压缩终了时刻的压力与发动机的热效率和平均指示压力有密切的关系。影响汽缸压缩压力的因素有汽缸活塞组的密封性、气门与气门座的密封性以及汽缸垫的密封性等。因此,通过测量汽缸压缩终了的压力,可以间接地判断上述各部位的技术状况。

1) 检测工具

检测汽缸压缩压力的工具就是汽缸压力表,如图3-5所示。汽缸压力表是一种专用压力表,一般由表头、导管、单向阀和接头等组成。汽缸压力表接头有螺纹管接头和锥型或阶梯形橡胶接头两种。单向阀关闭时,可保持压力表指针位置,便于读出汽缸压缩压力的检测数值,单向阀打开时,指针回零,以便于下次测量。

2) 检测方法

(1) 发动机怠速运转直至达到正常工作温度,用压缩空气吹净火花塞或喷油器周围的脏物。

(2) 拆下全部火花塞或喷油器(柴油机),并按汽缸顺序依次放置。汽油机断开点火线圈连接线;柴油机断开电动输油泵电插头,拆下空气滤清器。

图3-5 汽缸压力表

(3) 把汽缸压力表的橡胶接头放在被测汽缸的火花塞安装孔或喷油器安装孔(柴油机)上,扶正压紧,或把螺纹管接头拧在火花塞安装孔(汽油机)上;柴油机则是把压力表用压板压在喷油器安装孔座上。

(4) 节气门置于全开位置。

(5) 用起动机带动曲轴旋转3~5s,在压力表表头指针指示最大压力时停止转动,取下汽缸压力表,记录读数,然后按下单向阀使指针归零。

(6) 按上述方法依次测量各缸,每缸的测量次数不少于2次,每缸测量结果取算数平均值。测量完毕后按相反顺序依次装回火花塞、点火线圈连接线(汽油机)、喷油器(柴油机)和空气滤清器。

3) 检测结果分析

发动机汽缸压缩压力应符合GB/T 15746—2011《汽车修理质量检查评定方法》的规定:在正常工作温度下,气缸压缩压力应符合原厂规定;其压力差汽油机应不超过各缸平均压力的5%,柴油机应不超过8%。测完汽缸压力后,与标准进行比较,可以作出以下几种情况的判断:

(1) 有的汽缸在2~3次测量中,检测结果差异较大,说明气门有时关闭不严。

(2) 相邻两缸压力读数偏低或很低,原因是相邻两缸间汽缸垫烧蚀导致漏气或缸盖螺栓未拧紧。

(3) 若汽缸压力检测结果偏低,可向该火花塞孔内注入20~30ml润滑油,然后重新检测。若第二次检测结果比第一次高,接近标准压力,表明是由于汽缸、活塞环、活塞磨损严重或活塞环对口、卡死、断裂或缸壁拉伤等原因而导致汽缸密封性不良;若第二次检测结果与第一次接近,表明汽缸密封性不良的原因在于进、排气门或汽缸垫密封性不好。

(4) 如果一缸或数缸压力偏高,汽车行驶中又出现过热或爆燃现象,表明燃烧室内积炭过多或经过大修后缸径增大或汽缸盖变薄而改变了压缩比。

3. 汽车燃油经济性检测

额定总质量小于或等于3500kg的汽车,其燃油经济性通常采用燃油消耗量试验来评定。检测汽车的燃油消耗量通常使用油耗仪,通过汽车道路试验或在底盘测功试验台上模拟路试来检测,用燃油消耗量的容积或质量来表示。

1)汽车燃油经济性路试检测

根据GB/T 12545.1—2008《乘用车燃料消耗量试验方法》的规定,汽车在路试条件下燃料消耗量的试验方法如下:

(1)试验规范。汽车路试的基本规范按照GB/T 12534—1990《汽车道路试验方法通则》进行。

(2)试验车辆载荷。除有特殊规定外,轿车为规定载荷的一半,试验时取整数;城市客车为总质量的65%;其他车辆为满载,乘员质量及其装载要求按GB/T 12534—1990《汽车道路试验方法通则》规定执行。

(3)试验仪器。试验仪器及精度要求如下:

①车速测定仪和汽车燃油消耗仪:精度0.5%。

②计时器:最小读数0.1s。

(4)试验的一般规定。

①试验车辆必须清洁,关闭车窗和驾驶室通风口,只允许开动为驱动车辆所必需的设备。

②由恒温器控制的空气流必须处于正常调整状态。

(5)试验项目。

①直接挡全节气门加速燃料消耗量试验。

②等速燃料消耗量试验。

③多工况燃料消耗量试验。

④限定条件下的平均使用燃料消耗量试验。

2)汽车燃油经济性台架试验检测

按国标规定,检测汽车的燃油经济性应该采用道路试验,但是采用路试的方法检测汽车燃油消耗量受到很多条件限制,而在底盘测功机上通过台架试验检测汽车燃油消耗量目前没有国家标准。为了便利,可参照GB/T 12545.1—2008《乘用车燃料消耗量试验方法》的要求评价汽车燃油经济性。在底盘测功试验台上,模拟道路等速行驶来检测汽车燃油消耗量。

已列入交通运输主管部门公布的《道路运输车辆燃料消耗量达标车型表》的车辆,其燃料消耗量限值为车辆《燃料消耗量参数表》中50km/h或60km/h满载等速油耗的114%;未列入交通运输主管部门公布的《道路运输车辆燃料消耗量达标车型表》的车辆,其燃料消耗量限值的参比值见表3-2、表3-3、表3-4。

在用柴油客车燃料消耗量限值的参比值  表3-2

| 车长L<br>(mm) | 参比值<br>(L/100km) | |
|---|---|---|
| | 高级客车等速60km/h | 中级和普通级客车等速50km/h |
| L≤6000 | 11.3 | 9.5 |
| 6000＜L≤7000 | 13.1 | 11.5 |
| 7000＜L≤8000 | 15.3 | 14.1 |

续上表

| 车长 L (mm) | 参比值 (L/100km) | |
|---|---|---|
| | 高级客车等速 60km/h | 中级和普通级客车等速 50km/h |
| 8000＜L≤9000 | 16.4 | 15.5 |
| 9000＜L≤10000 | 17.8 | 16.7 |
| 10000＜L≤11000 | 19.4 | 17.6 |
| 1100＜L≤12000 | 20.1 | 18.3 |
| L＞12000 | 22.3 | 20.3 |

**在用柴油货车(单车)燃料消耗量限值的参比值**　　　　　　　　　表3-3

| 额定总质量 G (kg) | 参比值 (L/100km) | 额定总质量 G (kg) | 参比值 (L/100km) |
|---|---|---|---|
| 3500＜G≤4000 | 10.6 | 17000＜G≤18000 | 24.4 |
| 4000＜G≤5000 | 11.3 | 18000＜G≤19000 | 25.4 |
| 5000＜G≤6000 | 12.6 | 19000＜G≤20000 | 26.1 |
| 6000＜G≤7000 | 13.5 | 20000＜G≤21000 | 27.0 |
| 7000＜G≤8000 | 14.9 | 21000＜G≤22000 | 27.7 |
| 8000＜G≤9000 | 16.1 | 22000＜G≤23000 | 28.2 |
| 9000＜G≤10000 | 16.9 | 23000＜G≤24000 | 28.8 |
| 10000＜G≤11000 | 18.0 | 24000＜G≤25000 | 29.5 |
| 11000＜G≤12000 | 19.1 | 25000＜G≤26000 | 30.1 |
| 12000＜G≤13000 | 20.0 | 26000＜G≤27000 | 30.8 |
| 13000＜G≤14000 | 20.7 | 27000＜G≤28000 | 31.7 |
| 14000＜G≤15000 | 21.6 | 28000＜G≤29000 | 32.6 |
| 15000＜G≤16000 | 22.7 | 29000＜G≤30000 | 33.7 |
| 16000＜G≤17000 | 23.6 | 30000＜G≤31000 | 34.6 |

**在用柴油半挂汽车列车燃料消耗量限值的参比值**　　　　　　　　表3-4

| 额定总质量 G (kg) | 参比值 (L/100km) | 额定总质量 G (kg) | 参比值 (L/100km) |
|---|---|---|---|
| G≤27000 | 42.9 | 35000＜G≤43000 | 46.2 |
| 27000＜G≤35000 | 43.9 | 49000＜G≤49000 | 47.3 |

当按牵引车(单车)满载总质量进行检测时,燃料消耗量限值的参比值按牵引车(单车)满载总质量对应取表3-3中的数值。

汽车燃料消耗量应符合 GB 19578—2014《乘用车燃料消耗量限值》和 GB 20997—2015《轻型商用车辆燃料消耗量限值》的规定。当检测结果小于等于限值,判定该车燃料消耗量为合格;当检测结果大于限值,允许复检两次。一次复检合格,则判定该车燃料消耗量为合格;当检测结果和复检结果均大于限值,判定该车燃料消耗量为不合格。

4.汽车制动性能检测

汽车的制动性能好坏直接关系到交通安全。汽车制动性能检测有室内台试制动性能检验和道路试验检测。根据 GB 7258—2017《机动车运行安全技术条件》规定,当汽车经台试制动性能检验后对其制动性能有质疑时,可用道路试验检测,并以满载路试的检验结果为准。

台试制动性能检验的主要项目有制动力、制动力平衡要求、车轮阻滞力和制动协调时间;道路试验检测的主要项目有制动距离、充分发出的平均减速度、制动稳定性、制动协调时间和驻车制动坡度。

1)台试检验汽车制动性能

(1)行车制动性能检验要求。

①制动力的要求。根据 GB 7258—2017《机动车运行安全技术条件》,汽车、汽车列车在制动检验台上测出的制动力应符合表 3-5 的要求。对空载检验制动力有质疑时,可用表 3-5 规定的满载检验制动力要求进行检验。使用转鼓试验台检测时,可通过测得制动减速度值计算得到最大制动力。

检验时制动踏板力或制动气压应符合规定。

台试检验制动力要求  表 3-5

| 机动车类型 | 制动力总和与整车重量的百分比 | | 轴制动力与轴荷[①]的百分比 | |
|---|---|---|---|---|
| | 空载 | 满载 | 前轴[②] | 后轴[②] |
| 三轮汽车 | — | — | | ≥60[③] |
| 乘用车、其他总质量小于或等于3500kg 的汽车 | ≥60 | ≥50 | ≥60[③] | ≥20[③] |
| 铰接客车、铰接式无轨电车、汽车列车 | ≥55 | ≥45 | — | — |
| 其他汽车 | ≥60[④] | ≥50 | ≥60[③] | 50[⑤] |
| 普通摩托车 | — | — | ≥60 | ≥55[⑥] |
| 轻便摩托车 | — | — | ≥60 | ≥50 |

注:①用平板制动检验台检验乘用车、其他总质量小于或等于3500kg 的汽车时应按左右轮制动力最大时所分别对应的左右轮动态轮荷之和计算。

②机动车(单车)纵向中心线中心位置以前的轴为前轴,其他轴为后轴;挂车的所有车轴均按后轴计算;用平板制动试验台测试并装轴制动力时,并装轴可视为一轴。

③空载和满载状态下测试均应满足此要求。

④对总质量小于或等于整备质量1.2 倍的专项作业车应大衣或等于50%。

⑤满载测试时后轴制动力百分比不做要求;空载用平板制动试验台检验时应大于等于35%;总质量大于3500kg的客车,空载用反力滚筒式制动试验台测试时应大于等于40%,用平板式制动试验台检验时应大于等于30%。

⑥满载状态下测试时应大于或等于45%。

②制动力平衡要求(两轮、边三轮摩托车、前轮距小于或等于460mm 的正三轮摩托车和轻便摩托车除外)。对于在用车,在制动力增长全过程中同时测得的左右轮制动力差的最大

值,与全过程中测得的该轴左右轮最大制动力中大者之比,对于前轴应小于或等于24%;对于后轴,当轴制动力大于或等于该轴轴荷60%时应小于或等于30%,当制动力小于该轴轴荷60%时,在制动力增长全过程中同时测得的左右轮制动力差的最大值应小于或等于该轴轴荷的10%。

③制动协调时间要求。汽车的制动协调时间,对液压制动的汽车应小于或等于0.35s,对气压制动的汽车应小于或等于0.60s;对汽车列车和铰接客车、铰接式无轨电车的制动协调时间应小于或等于0.80s。

④汽车车轮阻滞率要求。进行制动力检验时,汽车、汽车列车各车轮的阻滞力均应小于或等于轮荷的10%。

(2)驻车制动性能检验。驻车制动应通过纯机械装置把工作部件锁止,并且驾驶人施加于操纵装置上的力:

①手操纵时,乘用车应小于等于400N,其他机动车应小于等于600N;

②脚操纵时,乘用车应小于等于500N,其他机动车应小于等于700N。

驻车制动操纵装置应有足够的储备行程(开关类操作装置除外),一般应在操纵装置全行程的2/3以内产生规定的制动效能;驻车制动机构装有自动调节装置时允许在全行程的3/4以内达到规定的制动效能。驻车制动使用电子控制装置时,锁止装置应为纯机械装置,发生断电情况锁止装置仍应保持持续有效。棘轮式制动操纵装置应保证在达到规定的驻车制动效能时,操纵杆往复拉动的次数不得超过3次。

当采用制动检验台检验汽车和正三轮摩托车驻车制动装置的制动力时,要求机动车空载,使用驻车制动装置,驻车制动力的总和应大于或等于该车在测试状态下整车重量的20%,但总质量为整备质量1.2倍以下的机动车应大于或等于15%。

对机动车经台架检验制动性能结果有异议的,在空载状态下按规定的路试检验进行复检,对空载状态复检结果有异议的,以满载路试复检结果为准。

2)台试检测汽车制动性能的方法

(1)用滚筒式制动检验台检验。滚筒式制动检验台滚筒表面应干燥,没有松散物质及油污,滚筒表面当量附着系数不应小于0.75。

检验员将机动车驶上滚筒,位置摆正,置变速器于空挡。起动滚筒,在2s后测取车轮阻滞力;使用制动,测取制动力增长全过程中的左右轮制动力差和各轮制动力的最大值,并记录左右车轮是否抱死。

在测量制动时,为了获得足够的附着力,允许在机动车上增加足够的附加质量或施加相当于附加质量的作用力(附加质量或作用力不计入轴荷)。

在测量制动时,可以采取防止机动车移动的措施(例如加三角垫块或采取牵引等方法)。当采取上述方法之后,仍出现车轮抱死并在滚筒上打滑或整车随滚筒向后移出的现象,而制动力仍未达到合格要求时,应改用其他方法进行检验。

(2)用平板制动检验台检验。制动检验台平板表面应干燥,没有松散物质及油污,平板表面附着系数不应小于0.75。

检验员将机动车对正平板制动检验台,以5~10km/h的速度(或制动检验台制造厂家推荐的速度)行驶,置变速器于空挡(自动变速的机动车可置变速器于D挡),急踩制动踏板,使机动车停止,测取所要求的参数值。

(3)检验方法的选择。机动车安全技术检验时,机动车制动性能的检验宜采用滚筒反力式制动检验台或平板制动检验台检验制动性能,其中前轴驱动的乘用车更适合采用平板制动检验台检验制动性能。

不宜采用制动检验台检验制动性能的机动车及对台试制动性能检验结果有质疑的机动车应路试检验制动性能。

对满载/空载两种状态时后轴轴荷之比大于 2.0 的货车和半挂牵引车,宜加载(或满载)检验制动性能,此时所加载荷应计入轴荷和整车重量。加载至满载时,整车制动力百分比应按满载检验考核;若未加载至满载,则整车制动力百分比应根据轴荷按满载检验和空载检验的加权值考核。

3)路试制动性能检验方法

路试检验制动性能应在平坦(坡度不应大于1%)、硬实、清洁、干燥且轮胎与地面间的附着系数大于或等于0.7 的混凝土或沥青路面上进行。

在试验路面上画出规定宽度的试验通道的边线,被测车辆沿着试验车道的中线行驶至高于规定的初速度后,置变速器于空挡(自动变速的车辆可置变速器于 D 挡),当滑行到规定的初速度时,急踩制动踏板,使车辆停止。

用制动距离检验行车制动性能时,采用速度计、第五轮仪或用其他测试方法测量机动车的制动距离,对除气压制动外的机动车还应同时测取踏板力(或手操纵力)。

用充分发出的平均减速度检验行车制动性能时,采用能够测取充分发出的平均减速度(MFDD)和制动协调时间的仪器测量车辆充分发出的平均减速度和制动协调时间,对除气压制动外的机动车还应同时测取踏板力(或手操纵力)。

路试检验制动性能的仪器有便携式制动性能测试仪、第五轮仪、非接触式运动分析仪和减速度仪。但第五轮仪和非接触式运动分析仪价格昂贵、体积较大且安装较为麻烦,需要经过专门培训的技术人员操作;并且,用第五轮仪和非接触式运动分析仪进行路试检验时通常只能对制动距离进行评判,这就需要进行制动检验时,制动初速度必须在规定的范围内。由于检测机构的试车跑道通常较短,所以检验难度大,故检测机构一般很少用第五轮仪或非接触式运动分析仪进行路试检验。

5. 车速表的检测

1)车速表校验的测量原理

原理:是以滚筒作为连续移动的路面,把被测车轮置于滚筒上转动,来模拟汽车在路面上行驶时的实际状态,进行车速表误差的测量。

2)车速表检验方法

(1)将车辆正直驶上检验台,驱动轮停放在测速滚筒的中间位置。

(2)降下举升器或放松滚筒锁止机构,必要时在非驱动轮前部加止动块(前轮驱动车使用驻车制动)。

(3)当车速表指示 40km/h 时,维持 3~5s 测取实际车速,检验结束。

(4)升起举升器或锁止滚筒,将车辆驶出检验台。

3)车速表校验标准

GB 7258—2017 规定车速表指示误差:车速表指示车速 $V_1$ 与实际车速 $V_2$ 之间符合下列关系式:

$$0 \leqslant V_1 - V_2 \leqslant (V_2/10) + 4$$

将被测机动车的车轮驶上车速表检验台的滚筒上使之旋转,当 $V_1$ = 40km/h 时,$V_2$ 的读数在 32.73 ~ 40km/h 范围内为合格;当车速表检验台速度指示仪表的指示值 $V_2$ 为 40km/h 时,读取该机动车车速表的指示值 $V_1$ 在 40 ~ 48km/h 范围内为合格。

6. 汽车侧滑量检测

汽车前轮定位准确与否对汽车的操纵性、行驶稳定性影响很大,因此转向轮定位是很重要的检测项目。为了保证汽车转向轮直线滚动时无横向滑移现象,要求车轮外倾角与车轮前束有适当配合,否则车轮就可能在直线行驶过程中产生侧滑现象。侧滑现象严重时,将破坏车轮的附着条件,定向行驶能力减弱甚至丧失,致使轮胎异常磨损。在机动车年度审检中,应用侧滑试验台对车轮侧滑量进行检测,确保车辆的操纵性和行驶稳定性。

1) 汽车侧滑量要求

GB 7258—2017《机动车运行安全技术条件》中规定:汽车(三轮汽车除外)的车轮定位应与该车型的技术要求一致。对前轴采用非独立悬架的汽车(前轴采用双转向轴时除外),其转向轮的横向侧滑量,用侧滑台检验时侧滑量值应在 ±5m/km 之间。

2) 转向轮侧滑量的检验方法

GB 7258—2017《机动车运行安全技术条件》附录中规定:

(1) 转向轮横向侧滑量的检验应在侧滑检验台上进行。

(2) 将汽车对正侧滑检验台,并使转向盘处于正中位置。

(3) 使汽车沿台板上的指示线以 3 ~ 5km/h 车速平稳前行,在行进过程中,不允许转动转向盘。

(4) 转向轮通过台板时,测取横向侧滑量。

如果检测的结果不合格,需要分析不合格的原因。若侧滑量偏差较小,一般通过调整就可以使其合格;若侧滑量偏差比较大,可能需要更换部分零部件,甚至需要校正车身才能消除偏差。

7. 汽车四轮定位检测

汽车在使用过程中,由于各种事故导致悬架的损伤、车身或车架的变形从而引起车轮定位参数的变化。不正确的车轮定位参数会导致转向沉重、轮胎异常磨损(俗称"吃胎")、油耗增加、方向回正困难、行驶跑偏等,这些变化会使汽车的操纵稳定性降低,影响行车安全。

车轮定位包括前轮定位和后轮定位,也就是常说的四轮定位。四轮定位的作用就是使汽车能够保持稳定的直线行驶、转向轻便、减少汽车在行驶中轮胎和转向机件的磨损。

四轮定位仪是专门用来测量车轮定位参数的设备。四轮定位仪检测的项目包括前轮前束值/角(前轮前束角/前张角)、前轮外倾角、主销后倾角、主销内倾角、后轮前束值(后轮前束角/前张角)、后轮外倾角、轮距、轴距、转向20°时的前张角、推力角和左右轴距差等。

目前常用的四轮定位仪有 CCD 定位仪、激光定位仪和 3D 影像定位仪等几种。其中 3D、CCD 和激光产品是目前市场上的三大主流产品,本书介绍光学 CCD 四轮定位仪,如

图 3-6 所示。

Beissbarth 的 ML8F1 Tech 汽车车轮定位仪是一种先进的测量定位系统,该系统综合了计算机、CCD 测量传感器和射频数据传输等技术。CCD 测量传感器如图 3-7 所示。

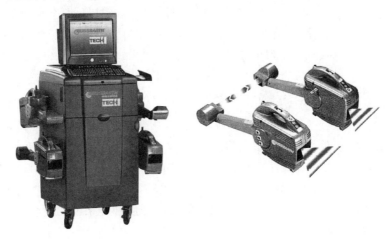

图 3-6　CCD 四轮定位仪机箱　　图 3-7　CCD 测量传感器

汽车车轮定位仪测量(以宝马 X36 为例)

1)测量前的准备

(1)根据汽车轴距和轮距调整转角盘和后滑板的位置。

(2)汽车驶上举升机,轮胎必须分别位于转角盘和后滑板中心,用制动器锁住制动装置。

(3)将汽车加满燃油而且按宝马的标准负载情况进行测量,如果油箱没有装满,就需要通过调整行李舱中的负载来达到油箱的重量平衡。例如一个空的 70L 的油箱就要有重约 50kg 的重量来平衡。宝马 E36 车的标准配重是前后座各 68kg 行李舱 21kg。

(4)在所有车轮上安装快速卡具和传感器,将传感器水平气泡调平。

(5)接通四轮定位仪电源,按照每个传感器位置编号起动传感器。

(6)抽去转操盘或后滑板安全销,使汽车车轮处于自由状态。

(7)通过菜单上的选择键选出宝马 E36 车的标准数据。

(8)检查车身高度差是否在标准允许的 ±10mm 范围内。检查前轴的弹簧是否过度变形,必要时把弹簧装置调整到稳定的中间位置。如果车身高度差在 ±10mm 范围内,通过安装配件使车身高度准确地达到宝马的标准数据所要求的 ±2mm。

2)测量的步骤

(1)调整转向盘到正前打直位置,得到后轴的前束和外倾角值。

(2)向两侧转向 20°得到主销后倾角、主销内倾角和转向时负前束的值。

(3)调整车辆转向装置到中间位置或根据显示器上的提示,测量前轴的前束和外倾角,测量转角盘左/右最大转角。对比标准值与测量值,如果所有测量值在公差范围内,就可打印出测量结果,并结束汽车底盘测量。如果实际值在公差范围之外,就要进行定位调整。所有宝马 E36 车上可调的值,都会在测量值有扳手图标。用鼠标点击扳手图标将显示相应角度文字和图片形式的调整帮助信息。其中包括调整后的拧紧力矩等数值,这些信息都来自原厂提供的数据库。

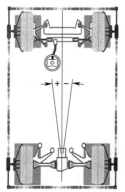

图 3-8　对车身进行附加测量

MLBR Tech 汽车车轮定位仪采用 8 束轮迹测量系统。可以通过汽车尾部周围的封闭测量场，用后面的传感器对前轮单轮前束进行测量，如果前面的测量红外光线被车辆扰流板所阻挡，则计算机自动激活"扰流板-程序"使测量继续进行。这时将使用开放的测量场进行测量，测量精度也将略有降低。可以附加测量功能，如图 3-8 所示。附加测量值可为车身修理部门提供重要的数据信息，如左右侧向偏位、后轴偏位、轴距偏差、后轮偏位和轮迹宽度偏差。

8. 汽车前照灯检测

车辆在日常使用过程中，由于碰撞、振动可能导致前照灯部件的安装位置发生变动，从而改变光照方向；同时，灯泡也会随着使用时间的增加逐步老化，反射镜表面有污物也会导致聚光性能变差，致使前照灯的亮度不足。所有这些变化，都会使驾驶员视线不清，造成对道路辨认困难，产生视觉疲劳，导致交通事故的发生。因此汽车前照灯的发光强度和光束的照射位置被列为机动车运行安全检测的必检项目。

GB 7258—2017 机动车运行安全技术条件中对汽车前照灯提出了相关的技术要求。

（1）前照灯远光光束发光强度最小值要求。前照灯是机动车辆的外部照明设备，属于主动安全装置，其性能直接影响夜间行车安全。前照灯远光光束发光强度最小值要求见表 3-6。

前照灯远光光束发光强度最小值要求 [单位:cd(坎德拉)]　　表 3-6

| 机动车类型 | | 检查项目 | | | | | |
|---|---|---|---|---|---|---|---|
| | | 新注册车 | | | 在用车 | | |
| | | 一灯制 | 二灯制 | 四灯制[①] | 一灯制 | 二灯制 | 四灯制[①] |
| 三轮汽车 | | 8000 | 6000 | — | 6000 | 5000 | — |
| 最大设计车速小于 70km/h 的汽车 | | — | 10000 | 8000 | — | 8000 | 6000 |
| 其他汽车 | | — | 18000 | 15000 | — | 15000 | 12000 |
| 普通摩托车 | | 10000 | 8000 | — | 8000 | 6000 | — |
| 轻便摩托车 | | 4000 | 3000 | — | 3000 | 2500 | — |
| 拖拉机运输机组 | 标定功率>18kW | — | 8000 | — | — | 6000 | — |
| | 标定功率≤18kW | 6000[②] | 6000 | — | 5000[②] | 5000 | — |

注：①四灯制是指前照灯具有四个远光光束；采用四灯制的机动车其中两只对称的灯达到两灯制的要求时视为合格。
　　②允许手扶拖拉机运输组只装用一只前照灯。

（2）前照灯近光光束照射位置。在空载车状态下，汽车、摩托车前照灯近光光束照射在距离 10m 的屏幕上，近光光束明暗截止线转角或中点的垂直方向位置，对近光光束透光面中心（基准中心，下同）高度小于或等于 1000mm 的机动车，应不高于近光光束透光面中心所在平面以下 50mm 的直线且不低于近光光束透光面中心所在水平面以下 300mm 的直线；对近光光束透光面中心高度大于 1000mm 的机动车，应不高于近光光束透光面中心所在平面以下 100mm 的直线且不低于近光光束透光面中心所在水平面以下 350mm 的直线。除装用一只前照灯的三轮汽车和摩托车外,前照灯近光光束明暗截止线转角或重点的水平方向位置,与近光光束透光面中心所在位置相比,向左偏移应小于或等于170mm,向右偏移应小于或等于350mm。

(3)前照灯远光光束照射位置。在空载车状态下,对于能单独调整远光光束的汽车、摩托车前照灯,前照灯远光光束照射在距离10m的屏幕上,其发光强度最大点的垂直方向位置,应不高于远光光束透光面中心所在水平面(高度值为$H$)以上100mm的直线且不低于远光光束透光面中心所在水平面以下$0.2H$的直线。除装用一只前照灯的三轮汽车和摩托车外,前照灯远光发光强度最大点的水平位置,与远光光束透光面中心所在垂直面相比,左灯向左偏移应小于或等于170mm且向右偏移应小于或等于350mm,右灯向左和向右偏移均应小于或等于350mm。

汽车前照灯的发光强度和光束的照射位置用前照灯检测仪进行检测,在检测线上通常使用自动追踪光轴式前照灯检测仪,在一般修理厂常用聚光式或屏幕式检测仪。

专业的二手车鉴定评估人员看到前照灯检测不合格的报告后,通常要对不合格的项目认真分析。常用的前照灯修理措施包括调整、更换前照灯底座、前照灯和校正前照灯框架。

9.汽车排气污染物检测

汽车排放的污染物主要有:一氧化碳(CO)、碳氢化合物(HC)、氮氧化合物($NO_x$)、微粒物(PM)(由炭烟、铅氧化物等重金属氧化物和烟灰等组成)和硫化物等。这些污染物由汽车的排气管、曲轴箱和燃油系统排出,分别称为排气污染物(又称尾气)、曲轴箱污染物和燃油蒸发污染物。此外,还有含氯氟烃(CFCs)和二氧化碳($CO_2$)等各种有害成分,直接或间接危害人类的健康。

1)汽车排气污染物的检测

(1)点燃式汽车排气污染物的检测。

①汽油车排气污染物的检测标准。现行标准是2005年7月1日起实施的GB 18285—2005《点燃式发动机汽车排气污染物排放限值及测量方法(双怠速法及简易工况法)》。双怠速法和简易工况法在检测线上都有使用,但以采用加速模拟(ASM)工况试验方法为主,对于采用全时四驱或适时四驱的车辆通常只能采用双怠速法。

根据GB 18285—2005《点燃式发动机汽车排气污染物排放限值及测量方法(双怠速法及简易工况法)》,在用汽车排气污染物排放限值见表3-7。

**GB 18285—2005 在用汽车排气污染物排放限值**(体积分数)　　表3-7

| 车　型 | 类　型 | | | |
| --- | --- | --- | --- | --- |
| | 怠速 | | 高怠速 | |
| | CO(%) | HC($\times 10^{-6}$) | CO(%) | HC($\times 10^{-6}$) |
| 1995年7月1日前生产的轻型汽车 | 4.5 | 1200 | 3.0 | 900 |
| 1995年7月1日起生产的轻型汽车 | 4.5 | 900 | 3.0 | 900 |
| 2000年7月1日起生产的第一类轻型汽车① | 0.8 | 150 | 0.3 | 100 |

续上表

| 车　型 | 类　型 | | | |
|---|---|---|---|---|
| | 急速 | | 高急速 | |
| | CO(%) | HC(×10⁻⁶) | CO(%) | HC(×10⁻⁶) |
| 2001年10月1日起生产的第二类轻型汽车 | 1.0 | 200 | 0.5 | 150 |
| 1995年7月1日前生产的重型汽车 | 5.0 | 2000 | 3.5 | 1200 |
| 1995年7月1日起生产的重型汽车 | 4.5 | 1200 | 3.0 | 900 |
| 2004年9月1日起生产的重型汽车 | 1.5 | 250 | 0.7 | 200 |

注：①对于2001年5月31日以后生产的5座以下(含5座)的微型面包车,执行此类在用车排放限值。

对于使用闭环控制电子燃油喷射系统和三元催化转化器技术的汽车还要进行过量空气系数($\lambda$)的测定。发动机转速为高急速转速时,$\lambda$应在$1.00\pm0.03$或制造厂规定的范围内。进行$\lambda$测试前,应按照制造厂使用说明书的规定预热发动机。

②点燃式发动机双急速排放污染物的检测。

A.应保证被检测车辆处于制造厂规定的正常状态,发动机进气系统应装有空气滤清器,排气系统应装有排气消声器,并不得有泄漏。

B.应在发动机上安装转速计、点火正时仪、冷却液和润滑油测温计等测量仪器。测量时,发动机冷却液和润滑油温度应不低于80℃,或者达到汽车使用说明书规定的热车状态。

C.发动机从急速状态加速至70%额定转速,运转30s后降至高急速状态。将取样探头插入排气管中,深度不少于400mm,并固定在排气管上。维持15s后,由具有平均值功能的仪器读取30s内的平均值,或者人工读取30s内的最高值和最低值,其平均值即为高急速污染物测量结果。对于使用闭环控制电子燃油喷射系统和三元催化转化器技术的汽车,还应同时读取过量空气系数($\lambda$)的数值。

D.发动机从高急速降至急速状态15s后,由具有平均值功能的仪器读取30s内的平均值,或者人工读取30s内的最高值和最低值,其平均值即为急速污染物测量结果。

E.若为多排气管时,取各排气管测量结果的算术平均值作为测量结果。

F.若车辆排气管长度小于测量深度时,应使用排气加长管。

G.测量工作结束后,把取样探头从排气管里抽出来,让它吸入新鲜空气5min,待仪器指针回到零点后再关闭电源。

③点燃式发动机加速模拟(ASM)工况试验方法检测。

A.ASM工况试验方法是在底盘测功机上对车辆加载,使车辆在有负荷的工况下运行,可全面反映出车辆尾气排放的主要污染物。

B.ASM工况测试方法如图3-9所示。ASM5025:经预热后的车辆加速至25km/h,测功机以车辆速度为25km/h,加速度为$1.475m/s^2$时的输出功率的50%作为设定功率对车辆加载。车辆以$25km/h\pm1.5km/h$的速度持续运转10s,工况计时器开始计时($t=0s$),持续运行90s($t=90s$)即为ASM5025工况。ASM2540:ASM5025工况试验结束后,车辆加速至40km/h,测功机以车辆速度为40km/h,加速度为$1.475m/s^2$时的输出功率的25%作为设定功率对车辆加载。车辆以$40\pm1.5km/h$的速度持续运转10s,工况计时器开始计时($t=0s$),

持续运行90s($t=90$s)即为ASM 2540工况。

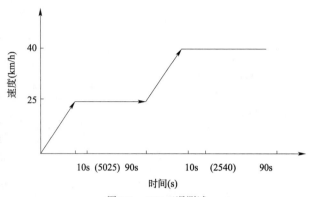

图3-9 ASM工况测试

C. 车辆要求:车辆的机械状况应良好;进、排系统不得有任何泄漏;发动机、变速器和冷却系统应无泄漏;轮胎表面磨损和轮胎压力符合规定。

D. 燃料要求:应使用无铅汽油或压缩天然气、液化石油气。

E. 试验设备:底盘测功机;测量仪器;自动检测控制系统的显示。

F. 测试结果:测试值应符合GB 18285—2005和地方制定的排气污染物排放限值。

例如:DB 37/657—2011《山东省点燃式发动机在用轻型汽车排气污染物排放限值》规定,用简易瞬态工况法测量2000年7月1日以前生产的第一类轻型汽车和2001年10月1日以前生产的第二类轻型汽车时排气污染物时,按相应时段执行表3-8的排放限值;2000年7月1日起生产的第一类轻型汽车和2001年10月1日起生产的第二类轻型汽车,按相应时段执行表3-9的排放限值。对于单一燃料汽车,仅按燃用气体燃料进行排放检测;对于两用燃料汽车,要求对两种燃料分别进行排放检测。采用本标准进行排放检测时,如果检测污染物有一项超过规定的限值,则认定排放不合格。

表3-8 排气污染物排放限值 I (单位:g/km)

| 基准质量(RM)(kg) | 第一时段(2011年10月1日起) | | | 第二时段(2013年10月1日起) | | |
|---|---|---|---|---|---|---|
| | CO | HC | NOx | CO | HC | NOx |
| RM≤1020 | 31.5 | 4.4 | 5.0 | 22.0 | 3.8 | 2.5 |
| 1020<RM≤1470 | 40.2 | 5.2 | 5.8 | 29.0 | 4.4 | 3.5 |
| 1470<RM≤1930 | 41.0 | 5.5 | 6.0 | 36.0 | 5.0 | 3.8 |
| 1930<RM | 42.0 | 6.5 | 6.0 | 39.0 | 5.2 | 3.9 |

表3-9 排气污染物排放限值 II (单位:g/km)

| 车辆类型 | 基准质量(RM)(kg) | 第一时段(2011年10月1日起) | | 第二时段(2013年10月1日起) | | 第三时段(2015年10月1日起) | |
|---|---|---|---|---|---|---|---|
| | | CO | HC+NOx | CO | HC+NOx | CO | HC+NOx |
| 第一类车 | 全部 | 9.2 | 3.3 | 7.2 | 2.5 | 6.3 | 2.0 |

续上表

| 车辆类型 | | 基准质量(RM)(kg) | 第一时段(2011年10月1日起) | | 第二时段(2013年10月1日起) | | 第三时段(2015年10月1日起) | |
|---|---|---|---|---|---|---|---|---|
| | | | CO | HC+NOx | CO | HC+NOx | CO | HC+NOx |
| 第二类车 | Ⅰ类 | RM≤1250 | 12.0 | 4.5 | 10.0 | 2.8 | 6.3 | 2.0 |
| | Ⅱ类 | 1250<RM≤1700 | 15.8 | 5.0 | 13.0 | 3.0 | 12.0 | 2.9 |
| | Ⅲ类 | 1700<RM | 19.0 | 5.5 | 16.0 | 4.0 | 16.0 | 3.6 |

(2)柴油车排气污染物的检测。

①柴油车排气污染物的检验标准。柴油车排出的烟色有黑烟、蓝烟和白烟三种。其中,以柴油机在全负荷和加速工况时排出的黑色炭烟最为常见。黑烟的发暗程度用排气烟度表示,排气烟度用烟度计检测。

对于柴油车,现阶段按 GB 3847—2005《车用压燃式发动机和压燃式发动机汽车排气烟度排放限值及测量方法》执行。试验方法有自由加速试验检测和加载减速试验两种,目前汽车检测站多用自由加速试验方法。

对于 2001 年 10 月 1 日至 2005 年 6 月 30 日期间生产的在用汽车,执行的排放标准为 GB 3847—2005《车用压燃式发动机和压燃式发动机汽车排气烟度排放限值及测量方法》,试验方法为自由加速试验,试验仪器为不透光烟度计,排气烟度排放限值见表 3-10。

**装用压燃式发动机汽车的排气烟度排放限值**　　表 3-10

| 车辆类型 | 光吸收系数 K ($m^{-1}$) | |
|---|---|---|
| 2001 年 10 月 1 日起至 2005 年 6 月 30 日期间生产的在用汽车 | 自然吸气式 | 2.5 |
| | 涡轮增压式 | 3.0 |

对于 2005 年 7 月 1 日起生产的在用汽车,按 GB 3847—2005《车用压燃式发动机和压燃式发动机汽车排气烟度排放限值及测量方法》规定,经型式核准批准车型生产的在用汽车应按附录 I 的要求进行自由加速试验,所测得的排气光吸收系数不应大于车型核准批准的自由加速排气烟度排放限值,再加 $0.5m^{-1}$。

②自由加速试验烟度试验。

A. 试验条件。试验应在汽车上进行;试验前不应长时间怠速,以免燃烧室温度降低或积污;排气的光吸收系数应使用不透光烟度计测量。不透光烟度计应符合标准要求并按规定安装;试验采用符合国家标准的商品燃料。

B. 车辆准备。车辆在不进行预处理的情况下也可以进行试验。出于安全考虑,必须确保发动机处于热状态,并且机械状态良好。

发动机应充分预热,例如:在发动机机油标尺孔位置测得的机油温度应至少为 80℃;如果温度低于 80℃,发动机也应处于正常运转温度。因车辆结构,无法进行温度测量时可以通过其他方法使用发动机处于正常运转温度,例如,通过控制发动机冷却风扇。

采用至少三次自由加速过程或其他等效方法对排气系统进行吹拂。

C. 试验方法。目测检测车辆的排气系统的相关部件是否泄漏;发动机包括所有装有废气涡轮增压的发动机,在每个自由加速循环的起点均处于怠速状态。对重型发动机,将加速踏板放开后至少等待10s。

在进行自由加速测量时,必须在1s内,将加速踏板快速、连续地完全踩到底,使喷油泵在最短时间内供给最大油量。

对每一个自由加速测量,在松开加速踏板前,发动机必须达到断油点转速。对带自动变速器的车辆,则应达到制造厂申明的转速(如果没有该数据值,则应达到断油转速的2/3)。关于这一点,在测量过程中必须进行检查,例如:通过监测发动机转速,或延长加速踏板踏到底后与松开加速踏板前的间隔时间,对于重型汽车,该间隔时间应至少为2s。

计算结果取最后三次自由加速测量结果的算术平均值。在计算均值时可以忽略与测量均值相差很大的测量值。

10. 噪声检测

噪声是汽车造成的第二公害,检测汽车噪声的设备是声级计。声级计按供电电源种类可以分为交流式和直流式两种。其中直流式声级计因操作简单、携带方便,所以比较常用。声级计的外形图如图3-10所示。

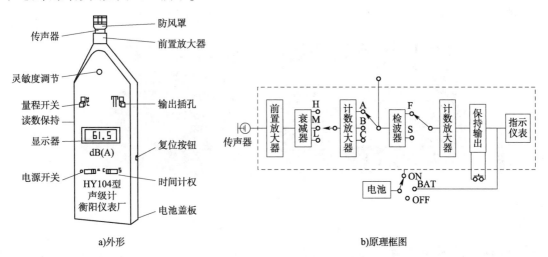

图3-10 声级计

根据GB 7258—2017《机动车运行安全技术条件》的规定,机动车喇叭声级在距车前2m、离地高1.2m测量时,发动机最大净功率(或电机额定功率总和)为7kW以下的摩托车为80~112dB(A),其他机动车为90~115dB(A)。汽车(纯电动汽车、燃料电池汽车和低速汽车除外)驾驶人耳旁噪声声级应小于或等于90dB(A)。

(1)喇叭声级测量方法如下:

①将声级计置于车前2m、离地高1.2m处,且传声器最大灵敏度方向指向被检车辆驾驶人位置。

②按使用说明书要求,调整网络开关到"A"计权和"快"挡位置。

③环境噪声应低于被测噪声值至少10dB(A)。

④按喇叭连续发声3s以上,读取检测数据。

(2)驾驶人耳旁噪声测量方法如下:

①将声级计置于驾驶人坐垫后端与地面垂直的上方0.7±0.05m,且在坐垫纵向中心线

向右 $0.2 \pm 0.05m$ 的位置,其最大灵敏度的方向水平指向车辆行驶方向。

②将声级计置于"A"计权、"快"挡。

③环境噪声应低于被测噪声值至少 $10dB(A)$。

④汽车空载,门窗紧闭,处于静止状态且变速器置于空挡,发动机应处于额定转速状态(当发动机正常工作状态下无法达到额定转速时,则采用可达到的最大转速进行测量,并对测量转速进行记录说明)至少 5s,记录最大声级读数。

11. 读取故障码

1）检测仪器

现代汽车具有多个电子控制系统,如果哪个电控系统有故障,此电控系统的控制电脑就会存储故障记忆,用汽车故障电脑诊断仪(俗称解码器)就可读出相关的故障记忆,以便于快速、准确地查找故障并进行维修。解码器有通用型和专用型两种,如图 3-11 所示。解码器通常都具有读取故障码、清除故障码、读取数据流、执行元件测试、保养灯归零、读取电脑版本、基本设定、匹配调整功能,有的还提供示波器功能,并具备电路维修资料(比如奔驰、宝马专用检测仪)和客户档案管理等功能。现在绝大多数解码器可进行网络升级。

a)红盒子通用型解码器　　　　　　　　b)大众专用型解码器

图 3-11　汽车故障电脑诊断仪

2）读取故障码的步骤

现代汽车均配备故障诊断插座,只要将解码器的诊断插头与车上的诊断插座相连接,然后打开点火开关(ON)或起动发动机,就可以很方便地从故障诊断仪的显示屏上读出所存储的故障码。故障码的含义有些可以从解码器上直接读出,有些需要查阅该车型的维修手册。

下面以大众公司的 V.A.G.1552 为例,说明读取故障码的主要步骤,其他解码器的使用方法基本相同,只要按照屏幕提示操作即可。

(1) 打开在驻车制动手柄右侧的诊断系统插座的盖板,将带导线的故障诊断仪 V.A.G.1552 与诊断系统插座连接起来。

(2) 打开点火开关或起动发动机怠速运转。如果发动机不能起动,则用起动机带动发动机转动至少 5s,不要关闭点火开关。

(3) 打开 V.A.G.1552 诊断仪上的电源开关,这时显示器上显示下列文字：

```
Rapid data transfer   HELP         快速数据传递   帮助
Insert address word XX             输入地址字 XX
```

(4)在以上的屏幕显示下键入"0"和"1"(输入01),按"Q"键,就进入发动机系统,并有以下屏幕显示:

| Rapid data transfer    Q | 快速数据传递    Q |
| --- | --- |
| 01-Engine electronics | 01-发动机 |

(5)在以上的屏幕显示下按"Q"键,有以下屏幕显示:

| 4A0 907 473 A 2.6L V6 MPFI D01 → | 4A0 907 473 A 2.6L V6 MPFI D01→ |
| --- | --- |
| Coding 0001    WSC63880 | 编码 0001    WSC63880 |

(6)在以上的屏幕显示下按"→"键,有以下屏幕显示:

| Rapid data transfer    HELP | 快速数据传递    HELP |
| --- | --- |
| Select function    XX | 功能选择    XX |

(7)在以上屏幕显示下键入"0"和"2"(输入02),按"Q"键,有以下屏幕显示:

| Rapid data transfer    Q | 快速数据传递    Q |
| --- | --- |
| 02-Interrogate fault memory | 02-故障存储查询 |

(8)在以上屏幕显示下按"Q"键,有以下屏幕显示:

| X Faults recognized    → | X 个故障记录    → |
| --- | --- |

(9)在以上屏幕显示下按"→"键,可调出故障码,例如:

| → | → |
| --- | --- |
| Faults number    00513 | 故障码    00513 |

(10)在以上屏幕显示下按"→"键,可调出故障码的具体内容:

| Engine speed sender—G28    → | 发动机转速传感器—G28    → |
| --- | --- |
| No signal    /SP | 无信号    /偶发故障 |

(11)如果打印机接通,所存储的故障码就会陆续显示并可打印出来;如果未接通打印机,则必须按"→"键显示下一个故障码;如果无故障码存储或故障码显示(打印)完毕,则有如下屏幕显示:

| No faults recognized! | 无故障存储! |
| --- | --- |

3)清除故障码

(1)调出故障码后,在屏幕显示如下时键入"0"和"5"(输入05):

| Rapid data transfer    HELP | 快速数据传递    HELP |
| --- | --- |
| Select function    XX | 功能选择    XX |

(2)在屏幕显示如下时,按"Q"键:

| Rapid data transfer    Q | 快速数据传递    Q |
| --- | --- |
| 05-Erase fault memory | 05-故障存储已被清除 |

(3)在屏幕显示如下时,表示故障码未被清除。

| Attention! | 注意! |
| --- | --- |
| Fault memory was not interrogated | 故障存储没有被清除 |

### 3.1.4 技术鉴定方法综合运用

汽车技术状况鉴定有静态检查、动态检查、仪器检测三种方法,但这三种方法不是独立的,而是相互关联的,因此在进行二手车技术状况鉴定时,一定要根据车辆的现实状况,综合运用这三种方法,做出定性和定量的判定。

在车辆静态检查中,如果发现轮胎有非正常磨损现象,就应该在动态检查中注意车辆有无跑偏摆振、转向盘有无抖振现象。如果存在以上现象,可以判定四轮定位失准,必须进行车辆的仪器检查。利用四轮定位仪对车辆的前后轮定位参数进行检测,将检测数据与数据库里的标准数据进行比对,如果数据偏离,再回到静态检查,首先对行驶系的各个零部件进行检视和测量,以确定是哪个零部件出了问题,是需要修复还是更换。如没发现问题,再回到仪器检测,利用车身测量仪对车身进行测量,确定车身损伤部位和损伤程度。

在车辆动态检查中,如发现爬坡没劲、最高车速与设计的最高车速相差太大,说明该车辆动力性不足,就要利用底盘测功机对车辆进行底盘输出功率检测。如果检测结果是功率不足,可能是发动机动力不足或底盘传动效率差造成的,进一步对发动机进行无负荷测功试验,就可以判定是发动机的原因还是离合器打滑(或自动变速器故障)的原因。

在仪器检测中,用汽车故障电脑诊断仪对电控系统进行检测时,如发现有故障码,可先维修,再进行路试,直至故障排除。

## 3.2 事故车的损伤鉴定

### 3.2.1 事故车的分类

事故车是指由非自然损耗的事故,造成车辆损伤,导致机械性能、经济价值下降的车辆。这是被大众认知的普遍意义上的事故车,但在二手车鉴定评估实践中,则是将遭受严重撞击、水淹、火烧等,即使修复也存在安全隐患的车辆称为事故车。

### 3.2.2 事故车的识别

如果车辆符合下列任何一条,即属事故车:
(1)经过撞击,损伤到发动机舱和驾驶舱的车辆。
(2)车身后翼子板撞击损伤超过其总面积1/3的车辆。
(3)纵梁有焊接、切割、整形、变形的车辆。
(4)减振器座有焊接、切割、整形、变形的车辆。
(5)A、B、C柱有焊接、切割、整形、变形的车辆。

(6) 因撞击造成安全气囊弹出的车辆。

(7) 其他不可拆卸部分有严重的焊接、切割、整形、变形的车辆。

(8) 车身经水浸泡超过车身 1/2,或积水进入驾驶舱的车辆。

(9) 车身经火焚烧超过 $0.5m^2$,经修复仍存在安全隐患的车辆。

### 3.2.3 碰撞事故车损伤状况鉴定

**1. 车辆碰撞损伤影响因素**

汽车碰撞事故是所有汽车事故中数量最多的一种。影响事故车损坏程度的因素有:

(1) 事故车的结构、大小、形状和重量。

(2) 被撞物体的大小、形状、刚度和速度。

(3) 发生碰撞时的车辆速度。

(4) 碰撞的位置和角度。

(5) 事故车辆中的乘员或货物的重量和分布情况。

**2. 碰撞对不同车身结构的影响**

汽车车身既要经受行驶中的振动,又要在碰撞时能够为车上乘员提供安全保障。因此现代汽车的车身被设计成在碰撞时能最大限度地吸收能量,以减少对乘员伤害,如图 3-12 所示。

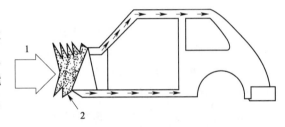

图 3-12  碰撞时车身变形吸能
1-碰撞力方向;2-车身变形区

非承载式车身发生碰撞后,可能是车架损伤,也可能是车身损伤,或车架和车身都损伤,如图 3-13 所示。车架和车身都损伤时,可通过更换车架来实现车轮定位及主要总成定位。承载式车身发生碰撞后通常会造成车身结构件的损伤,如图 3-14 所示。通常非承载式车身的修理只需满足形状要求即可,而承载式车身的修理不但要满足形状要求,还要满足车轮定位及主要总成定位的要求。所以碰撞对不同车身结构的汽车影响不同,修理工艺和方法也就不同,最终产生的修理费用肯定不同。

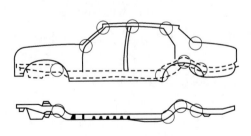

图 3-13  非承载式车身

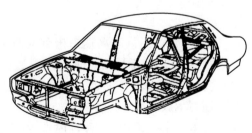

图 3-14  承载式车身

1) 碰撞造成的非承载式车身变形种类

(1) 左右弯曲。侧面碰撞会引起车架左右弯曲或一侧弯曲,如图 3-15 所示。左右弯曲通常发生在汽车前部或后部,可通过观察钢梁内侧及对应钢梁外侧是否有褶皱来确定。通过发动机舱盖、行李舱盖及车门缝隙错位等情况也能够辨别出左右弯曲变形。

（2）上下弯曲。汽车碰撞产生弯曲变形后，车身外壳会比正常位置高或低，结构上也有前、后倾斜现象，如图3-16所示。上下弯曲通常由来自前方或后方的直接碰撞引起，变形可能发生在一侧也可能是两侧。判别上下弯曲变形时，可查看翼子板与车门之间的上下缝隙是否顶部变窄下部变宽，也可查看车门在撞击后是否下垂。

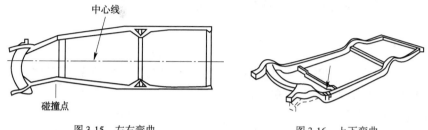

图 3-15　左右弯曲　　　　　　图 3-16　上下弯曲

（3）皱折与断裂损伤。汽车碰撞后，车架或车上某些零部件的尺寸会与原厂提供的技术资料不相符，皱折与断裂损伤通常伴随出现发动机舱盖前移和侧移、行李舱盖后移和侧移，如图3-17所示。有时看上去车门与周围吻合很好，但车架却已产生了皱折或断裂损伤，这是非承载式车身结构不同于承载式结构的特点之一。褶皱或断裂通常发生在应力集中的部位，而且车架通常还会在对应的翼子板处造成向上变形。

（4）平行四边形变形。汽车一角受到来自前方或后方的撞击力时，其一侧车架向后或向前移动，引起车架错位，使其成为一个接近平行四边形的形状，如图3-18所示。平行四边形变形会对整个车架产生影响。目测可见发动机舱盖及行李舱盖错位，通常平行四边形变形还会带来许多断裂及弯曲变形的组合损伤。

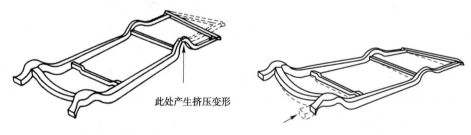

图 3-17　皱褶变形　　　　　　图 3-18　平行四边形变形

（5）扭曲变形。当汽车高速撞击到与车架高度相近的障碍物时，会发生扭曲变形，如图3-19所示。另外，尾部受侧向撞击时也会发生这种变形。受此损伤后，汽车一角比正常时高，而相反一侧会比正常时低。应力集中处时常伴有皱折或断裂损伤。

2）碰撞对承载式车身的影响

承载式车身能很好地吸收碰撞时产生的能量。发生撞击时，车身由于吸收撞击能量而变形，使撞击能量大部分被车身吸收。撞击能量在承载式车身上造成的影响通常按锥形传递，碰撞点为锥顶，如图3-20所示。

在受到碰撞时，车身能按照设计要求形成折曲，这样传到车身的振动波在传送时就被大大减小，即来自前方的碰撞应力被前部车身吸收了；来自后方的碰撞应力被后部车身吸收了;来自前侧方的碰撞应力被前翼子板及前部纵梁吸收;中部的碰撞应力被边梁、立柱和车门吸收;来自后侧方的碰撞应力被后翼子板及后部纵梁吸收。

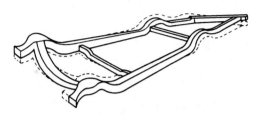

图3-19 扭曲变形

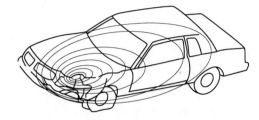

图3-20 承载式车身碰撞时能量的锥形传递

(1) 前端碰撞。碰撞较轻时,保险杠会被向后推,前纵梁及内轮壳、前翼子板、前横梁及水箱框架会变形;如果碰撞严重,那么前翼子板会弯曲变形并移位触到车门,发动机舱盖铰链会向上弯曲并移位触到前围盖板,前纵梁变形加剧,造成副梁的变形;如果碰撞程度更剧烈,前立柱将会产生变形,车门开关困难,甚至造成车门变形;如果前面的碰撞从侧向而来,由于前横梁的作用,前纵梁也会产生变形。前端碰撞常伴随着前部灯具及护栅破碎,冷凝器、水箱及发动机附件损伤、车轮移位等。

(2) 后端碰撞。汽车因后端正面碰撞造成损伤时,往往是被动碰撞所致。如果碰撞较轻,后保险杠、行李舱后围板、行李舱底板可能压缩弯曲变形;如果碰撞较重,C柱下部前移,C柱上端与车顶接合处会产生折曲,后门开关困难,后风窗玻璃与C柱分离,甚至破碎。碰撞更严重时会造成B柱下端前移,在车顶B柱处产生凹陷变形。后端碰撞常伴随着后部灯具等的破碎。

(3) 侧面碰撞。在确定汽车侧面碰撞时,分析其结构尤为重要。一般说来,对于严重的碰撞,车门、A柱、B柱、C柱以及车身地板都会变形。当汽车遭受的侧向力较大时,惯性力作用会使另一侧车身变形。当前后翼子板中部遭受严重碰撞时,还会造成前后悬架的损伤;前翼子板中后部遭受严重碰撞时,还会造成转向系统中横拉杆、转向器齿轮齿条的损伤。

(4) 底部碰撞。底部碰撞通常因路面凹凸不平、路面上有异物等造成车身底部与路面或异物发生碰撞,致使汽车底部零部件、车身底板损伤。常见损伤有:前横梁、发动机下护板、发动机油底壳、变速器油底壳、悬架下托臂、副梁及后桥、车身底板等损伤。

(5) 顶部碰撞。汽车单独的顶部受损多为空中坠落物所致,以顶部面板及骨架变形为主。汽车倾覆是造成顶部受损的常见现象,受损时常伴随着车身立柱、翼子板和车门变形、车窗变形。

3. 汽车碰撞损伤的区位检查法

进行事故车辆的损失评估时,评估人员应该掌握一套科学的损伤检查方法,这对于受损严重的事故车来说尤为重要。评估时如果不遵循规范的检查程序,很容易遗漏一些受损件或维修项目,或者对同一项目重复估损。

"区位检查法"是按碰撞损坏规律把汽车分为五个区位:

一区:车辆直接受到碰撞的部位。

二区:受到间接损伤的车身其他部位。

三区:受到损伤的机械零部件。

四区:乘员舱,包括舱内受损的内饰、灯、附件、控制装置等。
五区:车身外部件和装饰件。
在对事故车定损时,应从一个区位到另一个区位逐处检查,同时按顺序记录损伤情况。

1)一区——直接损伤区

直接损伤情况因车辆结构、碰撞力度和角度的不同而有所不同。多数情况下,直接损伤会导致板件弯折、断裂和部件损坏。直接损伤直观明了,通常不需要测量。

检查一区时,首先应检查外部装饰件、塑料件、玻璃、镀铬层以及外板下面的金属材料。

对于前部碰撞,应检查的项目通常有前保险杠、格栅、发动机舱盖、翼子板、前照灯、玻璃、前车门、前车轮、油液泄漏等。

对于后部碰撞,应检查的项目通常包括后保险杠、后侧围板、行李舱底板、行李舱盖、后车灯、玻璃、后车轮、油液泄漏等。

对于侧面碰撞,应检查的项目通常包括车门、玻璃升降器、门内饰板,座椅滑动状态、车顶、玻璃、立柱、前车身底板、支撑件、油液泄漏等。

有时需要将事故车举升起来,检查车身底板、发动机支架、横梁和纵梁等的损伤情况。

为了检查哪些部位受到了损伤,应当查找以下线索或痕迹:缝隙、卷边损坏、裂开的焊点、扭曲的金属板等。

2)二区——间接损伤区

车辆碰撞时,碰撞力会沿车身向各个方向传递,从而引起间接损伤。碰撞力扩展和间接损伤的范围取决于碰撞的力度和角度,以及车身纵梁和横梁吸收碰撞力的能力。通常承载式车身的吸能区会在碰撞中产生间接损伤。

动力传动系统和后桥也会引起间接损伤。当汽车由于碰撞突然停止时,质量很大的零部件在惯性作用下继续前移,对其支座和支撑构件产生强大的惯性力,容易造成相邻金属件变形、划伤或焊点开裂。因此,对于比较严重的事故,一定要仔细检查悬架、车桥、发动机和变速器的支撑点等部位。

3)三区——机械损坏区

对于前部碰撞的事故车,应检查散热器、风扇、转向助力泵、空调器件、发电机、蓄电池、燃油蒸发炭罐、前风窗玻璃清洗器储液罐以及其他机械和电子元件是否损坏。查看油液是否泄漏、皮带轮是否与皮带对正、软管和电线是否错位以及是否有凹坑和裂纹等。

如果碰撞比较严重,发动机和变速器也可能受损。如果条件允许,应当起动发动机,怠速运转到正常工作温度。举升车辆,使车轮离开地面,在变速器各个挡位间转换,听一听有没有异常的噪音。对于手动挡的车辆,检查换挡是否平顺,离合器的工作是否正常。查看节气门拉索、离合器操作机构和换挡拉索是否犯卡。

打开空调,确保空调运转正常。查看充电、机油压力等仪表板灯和仪表,如果发动机故障灯点亮,说明发动机存在机械或电控故障。但是,估损人员应判断故障码是否在事故之前就已存储在控制电脑中,若不是由事故引起的故障码,其维修费用应当从估损单中扣除。

在完成发动机舱的检查后,举升车辆,进入车辆下面,检查转向和悬架元件是否弯曲,制动软管是否扭绞,制动管路和燃油管路及其接头是否泄漏。检查发动机、变速器、差速器、转向器和减振器是否存在泄漏。将转向盘向左和向右打到底,检查是否犯卡,是否有异常噪音。转动车轮,检查车轮是否跳动和左右摆动,轮胎是否有裂口、刮痕和擦伤。降下车辆,使轮胎着地,转动转向盘,使车轮处于正直向前的位置,测量前轮毂到后轮毂中心的距离,左右两侧的测量值应当符合技术要求,否则,转向或悬架元件有损伤。

4) 四区——乘员舱

乘员舱损坏可能是由碰撞直接引起的(如侧碰时)。而内饰和车内附件的损坏也可能是由乘员舱内的乘客和物品的碰撞能量引起的。

(1) 检查仪表板。如果碰撞导致前围板或车门立柱受损,仪表板、暖风机和管道、音响、电子控制模块和安全气囊等有可能受损。所有在三区检查中没有被查看到的元器件都要进行检查。

(2) 检查转向盘是否损坏。查看其安装紧固件、倾斜和伸缩功能、喇叭、前照灯和转向信号灯开关、点火钥匙以及转向盘锁。转动转向盘,将车轮打到正直向前的位置,查看此时转向盘是否对中。对于吸能型转向盘,查看是否已经发生溃缩。

(3) 检查门把手、操纵杆、仪表板玻璃和内饰是否受损。打开、关闭并锁住杂物箱,查看杂物箱是否在碰撞中变形或损坏。检查制动踏板是否变形、犯卡或松脱等。掀开地毯,查看地板和踢脚板,看铆钉是否松脱,焊缝是否裂开。

(4) 检查座椅是否受损。汽车在前端受到碰撞时,乘客的身体质量会产生较大的惯性力,由于乘客被安全带捆绑在座椅上,所以惯性力可能会对座椅框架、调节器和支撑件产生损害。汽车在后端受到碰撞时,座椅靠背的铰链点可能受到损害。将座椅从最前位置移动到最后位置,查看其调节装置是否完好。

(5) 检查车门的状况。乘客的惯性力可能损坏内饰板件和车门内板。如果发生侧碰,门锁和车窗调节器也可能受损。即使是前端碰撞,车窗玻璃产生的惯性力也可能使车窗轨道和调节器受损。将车窗玻璃降到底后再完全升起,检查玻璃是否犯卡或受到干扰。将车窗降下4cm,查看车窗玻璃是否与车门框平齐。查看电动门锁、防盗系统、车窗和门锁控制装置以及后视镜的电控装置等所有附件是否正常。

(6) 检查乘员约束系统。现代汽车大都装备被动式约束系统,应检查安全带是否能够正常扣紧和松开,安全带插舌和锁扣是否完好。对于主动式安全带系统,检查其两点式和三点式安全带是否都能轻松地扣紧和解开。查看卷收器、D形环和固定板是否损坏。有些安全带有张力感知标签。如果安全带在碰撞中磨损,或者安全带的张力超过设计极限,张力感知标签撕裂,就必须予以更换。将安全带从卷收器中完全拉出,就可以看到这个张力感知标签。

(7) 还应当列出车内的非原装附件,如民用无线电装置、磁带播放机、立体声扬声器等。

5) 五区——外饰和漆面

在车身、机械件、内饰和附件都检查完毕之后,再围绕车辆检查一圈,查看并列出受损的外饰件、嵌条、车顶板、轮罩、示宽灯以及其他车身附件。

(1) 打开灯光开关,检查前照灯、尾灯、转向信号指示灯和危险警告指示灯。灯泡的灯丝通常在碰撞力的作用下断裂,如果碰撞时车灯处于点亮状态,灯丝就更容易断裂。

(2) 如果在一区和二区检查中没有查看保险杠,那么现在就应该对保险杠进行检查。查看杠皮和防尘罩是否开裂,吸能装置是否受损,橡胶隔振垫是否开裂。

(3) 仔细检查油漆的状况。记录下哪块油漆必须重新喷涂,并要列出那些需要特别注意的事项,如清漆涂层、柔性塑料件和表面锈迹。板件的轻度损坏可能只需进行局部喷涂,而有些维修项目则需要喷涂整块板件甚至多块板件。无论是哪种情况,都需要考虑新油漆与原有油漆的配色和融合工时。如果事故车的损坏非常严重,或者原有漆面已经严重老化,则可能需要进行整车喷漆。

(4)检查漆面是否在事故前就已经损坏也是很重要的。这些事故前已有的凹痕、裂缝、擦伤和油漆问题不在保险公司的理赔范围内,其维修费用由客户自行承担。

**4. 汽车碰撞损伤的目测检查法**

通常碰撞部位能直接显示出结构变形或断裂迹象。目测检查时,应先根据碰撞点位置,估计受撞范围大小及方向,判断碰撞是如何扩散的,然后从总体上查看汽车上是否有扭转、弯曲变形,并确定所有损伤是否由同一事故引起。

碰撞力沿车身扩散,并使许多部位发生变形。碰撞力具有穿过车身坚固部位最终抵达并损坏薄弱部件,扩散并深入至车身部件内的特性。因此,为了查找汽车损伤,必须沿碰撞力扩散的路径查找车身薄弱部位(溃缩区)。沿碰撞力扩散方向逐处检查,确认是否有损伤,如果有损伤,还要确定损伤程度。具体可从以下几方面加以识别:

1)钣金件截面变形

车身设计时,要使碰撞产生的能量能按既定路径传递、到指定地方吸收,即车身钣金件有些部位是薄弱环节。撞击时,薄弱环节会产生截面的变形。截面的变形通常通过漆面的变化情况就可以判断。碰撞所造成的钣金件截面变形与钣金件本身设计的结构变形不一样,钣金件本身设计的结构变形处表面油漆完好无损,而碰撞所造成的钣金件截面变形处油漆起皮、开裂。

2)零部件支架断裂、脱落及遗失

发动机支架、变速器支架、发动机各附件支架是碰撞应力的吸收处,各支架在设计时均有保护重要零部件免受损伤的功能。在碰撞事故中常有各支架断裂、脱落及遗失的现象。

3)检查车身各部位的间隙和配合

车门是以铰链形式装在车身立柱上的,通常立柱变形会造成车门与门框、车门与立柱的间隙不均匀。还可通过简单地开关车门,查看车门锁与锁扣的配合,从锁与锁扣的配合可判断车门是否下沉,从而判断立柱是否变形;从查看铰链的灵活程度判断主柱及车门铰链处是否有变形。

在比较严重的汽车前端碰撞事故中,还应检查后车门与后翼子板、门槛、车顶侧板的间隙,并进行左右对比,这是判断碰撞应力扩散范围的主要证据。

4)检查来自乘员及行李的损伤

由于惯性力作用,乘客和行李在碰撞中会引起车身二次损伤,损伤程度因乘员位置及碰撞力度而异,较常见的是转向盘、仪表台、方向柱护板及座椅等被损坏。行李碰撞是造成行李舱中部分设备(如音频功率放大器)损伤的主要原因。

**5. 汽车碰撞损伤的普通测量检查法**

在评估车身的损伤时通常要参照车身尺寸图对车身的特定点进行测量。图 3-21 所示为非承载式车身尺寸图,图 3-22 所示为承载式车身尺寸图。

# 第3章 二手车技术状况鉴定

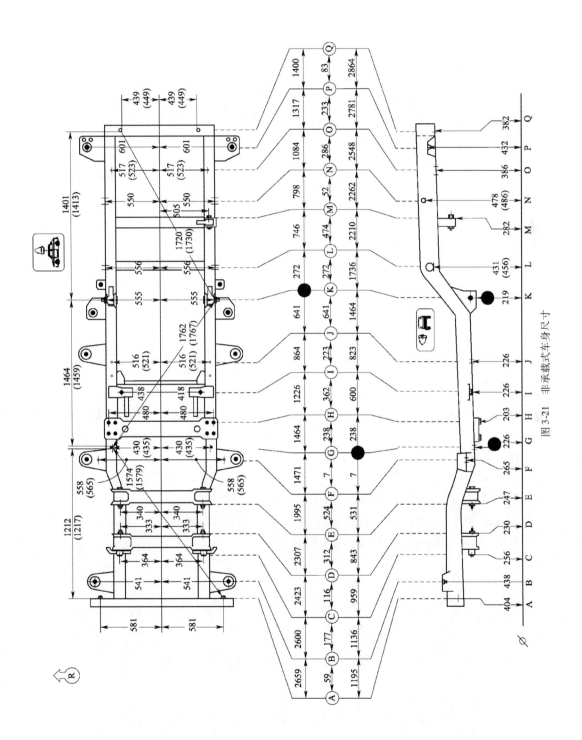

图 3-21 非承载式车身尺寸

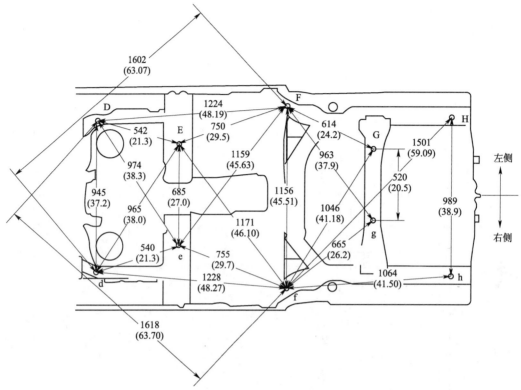

图 3-22　承载式车身尺寸图

用钢卷尺或轨道式量规就可以测量各控制点之间的尺寸，与汽车制造商给定尺寸进行比较，从而确定变形程度。如果没有原厂车身规范，可以对一辆完好无损的相同车型进行测量，获得原厂尺寸。另外，如果车辆只有一侧损坏，通常可以对未损坏的一侧进行测量，然后比较这两侧的测量值。测量点最好选择在悬架和机械零件的安装点上，因为这些点对于定位至关重要。应该注意的是：很多原厂车身尺寸手册中给出的尺寸是从轨道式量规杆上读取的测量值，而不是钢卷尺测量的绝对距离，实际作业时一定要仔细查看手册中的有关说明。

除了底部车身尺寸外，还应测量上部车身尺寸，比如前部车身尺寸、车身侧面尺寸、后部车身尺寸等，其常用测量点分别如图 3-23、图 3-24、图 3-25 所示。

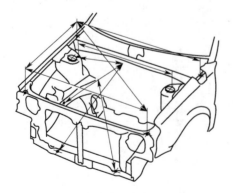

图 3-23　车身前部常用的测量点

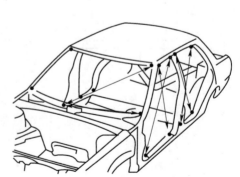

图 3-24　车身侧面常用的测量点

6.汽车碰撞损伤的三维测量检查法

汽车发生碰撞事故引起的车身结构变形除了用普通的量具和一般的轨道式量规测量以外,还可以用更先进的汽车车身三维电子测量系统进行检测。这些测量设备的主要品牌有瑞典的卡尔拉得、美国的汽福和黑鹰等,他们都有强大的车身结构三围尺寸数据库,能对车身底部和车身上部测量点的三维数据进行精确测量,测量精度可达3mm,是今后车身测量的发展方向。

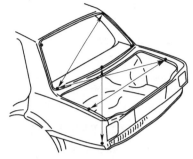

图3-25 车身后部常用的测量点

### 3.2.4 水淹事故车损伤状况鉴定

汽车被水浸泡都会造成不同程度的损伤,特别是水进入驾驶舱可能会造成车辆的更大损坏。了解水灾对汽车技术状况的影响,以及如何采取合理的方法处理,是二手车鉴定评估师应该了解和掌握的。

1.汽车水灾损失影响因素

1)水的种类

评估水淹汽车损失时,通常将水分为淡水和海水。同时,还应该对水的混浊情况进行认真了解。多数水淹损失中的水为雨水和山洪形成的泥水,但也有由于下水道倒灌而形成的浊水,这种城市下水道溢出的浊水中含有油、酸性物质和各种异物。这些物质对汽车的损伤各不相同,必须在现场查勘时仔细检查,并做好准确记录。

2)水的特性

水没有固定的形状,因此无孔不入,只要有缝隙,车辆的任何部位都可以到达;水的导电性可引起车辆电气系统的短路;水的腐蚀性可造成车辆任何部件的损坏和失效。

3)暴雨认定

每小时降雨量达16mm以上,或连续12小时降雨量达30mm以上,或连续24小时降雨量达50mm以上的称为暴雨。

4)水淹高度

水淹高度是确定水损程度非常重要的参数,水淹高度通常不以高度作为计量单位,而是以汽车上重要的具体位置作为参数。以轿车为例,水淹高度通常分为6级:

1级——制动盘和制动毂下沿以上,车身地板以下,乘员舱未进水。

2级——车身地板以上,乘员舱进水,而水面在驾驶员座椅坐垫以下。

3级——乘员舱进水,水面在驾驶员座椅坐垫面以上,仪表台以下。

4级——乘员舱进水,仪表台中部位置。

5级——乘员舱进水,仪表台面以上,顶篷以下。

6级——水面超过车顶,汽车被淹没顶部。

5)水淹时间

水淹时间($t$)的长短对汽车所造成的损伤差异很大。水淹时间以小时为单位,通常分为

6级,见表3-11。

水淹车等级划分　　　　　　　　　　表3-11

| 等级 | 1级 | 2级 | 3级 | 4级 | 5级 | 6级 |
| --- | --- | --- | --- | --- | --- | --- |
| 时间 | $t\leq 1h$ | $1h<t\leq 4h$ | $4h<t\leq 12h$ | $12h<t\leq 24h$ | $24h<t\leq 48h$ | $t>48h$ |

2. 汽车水灾损失鉴定

1) 水淹高度为1级时的损失鉴定

当汽车的水淹高度为1级时,可能造成的受损零部件主要是制动盘和制动毂。损坏形式主要是生锈。生锈的程度主要取决于水淹时间的长短以及水质。通常情况下,无论制动盘和制动毂的生锈程度如何,所采取的补救措施主要是四轮的保养。因此,当汽车的被淹高度为1级,被淹时间也为1级时,通常不计损失;被淹时间为2级或2级以上时,水淹时间对损失金额的影响也不大,损失通常为0.1%左右。

2) 水淹高度为2级时的损失鉴定

当汽车的水淹高度为2级时,除造成1级水淹高度时所造成的损失以外,还会造成以下损失:四轮轴承进水;全车悬架下部连接处因进水而生锈;配有ABS的汽车的轮速传感器失准;地板进水后车身地板如果防腐层和油漆层本身有损伤就会造成锈蚀;少数汽车将一些控制模块置于地板上的凹槽内(如上海大众帕萨特B5),会造成一些控制模块损毁(如果水淹时间过长,被淹的控制模块有可能彻底失效)。损失通常为0.5%~2.5%。

3) 水淹高度为3级时的损失鉴定

当汽车的水淹高度为3级时,除造成2级水淹高度所造成的损失以外,还会造成以下损失:座椅受潮和污染;部分内饰受潮和污染;真皮座椅和真皮内饰损伤严重。一般说来,水淹时间超过24h以后,还会造成:桃木内饰板分层开裂;车门电动机进水;变速器、主减速器及差速器可能进水;部分控制模块被水淹;起动机被水淹;中高档车行李舱中CD换片机、音响功放被水淹。损失通常为1.0%~5.0%。

4) 水淹高度为4级时的损失鉴定

当汽车的水淹高度为4级时,除造成3级水淹高度所造成的损失以外,还可能造成以下损失:发动机进水;仪表台部分音响控制设备、CD机、空调控制面板受损;蓄电池放电、进水;大部分座椅及内饰被水淹;音响的喇叭全损;各种继电器、熔断器盒可能进水;所有控制模块被水淹。损失通常为3.0%~15.0%。

5) 水淹高度为5级时的损失鉴定

当汽车的水淹高度为5级时,除造成4级水淹高度所造成的损失以外,还可能造成以下损失:全部电器装置被水浸泡;发动机严重进水;离合器、变速器箱、后桥可能进水;绝大部分内饰被浸泡;车架大部分被浸泡。损失通常为10.0%~30.0%。

6) 水淹高度为6级时的损失评估

当汽车的水淹高度为6级时,汽车所有零部件都受到损失。损失通常为25.0%~60.0%。

3. 水淹事故车的鉴别方法

(1) 检查发动机舱内的照明灯和信号灯组的固定脚架是否断裂或松脱。检查电线接头及插座,如果内有大量泥沙或附着有锈斑,表明可能为水淹车。

(2)检查保险杠减振材料和防撞钢梁之间,如果有大量泥沙或锈斑,则表明可能为水淹车。

(3)检查隔音棉及发动机舱盖,如隔音棉与舱盖之间有较多泥沙,且发动机舱盖螺丝有拆卸痕迹,但隔音棉无拆卸痕迹,则表明可能为水淹车。

(4)检查水箱及空调散热器,散热片缝隙中如有大量泥浆,则表明可能为水淹车。

(5)检查仪表台里面各部件,如有泥沙、水渍痕迹则表明可能为水淹车。

(6)检查乘员舱饰板内侧及底板表面,如有泥沙、水渍和锈蚀痕迹则表明可能为水淹车。

(7)车身各死角也是判定是否是水淹车的关键部位。

4.汽车发生水灾的处理

车辆进水后,如不采取合理的方法处理,会造成更大的损失。因此,一旦出现车辆进水,应采取以下措施:

1)尽快脱离水域

全车断电,脱离时将变速器置于"空挡",以免反拖时发动机运转,导致活塞、连杆、汽缸等处的损坏加剧。

2)严禁水中起动汽车

汽车因进水熄火后,绝对不能抱着侥幸心理贸然起动,否则会造成发动机进水,引起发动机的机件损坏。当汽车被水浸入时,应马上熄火,及时求援并拨打报案电话。实践证明,大多车辆在水中熄火后,再次尝试起动发动机的驾驶人大约占到90%。

3)及时拆检

对电控单元、音响、仪表、继电器、电机、开关等电器设备进行排水、清洗并风干,避免因进水引起电器件氧化、锈蚀、短路。现代汽车,特别是乘用车的设计,电气系统与电气设备众多,多以电控单元的形式出现,所有的电控单元多以印刷电路为主。雨水呈酸性,对印刷电路具有一定的腐蚀性,氧化锈蚀会损坏电路板。

4)检查发动机汽缸内(燃烧室)是否进水

将火花塞/喷油嘴全部拆下,转动曲轴,如汽缸进了水,则从火花塞螺孔处会有水流出。如转动曲轴时感到有阻力,说明发动机内部机件可能损坏,如连杆弯曲或断裂。此时勿用工具强行转动,应查明原因,排除故障,否则会扩大损失!

5)查看机油

抽出机油尺,查看机油量和颜色,如机油量增多了,颜色呈乳白色或有水珠,说明机油里已进入水,要将润滑油全部放掉,清洗发动机后更换新的润滑油。

6)润滑汽缸

如果机油检查未发现有异常,可向汽缸内注入少量机油(约10~15ml),转动曲轴数次,以保养汽缸壁。

7)清理变速器内部

对手动变速器(MT)应将齿轮油放出,对内部进行清洗,然后更换新的齿轮油;对自动变速器(AT、CVT、DCT),如果进水较轻,可用专用换油机循环换油,直至无乳化现象。进水较重者,则需要对变速器解体、清洗、检测,内部配件如有损坏则要更换新件,最后更换新变速器油。

8) 全车维护

整车被水浸泡,除按以上排水方法进行处理外,还要对全车进行保养。全面检查、清理进水部位,通过除锈、润滑、紧固等方式,恢复汽车性能。

9) 发动机排气系统排水

排气系统主要机件有三元催化器、氧传感器和消音器。排气系统进水后,造成发动机排气不畅、排气背压增大,影响发动机的性能。应对三元催化器、消音器进行清洗和烘干,对氧传感器进行清、洗烘干并检测。

5. 汽车水灾损失分析

车辆水淹事故通常分为两种:静态——停放时被水侵入甚至淹没;动态——行驶时发动机汽缸因吸入水而熄火,或在强行涉水未果、发动机熄火后被水淹没。

(1) 静态进水损坏。静态下,如车内浸水,会造成内饰、电路、空滤器、排气管等部位受损,有时汽缸内也会进水。即使不起动发动机,也会造成内饰浸水、电路短路、空滤器、排气管和发动机浸水生锈等;电喷发动机因短路会造成无法着火;如强行起动,极有可能导致损坏。

(2) 动态发动机缸内进水问题。动态条件下进水,由于发动机转速不同、车速不等、进气管口安装位置有别、汽缸吸入水量不一等,所造成的损坏不同。车辆高速时发动机吸入水,有可能导致连杆弯曲、折断、活塞破碎、缸体被连杆捣坏等故障。

(3) 因进水导致自然熄火,虽然没有再次起动发动机,也将相关零部件进行了清洗,但个别车辆运行一段时间后,又出现了"捣缸"恶性事故。这是因为发动机进水后造成了连杆的轻微弯曲,修理人员没有仔细测量或疏忽大意,致使车辆运行过程中连杆一直受附加的交变应力作用,当弯曲部位达到疲劳极限时,就会发生断裂从而产生"捣缸"事故,并且这种情况相当普遍,应引起高度重视。

6. 汽车水灾主要部件的鉴定

水灾事故损失主要部件有:发动机、变速器、驱动桥、电子电器、装饰件、车身、涂层。水淹高度达到5级以上时,这些部件都有可能损坏。

1) 发动机

检查缸内(燃烧室)是否进水:将火花塞/喷油嘴全部拆下,转动曲轴,如汽缸进了水,则从火花塞螺孔处会有水流出。如转动曲轴时感到有阻力,说明发动机内部机件可能损坏(如连杆弯曲),勿用工具强行转动,要查明原因,排除故障,以免扩大损失;拔出油尺查看机油油量和颜色,如油量增多且呈乳白色或有水珠,说明发动机进水。汽车因进水熄火后,鉴定时绝对不能贸然起动,否则会造成发动机进一步损坏。

2) 变速器、驱动桥

检查变速器、驱动桥内是否进水:变速器油、驱动桥油是否有乳化现象。特别是自动变速器进水,可能会造成离合器摩擦片的脱落、阀体锈蚀,电磁阀、传感器的损坏,清洗也比较复杂,需用专用设备,且更换需要的自动变速器油量要比正常保养时多得多。

3）电子电器

(1) 电机、开关、熔断器盒、继电器、电磁阀、传感器、执行器水淹后，主要表现为阻值变化。对其清洗烘干并进行测量，以判断该电器元件是修理还是更换。

(2) 电控单元，如车上的发动机、变速器、方向机、ABS、SRS、车身等控制电脑一旦进水，如果及时清洗可能不会损坏，但如果水是酸性或碱性的，电控单元很难保全，通常需要更换。

(3) 电缆线束，如高压线、信号线、CAN 线、屏蔽线、高压线、搭铁线等，水淹潮湿，端子锈蚀后，应对其清洗烘干并进行测量，以判断该电缆线束是修理还是更换。

4）装饰件

装饰件水淹，如不及时处理，会造成其变色、变形、起泡、污染、霉变等。应及时进行拆检、清理、平整、烘干或晾晒，皮质装饰件还要上蜡，否则会使损失扩大。

5）车身涂层

车身水淹后，车身锈蚀部位会在水的酸碱作用下发生电化学反应，造成该部位进一步被锈蚀，漆面也会因为水的酸碱性和泥沙而出现老化。车身清理后，要及时做防腐处理和漆面的上蜡保护。

有些底盘部分零部件水淹后也会出现损坏，如轮毂轴承、悬架球头、传动轴万向节以及排气系统的三元催化器等，在鉴定过程中也要仔细检查，以确定损失。

## 3.2.5　火灾事故车损伤状况鉴定

无论是自燃还是外燃，只要是发动机舱或车厢发生严重火烧，燃烧面积较大、机件损坏严重的机动车都称为过火车辆。车辆严重过火，车身结构件就会出现退火变软，机械部件烧损变形，电器元件烧熔，因此过火车辆一般都作报废处理。但对局部过火，只有个别非重要零部件损坏，并且救援及时，主要部件未受损伤，经修复后不影响车辆安全性能，这样的车辆不能定为过火车辆。

1. 汽车火灾分类

通常按车辆损坏程度分为整体燃烧和局部燃烧。

1）整体燃烧

整体燃烧是指：发动机舱内线路、电器、发动机附件烧损，驾驶舱内仪表台、内装饰件、座椅烧损，机械件壳体烧融变形，车体金属（钣金件）件脱炭（材质内部结构发生变化），表面漆层大面积烧损，这种情况下的汽车损坏通常是非常严重的。

2）局部烧毁

局部烧毁分三种情况：

(1) 发动机舱着火造成发动机前部线路、发动机附件、部分电器、塑料件烧损。

(2) 车身壳体或驾驶室内着火，造成仪表台、部分电器、装饰件烧损。

(3) 货运车辆货箱着火。

2. 汽车发生火灾的因素

汽车发生火灾离不开三要素：火源、可燃物、助燃剂。大气中的氧气提供了充足的助燃剂,引起火灾的火源和可燃物有很多,因此汽车起火的原因也不同。只有充分了解引起汽车火灾的火源和可燃物才能正确判定起火原因。

1) 火源

按火源类型可分为明火源、电气火源、炽热表面、机械故障和遗留火种。

(1) 明火源。能够引发车辆火灾的明火源有:外来火源,发动机漏电、热辐射,车用可燃液体泄漏后被点燃,排气系统热辐射,机械事故摩擦生热。

(2) 电气火源。能够引发汽车火灾的电气火源有:导线一次短路、负荷过载等故障。汽车导线及用电设备电路连接器的接插件发生接触不良、局部过热等电热故障;汽车电器设备使用不当或发生故障,如点烟器、座椅加热器以及柴油发动机预热器等;汽车用电设备产生电火花具有点燃可燃气体并引发火灾的可能。

(3) 炽热表面。炽热表面不仅能够点燃滴落于其上的可燃液体,而且能够烤燃周围的可燃物,汽车的炽热表面有:三元催化转换器;涡轮增压器;排气歧管;其他排气装置。

(4) 机械故障。能够引发汽车火灾的机械故障有:汽车行驶过程中,运转的零部件之间发生干涉摩擦产生火花,点燃可燃气体引发火灾;汽车行驶过程中,零部件与路面发生的刮擦碰撞产生火花,点燃可燃气体引发火灾;传动皮带、轴承和轮胎可因摩擦生热起火。

(5) 遗留火种。能够引发汽车火灾的遗留火种有:烟头接触到座椅材料,能够引发火灾;未熄灭的火柴,能够点燃烟灰缸内的堆积物并引发火灾;车内一次性打火机,受热后发生爆炸等故障,能够引发火灾。

2) 可燃物

按可燃物的状态可分为:液气可燃物、固体可燃物。

(1) 液气可燃物。天然气、压缩天然气、燃油料蒸气、汽油、柴油、机油、齿轮油、变速器油、助力油、液压油、制动液等。

(2) 固体可燃物。车用塑料,如内饰板、灯罩、绝缘外皮等;车用橡胶,如轮胎、密封制品、减振制品、胶管、胶带等;车用织物,如坐垫、毛毡垫、防水篷布等;涂料(油漆涂层);低熔点金属,如铝及其合金等。

3. 火灾事故车的鉴别方法

在二手车鉴定评估过程中,识别火灾事故车是一件很困难的事情。这里仅介绍几点鉴别火灾事故车的技巧:

(1) 检查驾驶舱内有无刺鼻气味、是否有烧焦的味道;检查内饰、地板有无过火痕迹;检查漆面是否完好。

(2) 检查发动机舱内外是否有重新喷漆的痕迹,检查发动机舱死角是否有熏黑的痕迹。仔细检查车身,重点观察车门和前后翼子板外表面是否有重新喷漆的痕迹。

(3) 检查发动机舱盖内衬、防火墙、防火墙内衬有无火烧或熏黑痕迹,再仔细检查发动机电器部件是否有大量更换现象。

(4) 检查发动机和车身线束是否有更换、局部有无火烧痕迹;如果更换过线束,再仔细检查线束接口是否与原厂线束一致,以及有无瘤状及熏黑痕迹,从而判断车辆火灾的发生情况。

(5) 检查发动机舱和驾驶舱内的熔断器盒,如果被更换或者上面有熏黑的痕迹,就应怀疑是火灾事故车。

（6）检查驾驶舱的内饰是否有整体大量更换迹象。内饰主要指地板、座椅、中控台等有塑料和真皮的地方。如果车内火灾不算太严重，卖主通常不会对这些地方进行太细致的处理，这时候往往就会留下细微熏黑的痕迹或烧焦后的瘤状残迹，只要用心观察就能分辨。

（7）检查行李舱的内饰是否有整体大量更换迹象。

由于火灾事故车的车身强度有很大下降，故障率很高，其价值影响很大，所以鉴定评估二手车要特别警惕火灾事故车。

4. 火灾事故车起火原因鉴定

车身壳体与汽车内部燃烧残留痕迹和损伤痕迹，常用于起火点的确定和火灾原因的认定；证人证言，实验室的技术鉴定报告，机械故障或电气故障的维修记录，生产厂家的召回通知等，都有助于汽车火灾原因的认定。

1）现场勘验

（1）环境勘验。保护现场，观察火灾现场全貌。汽车周围的建筑物、公路设施、植被情况、风向、汽车的停放状态、轮胎留下的痕迹等。观察汽车车身燃烧痕迹，根据上述物体的燃烧残留，分析并确定火灾蔓延的方向。

（2）车辆勘验。

①识别车辆。

通过车辆识别代码（VIN）和铭牌，准确确定车辆的制造商、产地、车身类型、结构、发动机类型、特殊配置、年款、装配厂和生产序列号等信息。

②综合勘验。

A. 按照烧损最轻至烧损最重的顺序，确定起火部位，对汽车进行更为细致的勘验，继而确定起火点的具体位置。

B. 针对性地对火灾涉及的系统进行勘验，确定其烧损状态，分析能够引发火灾的各种因素。

C. 相同类型车辆对比或者查阅相关资料，以确保对各个环节都进行勘验。

③勘验汽车各个系统。

A. 发动机。发动机故障导致的火灾有：

机械故障：发动机部分零部件或某个零件从工作位置高速飞出（如"捣缸"）；润滑油从机械故障形成的破洞中泄漏，并且被炽热表面点燃。

润滑油泄漏：润滑油泄漏滴落在排气管上引发火灾；停车后润滑油的泄漏也可能导致汽车火灾；发动机内缺少润滑油，导致机械零件高温和突然失效，能够引发火灾。

发动机过热：发动机风扇的传动皮带断裂，导致发动机过热，并引发火灾。

燃料供给系统：燃油管、燃气管路、喷油泵、喷油器、分配器、减压阀或燃料供给系统某一部位出现泄漏点后，泄漏的燃料从破损的微孔喷雾形成蒸气，遇到明火和炙热高温，就会发生火灾。

涡轮增压器：涡轮增压器是整个发动机系统温度最高的部位，其产生的热量可以点燃与之接触的燃油或其他可燃物；涡轮增压器漏油，可导致其工作温度进一步升高，泄漏出的燃油可被点燃并引发火灾。

排气系统:排气歧管和三元催化器处的温度在343℃以上,遇到燃料、润滑油和液压油能够引发火灾。

B.汽车电气系统。电气系统导致的火灾有:

汽车受到冲撞后,铅酸蓄电池外壳破损并释放氢气,能够被微弱的火源点燃。但是,炽热表面很难点燃氢气。

汽车停车或者点火开关关闭之后,汽车仍有部分电器电路带电(如起动机、发电机、冷却风扇),并且存在发生电气故障并引发火灾的危险性。

C.传动系统。传动系统导致的火灾主要发生在变速器上。

变速器液面过高,油液外溢滴落到排气系统上引发火灾。

自动变速器传动液泄漏,并滴落到排气系统上引发火灾。

超载,温度过高,造成喷溅引发火灾。

D.制动系统。制动系统导致的火灾主要有:

液压制动系统在高压条件下工作,微小的泄漏能导致制动液喷溅,并能被火源点燃;制动过载,制动片与制动鼓过热引燃轮胎,从而引发火灾。

E.附属设备。空调压缩机、转向助力泵、空气压缩机和真空泵等,这些设备都会在发生机械故障时产生高温和火星,也同样存在引发车辆火灾的可能。

④起火点的勘验。

A.起火点在汽车内部的勘验。起火部位在汽车内部,应对起火点附近的汽车火灾痕迹进行勘验,包括:

a.勘验油料泄漏痕迹。主要检查部位:

检查油箱状态;记录加油管状态;检查供油管和回油管状态;检查润滑油、传动液、转向助力液的容器及连接管路状态,确定过热燃烧或泄漏到排气管或排气歧管上形成的炭化痕迹。

b.勘验电路的电气故障。主要检查下列痕迹:

汽车用电设备导线的熔痕;导线和用电设备接插件的熔痕;周围金属件的熔痕;用电设备内部电气连接件的熔痕;熔丝、熔丝链规格;蓄电池极柱与电源线连接件的接触痕迹。

c.检查开关、手柄和操纵杆的位置。主要检查下列位置:

检查并记录驾驶室内各开关的位置,确定开关是否处于"接通"状态;确定门窗玻璃开闭状态。重点确定玻璃是机械力破坏造成的炸裂,还是明火燃烧所造成的炸裂,并观察窗玻璃炸裂的形状、烟熏程度、玻璃落地位置;变速器操纵杆的挡位;检查点火开关的位置。

d.检查发动机、排气系统机件附近有无可燃物;可燃物的炭化物痕迹。

e.检查遗留火种。遗留火种主要有:

烟头(中心点温度800℃):起火点多在驾驶舱或储物盒内的可燃物上,具有"阴燃"起火的特征。玻璃一侧烟熏严重且烧熔,起火后燃烧严重的部位是上部;打火机:检查仪表板上、驾驶室座椅上、下部等,是否存在一次性打火机的残留物。

f.检查车内携带的危险品。汽车火灾还涉及轿车的行李舱,货车车厢、客车行李舱等。确定起火部位在这一区域后,应当确定储存区域内存放的物品,并对燃烧残留物进行勘验。从而确定该部物品是否存在火灾风险并引发火灾。

B.起火部位在汽车外部的勘验。人为放火、排气系统机件烤燃地表可燃物、轮胎过热等原因引发汽车火灾后,火灾的起火部位大都在汽车外部,需对相关部位进行全面勘验,并准确认定汽车火灾原因。

a.人为放火。放火者通常使用助燃剂,在轮胎附近、车顶盖上、驾驶室内以及行李舱内等处实施放火;使用助燃剂的放火火灾,具有猛烈燃烧的特征。短时间内,大量的热能导致玻璃在没有形成烟尘积炭前就开始破碎或熔化,且烟熏轻微。故确定起火点之后,在其附近提取物证。如玻璃烟尘、车身烟尘、炭化残留物及地面泥土等物证进行检测,确定汽车火灾是否是由放火引起的。

b.排气系统机件处起火。应当检查汽车底盘下地面存在的可燃物及燃烧的情况。干草、干树叶或其他易燃物,接触到过热的排气管或催化转化器后能够被点燃。

c.轮胎过热起火。汽车下坡过程中长时间使用制动,其制动鼓过热从而引发轮胎起火;双轮胎并装货车,两条轮胎同时气压不足或其中一条轮胎爆裂后继续行驶,两轮胎之间或轮胎和路面之间摩擦引发轮胎起火。需对轮胎部位的燃烧痕迹进行详细勘验,以确定起火原因。

2)汽车火灾现场记录

(1)勘验记录。绘制现场简图:能准确地表示出汽车发生火灾时的位置;标明目击者位置及其与车辆的距离;把勘验笔录按照汽车零件及其系统分类;记录散落的零部件及残留物位置和状况;记录反映出火灾蔓延的方向、起火部位和起火点特征;汽车各部位及周围物体的燃烧残留痕迹。

(2)调查询问。分别对驾驶员、乘客、目击者等进行独立调查询问,从中获得有助于现场勘验的信息。为获得火灾发生前汽车状况的相关信息,火灾调查人员应当向驾驶员或车主询问以下问题:

最后一次行驶的时间及行驶距离、总里程数;运转是否正常(失速、电气故障);最后一次维护的情况(换油、维修);最后一次加油的时间及汽车油量;停车的时间和地点;是否加装或改装。

如果是行驶过程中起火,应补充询问以下问题:

已经行驶的距离、行驶的路线;是否装有货物、是否加挂其他车辆;车辆运转是否正常;在何时、从何处先出现异味、烟或火焰;行驶过程中有何症状;驾驶员当时的行为;观察到的现象;采取何种措施进行扑救及如何扑救;消防人员到达之前,火灾持续燃烧的时间;火灾燃烧的总时间。

(3)现场拍照。拍摄现场全景照片和细目照片:对汽车火灾现场进行拍照;将车辆拖走之后可对地面进行拍照;应当从不同的角度,拍摄汽车车身、底盘及车厢内部全貌照片,能够反映火灾蔓延方向、起火部位及起火点特征的照片;在清理过程中应拍照,以便记录各个物品的原始位置;先整体、后局部、分角度、拍细目。

3)物证提取和鉴定

提取可确定起火原因的汽车火灾物证,包括:

烟尘、炭化物;外来易燃液体及容器;车内储存的火灾危险品;泄漏的油品;带有熔痕的导线;用电设备;失效的零件。

4)汽车火灾原因认定

汽车火灾原因认定基本条件:分析火灾蔓延方向,确定起火部位及起火点;根据实际火灾情况收集、提取相关的物证,并进行必要的物证鉴定;综合现场勘验和物证分析的情况,认定汽车火灾的原因。

(1)电气故障原因认定的条件。根据火灾燃烧痕迹特征,经现场勘验和调查询问等工作,确定起火部位;起火部位大多在发动机舱或仪表板附近;在起火部位发现电气线路或电气设备发生故障,并提取到相关金属熔痕等物证;物证经专业火灾鉴定机构进行鉴定分析,结论为一次短路熔痕或火灾前电热熔痕,如图3-26所示;结合火灾现场实际情况,从而排除其他汽车火灾的可能性。

(2)油品泄漏原因认定的条件。通常情况下汽车处于行使状态,发动机舱内油品燃烧后残留的烟熏痕迹较重,同时起火初期大多数情况下冒黑烟,且当事驾驶人反映汽车起火前动力有不正常现象;起火部位可以确定在发动机舱内或底盘下面;在发动机舱内重点过热部位,如发动机缸体外壁、排气歧管、排气管等,发现有机油、柴油、ATF等油品燃烧残留物黏附其表面,同时找到存在的泄漏点。

经现场勘验,在发动机舱内未发现有电气线路或电气设备的故障点,或者存在相关电气物证,物证鉴定结果均为二次短路熔痕,如图3-27所示;结合现场勘验和调查询问情况,可以排除放火等人为因素引发火灾的可能性。

图3-26 一次短路熔痕

图3-27 二次短路熔痕

(3)放火原因认定的条件。根据火灾燃烧痕迹特征,经现场勘验和调查询问,基本可以确定起火部位。起火部位通常在车外;存在一个或多个起火点,且大都在驾驶舱内、发动机舱前部、前后轮胎、油箱附近等;经调查询问等工作,存在骗保或报复因素;在起火部位附近有选择地提取相关物证,如窗玻璃附着烟尘、车体外壳附着烟尘、炭化残留物、地面泥土烟尘、可疑物品残骸以及事发现场附近墙壁、树干、隔离带等表面附着的烟尘等;再经专业机构检测分析,结果为存在汽油、煤油、柴油或油漆稀释剂等助燃剂或燃烧残留成分,且分析结果为助燃剂含量较大。通过专业机构检测、现场勘验和技术分析,排除汽车自身油品引起的火灾。

(4)遗留火种原因认定的条件。遗留火种主要指烟头,经调查询问车内人员的吸烟习惯以及从离开车辆至起火的时间,再经现场勘验,就可以确定起火部位。起火部位绝大多数在驾驶舱内。对于货车,可能在储物舱内;经现场勘验,在发动机舱内未发现有电气线路或电气设备的故障点,或者存在相关电气物证,物证鉴定结果均为二次短路熔痕等;在起火部位存在阴燃起火特征,且有局部燃烧炭化严重现象;可以排除人为因素起火的可能性;

5)特殊情况下的火灾认定

(1)勘验移离现场的汽车火灾。在勘验前,应当尽量收集火灾现场的相关信息,包括汽车移走的日期、时间、地点,驾驶人、乘客和目击者的笔录,汽车当前的存放位置和被移走的方式等。

汽车零件如果缺失,就应当确定该零件是在火灾发生前已经缺失,还是在火灾发生后掉落缺失的。

过火车辆受环境的影响较大,特别是金属表面的痕迹容易发生氧化。存放发生火灾的汽车时,应当用帆布或其他毡布遮盖整个汽车。

在勘验汽车之后,应当对汽车火灾现场进行勘验。

(2)勘验专用汽车火灾。专用汽车包括消防车、救护车、汽车吊车、矿山开采用车、林业用车及大型农用车等满足专业作业要求的汽车。

专用汽车除存在普通汽车发生火灾的可能性之外,其特有的结构也存在发生火灾的危险性。除常规勘验之外,还应当了解该汽车特殊构造的及其工作原理,分析各种火灾的危险性。

## 3.3 二手车技术状况的评定与分级

### 3.3.1 评定内容及原则

根据 GB/T 30323—2013《二手车鉴定评估技术规范》(下称"规范"),二手车技术状况评定的内容有:车身评定、发动机舱评定、驾驶舱评定、起动评定、路试评定、底盘评定和功能性零件评定。

二手车技术状况评定原则:依据 GB/T 30323—2013《二手车鉴定评估技术规范》。

### 3.3.2 技术状况分级与评定

1. 二手车技术状况综合评定

汽车经过一段时间的使用后,技术状况将发生各种变化,这种变化与行驶里程的长短以及运行条件、使用强度、维修质量等不同而各有差异。二手车技术状况的综合评定就是运用静态检查、动态检查和仪器检测后得出的各种结果,对规定检查项目赋予分值,并根据分值对二手车技术状况进行等级划分,做出综合评定。

2. 二手车技术状况评定等级

二手车技术状况分为五级,见表3-12。一般来说,一级车是指车辆技术状况良好;二级车是指车辆技术状况一般;三级车是指车辆技术状况比较差;四级车是指车辆有事故(非车体结构损伤)、水淹、火烧痕迹等;五级车为事故车。

**车辆技术状况等级分值对应表**　　　　　　　　　　表3-12

| 技术状况等级 | 分值区间 | 技术状况等级 | 分值区间 |
|---|---|---|---|
| 一级 | 鉴定总分≥90 | 四级 | 鉴定总分<20 |
| 二级 | 60≤鉴定总分<90 | 五级 | 事故车 |
| 三级 | 20≤鉴定总分<60 | | |

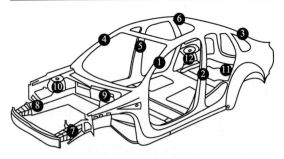

图3-28 车体结构示意图

1-左A柱;2-左B柱;3-左C柱;4-右A柱;5-右B柱;6-右C柱;7-左前纵梁;8-右前纵梁;9-左前减振器悬架部位;10-右前减振器悬架部位;11-左后减振器悬架部位;12-右后减振器悬架部位

3. 判别事故车

(1) 使用漆面厚度检测设备配合对车体结构部件进行检测;使用车辆结构尺寸检测工具或设备检测车体左右对称性。

(2) 参照图3-28所示车体部位(代码2~13),按照表3-13要求检查车辆外观,判别车辆是否发生过碰撞、水淹和火烧,以确定车体结构是完好无损或者有事故痕迹。

(3) 根据表3-13、3-14对车体状态进行缺陷描述,即:车身部位+状态。例:4SH,即:左C柱有烧焊痕迹。当表3-13中任何一个检查项目存在表3-14中对应的缺陷时,则该车为事故车。

注意,事故车的车辆技术鉴定和价值评估不在本"规范"的范围之内。

**车体部位代码表**　　　　　　　　　　表3-13

| 序号 | 检查项目 | 序号 | 检查项目 |
|---|---|---|---|
| 1 | 车体左右对称性 | 8 | 左前纵梁 |
| 2 | 左A柱 | 9 | 右前纵梁 |
| 3 | 左B柱 | 10 | 左前减振器悬架部位 |
| 4 | 左C柱 | 11 | 右前减振器悬架部位 |
| 5 | 右A柱 | 12 | 左后减振器悬架部位 |
| 6 | 右B柱 | 13 | 右后减振器悬架部位 |
| 7 | 右C柱 | | |

**车辆缺陷状态描述对应表**　　　　　　　　　　表3-14

| 代表字母 | BX | NQ | GH | SH | ZZ |
|---|---|---|---|---|---|
| 缺陷描述 | 变形 | 扭曲 | 更换 | 烧焊 | 褶皱 |

4. 二手车技术状况鉴定评分

二手车的技术状况鉴定的检查内容分为车身外部检查、发动机舱检查、驾驶舱检查、起动检查、路试检查、底盘检查、车辆功能性零部件等七大部分,前六项分别按权重20%、20%、10%、20%、15%、15%确定分值,车辆功能性零部件项目只进行描述,不予计分。最后根据所有项目技术状况鉴定所得分值之和确定二手车技术等级。二手车的技术状况鉴定评分项目及分值分配见表3-15。

评分项目及分值分配　　　　　　表3-15

| 序　号 | 项目内容 | 分　数 |
|---|---|---|
| 1 | 车身外观部位检查 | 20 |
| 2 | 发动机舱检查 | 20 |
| 3 | 驾驶舱检查 | 10 |
| 4 | 起动检查 | 20 |
| 5 | 路试检查 | 15 |
| 6 | 底盘检查 | 15 |
| 7 | 车辆功能性零部件 | 进行描述不计分 |
| 总分 | | 100 |

注：以上各项检查最高分值不能超过该检查项目的规定分数，各项检查扣分的最低分值不能低于0分。

1）车身外观部位检查与评分

车身外观展开图如图3-29所示。车身外观检查是二手车技术状况检查最基本的部分。应使用车辆外观缺陷测量工具与漆面厚度检测仪器，结合目测法对车身外观进行检测。检查时应该按照车身部位分前后、左右、上下仔细观察，不要漏点。

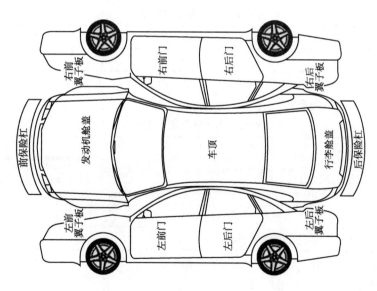

图3-29　车身外观展示意图

检查时，尤其要注意是否是事故修复车。只要仔细观察车身外表、翼子板、保险杠、车门、门框、车窗玻璃、车灯、后视镜等外观部件，就能发现该车是否是事故修复车、事故的程度和车辆的保养等情况。而轮胎磨损量和磨损情况又可以判断出车辆的使用强度和底盘的技术状况等。

车身外观部位代码与评分表见表3-16。

**车身外观部位代码与评分表**　　　　表3-16

| 序号 | 部位 | 代码 | 扣分 0.5 | 1 | 1.5 | 序号 | 部位 | 代码 | 扣分 0.5 | 1 | 1.5 |
|---|---|---|---|---|---|---|---|---|---|---|---|
| 1 | 发动机舱盖表面 | 14 | | | | 14 | 后保险杠 | 27 | | | |
| 2 | 左前翼子板 | 15 | | | | 15 | 左前轮 | 28 | | | |
| 3 | 左后翼子板 | 16 | | | | 16 | 左后轮 | 29 | | | |
| 4 | 右前翼子板 | 17 | | | | 17 | 右前轮 | 30 | | | |
| 5 | 右后翼子板 | 18 | | | | 18 | 右后轮 | 31 | | | |
| 6 | 左前车门 | 19 | | | | 19 | 前大灯 | 32 | | | |
| 7 | 右前车门 | 20 | | | | 20 | 后尾灯 | 33 | | | |
| 8 | 左后车门 | 21 | | | | 21 | 前风窗玻璃 | 34 | | | |
| 9 | 右后车门 | 22 | | | | 22 | 后风窗玻璃 | 35 | | | |
| 10 | 行李舱盖 | 23 | | | | 23 | 四门风窗玻璃 | 36 | | | |
| 11 | 行李舱内侧 | 24 | | | | 24 | 左后视镜 | 37 | | | |
| 12 | 车顶 | 25 | | | | 25 | 右后视镜 | 38 | | | |
| 13 | 前保险杠 | 26 | | | | 26 | 轮胎 | 39 | | | |

车身外观状态描述对应表见表3-17。

**车身外观状态描述对应表**　　　　表3-17

| 代码 | HH | BX | XS | LW | AX | XF |
|---|---|---|---|---|---|---|
| 描述 | 划痕 | 变形 | 锈蚀 | 裂纹 | 凹陷 | 修复痕迹 |

参照图3-29检查车身外观的26个项目,并根据表3-16和表3-17描述缺陷部位和状态。车辆外观损伤代码及程度描述对应表见表3-18。

**车辆外观损伤代码及程度描述对应表**　　　　表3-18

| 代码 | 程度 | 扣分 |
|---|---|---|
| 1 | 面积小于或等于100mm×100mm | 0.5 |
| 2 | 面积大于100mm×100mm,并小于或等于200mm×300mm | 1 |
| 3 | 面积大于200mm×300mm | 1.5 |
| 4 | 轮胎花纹深度小于1.6mm | 1 |

程度为1的扣0.5分,每增加1个程度加扣0.5分。共计20分,扣完为止。轮胎部分需高于程度4的标准,不符合标准时扣1分。

车身外观项目的转义表为"车身部位+状态+程度"。

例如:21XS2对应描述为:左后车门有锈蚀,面积为大于100mm×100mm,小于或等于200mm×300mm。

2)发动机舱检查与评分

发动机舱检查项目作业表见表3-19。按表3-19要求检查10个项目(代码40~49)。选择A不扣分,第40项选择B或C扣1分;第41项选择B或C扣5分;第44项选择B扣2

分,选择 C 扣 4 分;其余各项选择 B 扣 1.5 分,选择 C 扣 3 分。共计 20 分,扣完为止。

发动机舱检查项目作业表　　　　表 3-19

| 序号 | 代码 | 检查项目 | A | 扣分 | B | 扣分 | C | 扣分 |
|---|---|---|---|---|---|---|---|---|
| 1 | 40 | 机油有无冷却液混入 | 无 | 0 | 轻微 | 1 | 严重 | 1 |
| 2 | 41 | 缸盖外是否有机油渗漏 | 无 | 0 | 轻微 | 5 | 严重 | 5 |
| 3 | 42 | 前翼子板内缘、水箱框架、横拉梁有无凹凸或修复痕迹 | 无 | 0 | 轻微 | 1 | 严重 | 3 |
| 4 | 43 | 散热器格栅有无破损 | 无 | 0 | 轻微 | 1 | 严重 | 3 |
| 5 | 44 | 蓄电池电极桩柱有无腐蚀 | 无 | 0 | 轻微 | 2 | 严重 | 4 |
| 6 | 45 | 蓄电池电解液有无渗漏、缺少 | 无 | 0 | 轻微 | 1 | 严重 | 3 |
| 7 | 46 | 发动机传动带有无老化 | 无 | 0 | 轻微 | 1 | 严重 | 3 |
| 8 | 47 | 油管、水管有无老化、裂痕 | 无 | 0 | 轻微 | 1 | 严重 | 3 |
| 9 | 48 | 线束有无老化、破损 | 无 | 0 | 轻微 | 1 | 严重 | 3 |
| 10 | 49 | 其他 | 只描述缺陷,不扣分 | | | | | |

如检查第 40 项时发现机油有冷却液混入、检查第 41 项时发现缸盖外有机油渗漏,则应在《二手车鉴定评估报告》或《二手车技术状况表》的技术状况缺陷描述中分别予以注明,并提示修复前不宜使用。

3)驾驶舱检查与评分

驾驶舱检查项目作业表见表 3-20。按表 3-20 要求检查 15 个项目(代码 50~64)。选择 A 不扣分,第 50 项选择 C 扣 1.5 分;第 51、52 项选择 C 扣 0.5 分;其余项目选择 C 扣 1 分。共计 10 分,扣完为止。

如检查第 60 项时发现安全带结构不完整或者功能不正常,则应在《二手车鉴定评估报告》或《二手车技术状况表》的技术状况缺陷描述中予以注明,并提示修复或更换前不宜使用。

驾驶舱检查项目作业表　　　　表 3-20

| 序号 | 代码 | 检查项目 | A | C | 扣分 |
|---|---|---|---|---|---|
| 1 | 50 | 车内是否无水泡痕迹 | 是 | 否 | 1.5 |
| 2 | 51 | 车内后视镜、座椅是否完整、无破损、功能正常 | 是 | 否 | 0.5 |
| 3 | 52 | 车内是否整洁、无异味 | 是 | 否 | 0.5 |
| 4 | 53 | 转向盘自由行程转角是否小于 15° | 是 | 否 | 1 |
| 5 | 54 | 车顶及周边内饰是否无破损、松动及裂缝和污迹 | 是 | 否 | 1 |
| 6 | 55 | 仪表台是否无划痕。配件是否无缺失 | 是 | 否 | 1 |
| 7 | 56 | 排挡手柄及护罩是否完好、无破损 | 是 | 否 | 1 |
| 8 | 57 | 储物盒是否无裂痕,配件是否无缺失 | 是 | 否 | 1 |
| 9 | 58 | 天窗是否移动灵活、关闭正常 | 是 | 否 | 1 |
| 10 | 59 | 门窗密封条是否良好、无老化 | 是 | 否 | 1 |
| 11 | 60 | 安全带结构是否完整、功能是否正常 | 是 | 否 | 1 |

续上表

| 序号 | 代码 | 检查项目 | A | C | 扣分 |
|---|---|---|---|---|---|
| 12 | 61 | 驻车制动系统是否灵活有效 | 是 | 否 | 1 |
| 13 | 62 | 玻璃窗升降器、门窗工作是否正常 | 是 | 否 | 1 |
| 14 | 63 | 左、右后视镜折叠装置工作是否正常 | 是 | 否 | 1 |
| 15 | 64 | 其他 | | 只描述缺陷,不扣分 | |

4)起动检查与评分

起动检查项目作业表见表3-21。按表3-21要求检查10个项目(代码65~74)。选择A不扣分,第65、66项选择C扣2分;第67项选择C扣1分;第68~71项,选择C扣0.5分;第72、73项选择C扣10分。共计20分,扣完为止。

起动检查项目作业表　　　　表3-21

| 序号 | 代码 | 检查项目 | A | C | 扣分 |
|---|---|---|---|---|---|
| 1 | 65 | 车辆起动是否顺畅(时间少于5s或一次起动) | 是 | 否 | 2 |
| 2 | 66 | 仪表板指示灯显示是否正常,无故障报警 | 是 | 否 | 2 |
| 3 | 67 | 各类灯光和调节功能是否正常 | 是 | 否 | 1 |
| 4 | 68 | 泊车辅助系统工作是否正常 | 是 | 否 | 0.5 |
| 5 | 69 | 制动防抱死系统(ABS)工作是否正常 | 是 | 否 | 0.5 |
| 6 | 70 | 空调系统风量、方向调节、分区控制、自动控制、制冷工作是否正常 | 是 | 否 | 0.5 |
| 7 | 71 | 发动机在冷、热车条件下怠速运转是否稳定 | 是 | 否 | 0.5 |
| 8 | 72 | 怠速运转时发动机是否无异响,空挡状态下逐渐增加发动机转速,发动机声音过渡是否无异响 | 是 | 否 | 10 |
| 9 | 73 | 车辆排气是否无异常 | 是 | 否 | 10 |
| 10 | 74 | 其他 | | 只描述缺陷,不扣分 | |

如检查第66项时发现仪表板指示灯显示异常或出现故障报警,则应查明原因,并在《二手车鉴定评估报告》或《二手车技术状况表》的技术状况缺陷描述中予以注明。

优先选用车辆故障信息读取设备对车辆技术状况进行检测,结合人工检查结果对起动检查项目进行评分。

5)路试检查与评分

路试检查项目作业表见表3-22。按表3-22要求检查10个项目(代码75~84)。选择A不扣分,选择C扣2分。共计15分,扣完为止。

如果检查第80项时发现制动系统出现制动距离长、跑偏等不正常现象,则应在《二手车鉴定评估报告》或《二手车技术状况表》的技术缺陷描述中予以注明,并提示修复前不宜使用。

路试检查项目作业表　　　　表3-22

| 序号 | 代码 | 检查项目 | A | C | 扣分 |
|---|---|---|---|---|---|
| 1 | 75 | 发动机运转、加速是否正常 | 是 | 否 | 2 |
| 2 | 76 | 车辆起动前踩下制动踏板,保持5~10s,踏板无向下移动的现象 | 是 | 否 | 2 |
| 3 | 77 | 踩住制动踏板起动发动机,踏板是否向下移动 | 是 | 否 | 2 |
| 4 | 78 | 行车制动系最大制动效能在踏板全行程的4/5以内达到 | 是 | 否 | 2 |

续上表

| 序号 | 代码 | 检查项目 | A | C | 扣分 |
|---|---|---|---|---|---|
| 5 | 79 | 行驶是否无跑偏 | 是 | 否 | 2 |
| 6 | 80 | 制动系统工作是否正常有效、制动不跑偏 | 是 | 否 | 2 |
| 7 | 81 | 变速器工作是否正常、无异响 | 是 | 否 | 2 |
| 8 | 82 | 行驶过程中车辆底盘部位是否无异响 | 是 | 否 | 2 |
| 9 | 83 | 行驶过程中车辆转向部位是否无异响 | 是 | 否 | 2 |
| 10 | 84 | 其他 | | | 只描述缺陷,不扣分 |

6)底盘检查与评分

底盘检查项目作业表见表3-23。按表3-23要求检查8个项目(代码85~92)。选择A不扣分,第85、86项,选择C扣4分;第87、88项,选择C扣3分;第89、90、91项,选择C扣2分。共计15分,扣完为止。

**底盘检查项目作业表** 表3-23

| 序号 | 代码 | 检查项目 | A | C | 扣分 |
|---|---|---|---|---|---|
| 1 | 85 | 发动机油底壳是否无渗漏 | 是 | 否 | 4 |
| 2 | 86 | 变速器箱体是否无渗漏 | 是 | 否 | 4 |
| 3 | 87 | 转向节臂球销是否无松动 | 是 | 否 | 3 |
| 4 | 88 | 三角臂球销是否无松动 | 是 | 否 | 3 |
| 5 | 89 | 传动轴十字轴是否无松框 | 是 | 否 | 2 |
| 6 | 90 | 减振器是否无渗漏 | 是 | 否 | 2 |
| 7 | 91 | 减振弹簧是否无损坏 | 是 | 否 | 2 |
| 8 | 92 | 其他 | | | 只描述缺陷,不扣分 |

7)车辆功能性零部件检查

车辆功能性零部件项目表见表3-24。对表3-24所示部件功能进行检查(代码93~113)。结构、功能坏损的,直接进行缺陷描述,不计分。

**车辆功能性零部件项目表** 表3-24

| 序号 | 代码 | 类别 | 零部件名称 | 序号 | 代码 | 类别 | 零部件名称 |
|---|---|---|---|---|---|---|---|
| 1 | 93 | 车身外部件 | 发动机舱盖锁止 | 13 | 105 | 随车附件 | 备胎 |
| 2 | 94 | | 发动机舱盖液压撑杆 | 14 | 106 | | 千斤顶 |
| 3 | 95 | | 后门/行李舱液压支撑杆 | 15 | 107 | | 轮胎扳手及随车工具 |
| 4 | 96 | | 各车门锁止 | 16 | 108 | | 三角警示牌 |
| 5 | 97 | | 前后雨刮器 | 17 | 109 | | 灭火器 |
| 6 | 98 | | 立柱密封胶条 | 18 | 110 | 其他 | 全套钥匙 |
| 7 | 99 | | 排气管及消音器 | 19 | 111 | | 遥控器及功能 |
| 8 | 100 | | 车轮轮毂 | 20 | 112 | | 喇叭高低音色 |
| 9 | 101 | 驾驶舱内部件 | 车内后视镜 | 21 | 113 | | 玻璃加热功能 |
| 10 | 102 | | 座椅调节及加热 | | | | |
| 11 | 103 | | 仪表板出风管道 | | | | |
| 12 | 104 | | 中央集控 | | | | |

**8）填写二手车技术状况表**

在对二手车进行全面检查后，应规范填写《二手车技术状况表》，见表3-25，记录车辆基本信息、重要配置、是否为事故车、鉴定结果，并对车辆技术鉴定缺陷进行描述。

**二手车技术状况表**（示范文本） 表3-25

| 车辆基本信息 | 厂牌型号 | | 牌照号码 | |
|---|---|---|---|---|
| | 发动机号 | | VIN码 | |
| | 注册登记日期 | 年 月 日 | 表征里程 | 万km |
| | 品牌名称 | □国产 □进口 | 车身颜色 | |
| | 年检证明 | □有（至 年 月） □无 | 购置税证书 | □有 □无 |
| | 车船税证明 | □有（至 年 月） □无 | 交强险 | □有（至 年 月） □无 |
| | 使用性质 | □营运用车 □出租车 □公务用车 □家庭用车 □其他 | | |
| | 其他法定凭证、证明 | □机动车号牌 □机动车行驶证 □机动车登记证书 □第三者强制保险单 □其他 | | |
| | 车主名称/姓名 | | 企业法人证书代码/身份证号码 | |
| 重要配置 | 燃料标号 | | 排量 | | 缸数 | |
| | 发动机功率 | | 排放标准 | | 变速器形式 | |
| | 安全气囊 | | 驱动方式 | | ABS | □有 □无 |
| | 其他重要配置 | | | | | |
| 是否为事故车 | □是 □否 | 损伤位置及损伤状况 | | |
| 鉴定结果 | 分值 | | 技术状况等级 | |
| 车辆技术状况鉴定缺陷描述 | 鉴定科目 | 鉴定结果（得分） | 缺陷描述 | |
| | 车身检查 | | | |
| | 发动机舱检查 | | | |
| | 驾驶舱检查 | | | |
| | 起动检查 | | | |
| | 路试检查 | | | |
| | 底盘检查 | | | |

声明：

本二手车技术状况表所体现的鉴定结果仅为鉴定日期当日被鉴定车辆的技术状况表现与描述，若在当日内被鉴定车辆的市场价值或因交通事故等原因导致车辆的价值发生变化，对车辆鉴定结果产生明显影响时，本技术状况鉴定表不作为参考依据。

二手车鉴定评估师：_____ 鉴定单位：（盖章）_____

鉴定日期：___年___月___日

注：本二手车技术状况表由二手车经销企业、拍卖企业、经纪企业使用，作为二手车交易合同的附件。车辆展卖期间，放置在驾驶室前风挡玻璃左下方，为消费者提供参考。

## 5. 填写二手车鉴定评估作业表

二手车鉴定评估作业表见表3-26。二手车鉴定评估机构在对二手车进行技术状况鉴定时可按表3-26作业,因为该表涵盖了二手车基本信息、事故车信息、技术状况鉴定项目及评分,车辆技术等级,估价方法和初步评估结果等,能清晰表达二手车鉴定评估的全貌,是二手车鉴定评估的基础。

**二手车鉴定评估作业表**(示范文本) 表3-26

流水号　　　　　　　　　　　　　　　　　　鉴定评估日　　年　　月　　日

| 厂牌型号 | | 行驶里程 | 仪表 | km |
| --- | --- | --- | --- | --- |
| 牌照号码 | | | 推定 | km |
| VIN码 | | 车身颜色 | | |
| 发动机号 | | 车主姓名/名称 | | |
| 法人代码/身份证号码 | | 首次登记日期 | 使用性质 | |
| | | 年　月　日 | | |
| 年检证明 | □有(至　年　月)□无 | 车船税证明 | □有(至　年　月)□无 | |
| 交强险 | □有(至　年　月)□无 | 购置税证书 | □有　□无 | |
| 其他法定凭证、证明 | □号牌　□行驶证　□登记证书　□保险单　□其他 | | | |
| 是否为事故车 | □否　□是 | 损伤位置及损伤情况 | | |
| 车辆主要技术缺陷描述 | | | | |
| 总得分 | | | | |
| 技术等级 | | | | |
| 估价方法 | | | | |
| 参考价值 | | | | |
| 评估师(签章) | | | | |
| 评估师证号 | | | | |
| 审核人(签章) | | | | |
| 二手车鉴定评估结论 | 评估单位名称(盖章) | | | |

| | 车体骨架检查项目 | | | 驾驶舱检查 | 扣分 | |
| --- | --- | --- | --- | --- | --- | --- |
| 1 | 车体左右对称性 | | | 储物盒是否无裂痕,配件是否无缺失 | 是　否 | |
| 2 | 左A柱 | 8 | 左前纵梁 | 天窗是否移动灵活、关闭正常 | 是　否 | |
| 3 | 左B柱 | 9 | 右前纵梁 | 门窗密封条是否良好、无老化 | 是　否 | |
| 4 | 左C柱 | 10 | 左前减振器悬架部位 | 安全带结构是否完整、功能是否正常 | 是　否 | |

续上表

| | 车体骨架检查项目 | | | | | 驾驶舱检查 | | | 扣分 |
|---|---|---|---|---|---|---|---|---|---|
| 5 | 右A柱 | 11 | 右前减振器悬架部位 | | | 驻车制动系统是否灵活有效 | 是 | 否 | |
| 6 | 右B柱 | 12 | 左后减振器悬架部位 | | | 玻璃升降器、门窗工作是否正常 | 是 | 否 | |
| 7 | 右C柱 | 13 | 右后减振器悬架部位 | | | 左、后视镜折叠装置工作是否正常 | 是 | 否 | |
| 代表字母 | BX | NQ | GH | SH | ZZ | 其他 | | | |
| 描述 | 变形 | 扭曲 | 更换 | 烧焊 | 褶皱 | 合计扣分 | | | |
| 缺陷描述 | | | | | | 起动检查 | | | 扣分 |
| 事故判定 | | □事故车 □正常车 | | | | 车辆起动是否顺畅(时间少于5s,或一次起动) | 是 | 否 | |
| 代码 | 车身检查 | 扣分 | 缺陷描述 | | | 仪表板指示灯显示是否正常,无故障报警 | 是 | 否 | |
| 14 | 发动机舱盖 | | | | | 各类灯光和调节功能是否正常 | 是 | 否 | |
| 15 | 左前翼子板 | | 划痕 HH | | | 泊车辅助系统工作是否正常 | 是 | 否 | |
| 16 | 左后翼子板 | | 变形 BX | | | 制动防抱死系统(ABS)工作是否正常 | 是 | 否 | |
| 17 | 右前翼子板 | | 锈蚀 XS | | | 空调系统风量、方向调节、区分控制、自动控制、制冷工作是否正常 | 是 | 否 | |
| 18 | 右后翼子板 | | 裂纹 LW | | | | | | |
| | | | 凹陷 AX | | | | | | |
| 19 | 左前车门 | | 修复痕迹 XF | | | 发动机在冷、热车条件下怠速运转是否稳定 | 是 | 否 | |
| 20 | 右前车门 | | 缺陷程度 | | | 急速运转时发动机是否无异响,空挡状态下逐渐增加发动机转速,发动机声音过度是否无异响 | 是 | 否 | |
| 21 | 左后车门 | | | | | | | | |
| 22 | 右后车门 | | | | | | | | |
| 23 | 行李舱盖 | | 1-面积≤100mm×100mm | | | 车辆排气是否无异常 | 是 | 否 | |
| 24 | 行李舱内侧 | | 2-100mm×100mm<面积≤200mm×300mm | | | 驻车制动系统结构是否完整 | 是 | 否 | |
| 25 | 车顶 | | 3-面积>200mm×300mm | | | 其他 | | | |
| 26 | 前保险杠 | | 4-轮胎花纹深度<1.6mm | | | 合计扣分 | | | |
| 27 | 后保险杠 | | | | | 路试检查 | | | 扣分 |
| 28 | 左前轮 | | 缺陷描述 | | | 发动机运转、加速是否正常 | 是 | 否 | |
| 29 | 左后轮 | | | | | 车辆起动前踩下制动踏板,保持5~10s,踏板无向下移动的现象 | 是 | 否 | |
| 30 | 右前轮 | | | | | | | | |
| 31 | 右后轮 | | | | | 踩住制动踏板起动发动机,踏板是否向下移动 | 是 | 否 | |
| 32 | 前大灯 | | | | | 行车制动系统最大制动效能在踏板全行程的4/5以内达到 | 是 | 否 | |
| 33 | 后尾灯 | | | | | | | | |
| 34 | 前风窗玻璃 | | | | | 行驶是否无跑偏 | 是 | 否 | |
| 35 | 后风窗玻璃 | | | | | 制动系统工作是否正常有效,制动不跑偏 | 是 | 否 | |

续上表

| 代码 | 车身检查 | 扣分 | 缺陷描述 | 仪表板指示灯显示是否正常，无故障报警 | 是 | 否 |
|---|---|---|---|---|---|---|
| 36 | 四门车窗玻璃 | | | 变速器工作是否正常、无异响 | 是 | 否 |
| 37 | 左后视镜 | | | 行驶过程中车辆底盘部位是否无异响 | 是 | 否 |
| 38 | 右后视镜 | | | 行驶过程中车辆转向系统是否无异响 | 是 | 否 |
| 39 | 轮胎 | | | 其他 | | |
| 其他项目 | | | | 合计扣分 | | |
| 合计扣分 | | | | 底盘检查 | | 扣分 |
| 发动机舱检查 | | 程度 | 扣分 | 发动机油底壳是否无渗漏 | 是 | 否 |
| 机油有无冷却液混入 | | 无 轻微 严重 | | 变速器箱体是否无渗漏 | 是 | 否 |
| 缸盖外是否有机油渗漏 | | 无 轻微 严重 | | 转向节臂球销是否无松动 | 是 | 否 |
| 前翼子板内缘、水箱框架、横拉梁有无凹凸或修复痕迹 | | 无 轻微 严重 | | 三角臂球销是否无松动 | 是 | 否 |
| | | | | 传动轴十字轴是否无松旷 | 是 | 否 |
| 散热器格栅有无破损 | | 无 轻微 渗漏 | | 减振器是否无渗漏 | 是 | 否 |
| 蓄电池电极桩柱有无腐蚀 | | 无 轻微 严重 | | 减振弹簧是否无损坏 | 是 | 否 |
| 蓄电池电解液有无渗漏、缺少 | | 无 轻微 严重 | | 其他 | | |
| 发动机皮带有无老化 | | 无 轻微 严重 | | 合计扣分 | | |
| 油管、水管有无老化、痕迹 | | 无 轻微 裂痕 | | 车辆功能性零部件列表 | | |
| 线束有无老化、裂痕 | | 无 轻微 破损 | | 发动机舱盖锁止 | 仪表板出风管道 | |
| 其他 | | | | 发动机舱盖液压撑杆 | 中央集控 | |
| 合计扣分 | | | | 后门液压支撑杆 | 备胎 | |
| 驾驶舱检查 | | | 扣分 | 行李舱液压支撑 | 千斤顶 | |
| 车内是否无水泡痕迹 | | 是 | 否 | 各车门锁止 | 轮胎扳手及随车工具 | |
| 车内后视镜、座椅是否完整、无破损、功能正常 | | 是 | 否 | 前雨刮器 | 三角警示牌 | |
| 车内是否整洁、无异味 | | 是 | 否 | 后雨刮器 | 灭火器 | |
| 转向盘自由行程转角是否小于20° | | 是 | 否 | 立柱密封胶条 | 全套钥匙 | |
| 车顶及周边内饰是否无破损、松动及裂缝和污迹 | | 是 | 否 | 排气管及消音器 | 遥控器及功能 | |
| | | | | 车轮轮毂 | 喇叭高低音色 | |
| 仪表台是否无划痕，配件是否无缺失 | | 是 | 否 | 车内后视镜 | 玻璃加热功能 | |
| 排挡把手柄及护罩是否完好、无破损 | | 是 | 否 | 座椅调节与加热 | | |

## 本章小结

本章主要内容包括二手车技术状况鉴定方法,事故车的损伤鉴定,二手车技术状况的评定与分级等内容。

下列的总体概要涵盖了本章的主要学习内容,可以利用以下线索对所学内容进行一次简要的回顾,以便归纳、总结和关联相应的知识点。

1. 二手车技术状况鉴定方法

介绍了二手车技术状况鉴定的三种方法,即静态检查、动态检查和仪器检测。运用这三种方法可以确定二手车的技术状况并进行技术等级评定等。

2. 事故车的损伤鉴定

介绍了事故车的分类以及如何识别事故车,重点介绍了碰撞、水淹、火灾事故车损伤状况鉴定方法等。

3. 二手车技术状况的评定与分级

介绍了二手车技术状况评定内容与评定原则,二手车技术状况鉴定的评分与定级以及二手车鉴定评估作业表的填写等。

## 自测题

**一、单项选择题**(在每小题的备选答案中,选出一个正确答案,并将其序号填在括号内)

1. 下列属于汽车动态检查项目的是(　　)。
   A. 加速性能　　　　　　　　B. 充电性能
   C. 驻车制动　　　　　　　　D. 前照灯

2. 二手车技术状况评定等级共分为(　　)。
   A. 二级　　　B. 三级　　　C. 四级　　　D. 五级

3. 《二手车鉴定评估技术规范》中所说的事故车是指(　　)。
   A. 车门严重变形的车辆　　　B. 前杠损坏的车辆
   C. 悬架变形的车辆　　　　　D. A、B、C 柱有焊接、切割、整形的车辆

**二、多项选择题**(在每小题的备选答案中,选出两个以上正确答案,并将其序号填在括号内)

1. 下列选项中属于二手车技术状况鉴定方法是(　　)。
   A. 静态检查　　　　　　　　B. 动态检查
   C. 仪器检测　　　　　　　　D. 车身测量

2. 事故车一般包括(　　)。
   A. 结构性损伤车　　　　　　B. 碰撞事故车
   C. 水淹车　　　　　　　　　D. 火灾车

3. 二手车鉴定评估作业表的内容有(　　)。
   A. 车辆信息　　　　　　　　B. 缺陷描述
   C. 技术等级　　　　　　　　D. 检查项目

三、判断题（在括号内正确打√，错误打×）

1. 对汽车技术状况进行动态检查，可以获得车辆的全部性能参数。　　　　（　　）

2. 在汽车技术状况仪器检测时，对某些仪器设备只做了解，不必掌握其结构和原理。
　　　　　　　　　　　　　　　　　　　　　　　　　　　　　　　　（　　）

3. 事故车是指由非自然损耗的事故，造成车辆伤损，导致机械性能、经济价值下降的车辆。　　　　　　　　　　　　　　　　　　　　　　　　　　（　　）

四、简答题

1. 二手车技术状况检查包括哪些？

2. 路试检查后的检查内容？

3. 底盘检查包括哪些项目？

# 第4章　二手车价值评估方法

## 导言

本章主要介绍了二手车鉴定评估现行市价法、收益现值法、重置成本法和清算价格法的基本概念、基本原理、应用前提、评估步骤、计算方法、注意事项等等内容，围绕二手车鉴定评估的计算方法阐述相关基本理论和知识点。本章的学习内容力求使学生掌握二手车鉴定评估相关基本知识，为继续学习后续章节打下坚实的基础。

## 学习目标

1. 认知目标
(1)理解现行市价法、收益现值法、重置成本法和清算价格法的基本概念和原理。
(2)理解现行市价法和收益现值法的应用前提。
(3)掌握现行市价法、收益现值法、重置成本法和清算价格法的计算方法。
2. 技能目标
能用现行市价法、收益现值法、重置成本法和清算价格法评估二手车的价值。
3. 情感目标
(1)初步养成自觉遵守国家标准的习惯。
(2)培养一丝不苟、严肃认真的工作作风。
(3)增强空间想象能力和思维能力,提高学习兴趣。

## 4.1 现行市价法

现行市价法又称市价法、市场价格比较法和销售对比法。是根据车辆技术状况按照市场现行价格计算出被评估车辆价值的方法。

现行市价法是资产评估学的三大基本方法(市场法、成本法、收益法)之一。

### 4.1.1 现行市价法的基本原理

通过市场调查,选择一个或几个与被评估车辆相同或类似的车辆作为参照车辆,分析参照车辆原有结构、配置、功能、性能、新旧程度、地区差别、交易条件及成交价格等,并与被评估车辆一一比对,找出两者之间的差别以及这种差别反映在价格上的差额,进行适当的调整后,计算出被评估二手车的评估价值。

现行市价法是最直接、最简单、最具有说服力的一种评估方法,也是二手车价格评估活动中最常用的方法之一。

### 4.1.2 现行市价法的应用前提

运用现行市价法对车辆进行价值评估必须具备以下两个前提条件:

(1)需要有一个成熟的、活跃的、公平的二手车交易市场,即二手车交易公开市场。在这个市场上有众多的卖者和买者,有充分的参照车辆可供选取,可以有效排除交易的偶然性。已成交的车辆价格足以准确反映当前此类车辆的市场交易行情,评估结果会更加公平、公正,易于被买卖双方接受。

(2)评估中所参照的车辆与被评估的车辆有可比较的指标,并且这些指标、技术参数的资料可被收集到,且价值影响因素明确、可以量化。

运用现行市价法最重要的是能够找到与被评估车辆相同或类似的参照车辆,但与被评估车辆完全相同的参照车辆是很难找到的,这就要求对类似参照车辆进行调整。有关调整的指标、技术参数能被否充分获取,是决定现行市价法是否可以采用的关键。

### 4.1.3 现行市价法的计算方法

运用现行市价法确定单台二手车的价值通常采用直接法和类比法。

1. 直接法

直接法是指在市场上能找到与被评估车辆完全相同的车辆的成交价,并以此价格直接作为被评估车辆评估价值的一种方法。所谓完全相同的车辆是指型号、使用条件和技术状况相同,生产日期和交易时间相近的二手车。通常认为,如果参照车辆与被评估车辆类别相同、主参数相同、结构性能相同,只是生产序号不同和有局部改动且交易时间相近的车辆就可以作为参照车辆,此参照车辆的市场价格可以直接作为被评估车辆的评估价值。评估公式为:

$$P = P' \tag{4-1}$$

式中:$P$——评估价值;

$P'$——参照车辆的市场价格。

2. 类比法

1)计算模型

类比法是指在公开市场上找不到与被评估车辆完全相同的车辆,但能找到与之相类似的车辆,那么以此车辆为参照物,根据该车辆技术状况和交易条件的差异对评估价格做出相应调整,进而确定被评估车辆价值的评估方法。所选参照物的交易时间与被评估车辆的评估基准日越接近越好。其基本计算公式为:

$$P = P' + P_1 - P_2 \tag{4-2}$$

或

$$P = P' \cdot K \tag{4-3}$$

式中：$P$——评估价值；

$P'$——参照车辆的市场价格；

$P_1$——评估对象比参照车辆优异的价格差额；

$P_2$——参照车辆比评估对象优异的价格差额；

$K$——差异调整系数。

2) 评估步骤

运用类比法评估二手车价值可按下列步骤进行：

(1) 搜集交易实例。运用类比法评估二手车价值，应准确搜集大量交易实例，掌握正常市场价格行情。搜集交易实例应包括下列内容：制造厂家、车辆型号、使用性质、使用年限、行驶里程、实际技术状况、经济环境和市场环境、车辆所处的地理位置、成交数量、成交价格、成交日期、付款方式等。

(2) 选取参照车辆。根据被评估二手车技术状况和评估目的，应从搜集到的交易实例中选取三个以上的参照车辆。选取的参照车辆应符合下列要求：

①与被评估二手车的型号相同或类似的车辆。

②成交日期与评估时点相近，通常不超过三个月。

③成交价格为正常价格或可修正为正常价格。

(3) 进行交易情况修正。进行交易情况修正，应排除交易行为中的特殊因素所造成的参照车辆成交价格偏差，将参照车辆的成交价格调整为正常价格。

①有下列情形之一的交易实例不宜选为参照车辆：

A. 有利害关系人之间的交易。

B. 急于出售或购买情况下的交易。

C. 受债权债务关系影响的交易。

D. 交易双方或一方对市场行情缺乏了解的交易。

E. 交易双方或一方有特殊偏好的交易。

F. 特殊方式的交易。

G. 交易税费非正常负担的交易。

H. 其他非正常交易。

②当可供选择的交易实例较少，确需选用上述情形交易实例的，应对其进行交易情况修正。

③对交易税费非正常负担的修正，应将成交价格调整为依照政府有关规定，交易双方负担各自应负担的税费下的价格。

(4) 进行交易日期修正。交易日期修正是指将参照车辆在其成交日期时的价格调整为评估时点的价格。交易日期修正宜采用类似车型的价格变动率或价格变动指数进行调整。在无类似车型的价格变动率或价格变动指数的情况下，可根据当地二手车价格的变动情况和趋势做出判断，给予适当调整。

(5) 进行地区因素修正。进行地区因素修正时，应将参照车辆在其他区域市场的价格调整为被评估车辆所在地区的区域价格。对二手车而言,如果参照物的成交地域在异地,则会与被评估车辆存在运输费、途中保险费以及其他费用之间的差异。

(6)进行个别因素修正。进行个别因素修正时,应将参照车辆与被评估车辆的个别因素逐项进行比较,找出由于个别因素优劣所造成的价格差异,并进行调整。

交易情况、交易日期、地区因素和个别因素的修正,可视具体情况采用百分率法、差异法或回归分析法。每项修正对参照车辆成交价格的调整不得超过10%,综合调整不得超过20%。选取的多个参照车辆的价格经过上述各种修正之后,可根据具体情况计算出一个综合结果作为评估值。现行市价法的原理和技术,也可用于其他评估方法中有关参数的求取。

用现行市价法评估应该说已包含了被评估车辆的各种贬值因素,包括实体贬值、功能性贬值和经济性贬值,这是因为市场价格是车辆各种因素的综合反映。车辆的有形损耗及功能陈旧而造成的贬值,自然会在市场价格中体现出来,而经济性贬值则反映了社会上各类资产综合的经济性贬值大小,突出表现为供求关系的变化对市场价格的影响,因而用现行市价法评估可以不再专门计算功能性贬值和经济性贬值。正是由于经济性贬值和功能性贬值虽然客观存在,但又常常无法计算,所以推荐采用现行市价法评估车辆的价值,这样就可以省去计算功能性贬值和经济性贬值的麻烦。国外的评估机构同样也是优先选用现行市价法评估车辆价值。

在我国中等以上城市,特别是经济较为发达的地区和城市,一般情况下,每年成交的各种二手车少则几万辆,多则几十万辆甚至上百万辆,这就为现行市价法的应用奠定了良好的市场条件。虽然我国的汽车生产厂家较多,各种品牌林立,规格品种繁杂,但由于近几年来市场交易活跃,特别是各个城市有较多的经纪公司、置换公司并逐渐形成了各自的主营品牌,大部分车型都能找到交易案例,所以各评估机构和评估人员应注意不断收集各种品牌、车型的成交案例资料存档,从中找出各种评估对象的参照车辆,会起到事半功倍的效果。

### 4.1.4 现行市价法的特点

运用现行市价法进行车辆价值评估的优点是能够比较客观地反映目前的二手车市场交易情况,其评估的参数、指标可直接从市场获得,评估价值能准确反映市场的现时价格,所以评估结果易于被各方理解和接受。缺点是必须有成熟、公开和活跃的二手车交易市场为基础。此外由于车辆的可比因素很多而且很复杂,即使是同一个生产厂家生产的同一型号、同一天登记的车辆,也可能由于使用强度、使用条件、维护水平的不同而导致车辆技术状况的较大差异,相应的评估价值出现较大差异也是很正常的。

## 4.2 收益现值法

收益现值法是将被评估车辆在其剩余使用年限内的预期收益用适当的折现率折现为评估基准日的现值,并以此确定评估价值的一种方法。二手车的价值评估一般很少采用收益现值法,但对一些特定目的、有特许经营权的车辆,人们购买的目的往往不是在于车辆本身,而是车辆的获利能力,所以对于经营性车辆的评估采用收益现值法还是比较理想的。

### 4.2.1 收益现值法的基本原理

收益现值法是基于这样的假设,即人们之所以购买某车辆,主要是考虑到这辆车能为自己带来一定的收益。采用收益现值法对二手车进行评估所确定的价值是指为获得该二手车的所有权和经营权以取得预期收益所支付的货币总额,它以车辆投入使用后连续获利为基础的。如果某车辆的预期收益小,车辆的价格就不可能高;反之车辆的价格必然就高。

### 4.2.2 收益现值法的应用前提

被评估的二手车必须是经营性车辆,且具有继续经营和获利的能力。继续经营的收益必须能够用货币金额来表示,而且经营过程中的风险因素能够转化为数据加以计算,并体现在折现率和资本化率中。非经营性的二手车不能用收益现值法进行评估。

### 4.2.3 收益现值法的计算方法

收益现值法评估车辆价值的计算,实际上就是对被评估车辆未来预期收益进行折现的过程。被评估车辆的评估价值等于剩余使用寿命期内各个收益期的收益现值之和,其基本计算公式为:

$$P = \sum_{t=1}^{n} \frac{A_t}{(1+i)^t} = \frac{A_1}{(1+i)^1} + \frac{A_2}{(1+i)^2} + \cdots + \frac{A_n}{(1+i)^n} \tag{4-4}$$

当 $A_1 = A_2 \cdots \cdots = A_n$ 时,即 $t$ 从 $1 \sim n$ 未来收益分别相同为 $A$ 时,则有:

$$P = A \cdot \left[ \frac{1}{1+i} + \frac{1}{(1+i)^2} + \cdots\cdots + \frac{1}{(1+i)^n} \right] = A \cdot \frac{(1+i)^n - 1}{i \cdot (1+i)^n} \tag{4-5}$$

式中:$P$——评估价值;

$A_t$——未来第 $t$ 个收益期的预期收益额。实际上在 $A_t$ 中还应包括收益期末车辆的残值,但在计算时一般忽略不计;

$n$——收益年期(剩余使用寿命期);

$i$——折现率;

$t$——收益期,一般以年计。

其中,$\dfrac{1}{(1+i)^t}$ 称为现值系数;$\dfrac{(1+i)^n - 1}{i \cdot (1+i)^n}$ 称为年金现值系数。

## 4.2.4 收益现值法中各评估参数的确定

**1. 收益年期的确定**

收益年期指从评估基准日到车辆到达报废年限所剩余的使用寿命。如果剩余使用寿命估计过长就会高估了车辆的价格,反之则会低估了车辆的价格,故必须根据车辆的实际状况对剩余使用寿命做出正确的评定。

在车辆技术状况基本正常的情况下,可按照本书第1章《机动车强制报废标准规定》确定车辆的剩余使用寿命。如果车辆的技术状况很差,则应根据车辆的实际状况确定车辆的剩余使用寿命。

**2. 预期收益额的确定**

在运用收益现值法的过程中,收益额的确定是关键。收益额是指由被评估对象在使用过程中产生的超出其自身价值的溢余额。对于收益的确定应把握以下两点:

(1)收益额是车辆使用带来的未来收益期望值,是通过预测分析获得的。无论对于所有者还是购买者,判断某车辆是否有价值,首先应判断该车辆是否能带来收益。对其收益的判断,不仅要看现在的收益能力,更重要的是看未来的预期收益能力。

(2)收益额的构成。以企业为例,目前有几种观点:第一,企业所得税后利润;第二,企业所得税后利润与提取折旧额之和再扣除投资额;第三,利润总额。

针对二手车的评估特点与评估目的,为估算方便,推荐选择企业所得税后利润作为预期收益额。为了避免计算错误,通常应列出车辆在剩余寿命期内的现金流量表。

**3. 折现率的确定**

折现率是将未来的预期收益折算成现值的比率,是换算车辆现值与预期收益的有效工具。从评估的观点看,折旧率的选择事实上是在对车辆预期收益评价的基础上对现值的确定。

确定折现率,首先应该明确折现的内涵。折现作为一个时间优先的概念,认为将来的收益或利益低于现在的同样收益或利益,并且随着收益时间向将来推迟的程度而有系统地降低价值。同时折现作为一个算术过程,是把一个特定比率应用于一个预期的将来收益流,从而得出当前的价值。从折现率本身来说,它是一种特定条件下的收益率,说明车辆取得该项收益的收益率水平。收益率越高,车辆评估值越低。因为在收益一定的情况下,收益率越高,意味着单位资产增值率高,所有者拥有资产价值就低。折现率的确定是运用收益现值法评估车辆时比较棘手的问题。折现率必须谨慎确定,折现率的微小差异,会带来评估值很大的差异。确定折现率,不仅应有定性分析,还应寻求定量方法。折现率与利率不完全相同,利率是资金的报酬,折现率是管理的报酬。利率只表示资产(资金)本身的获利能力,而与使用条件、占用者和使用用途没有直接联系,折现率则与车辆以及所有者使用效果有关。

从构成上看,资产评估中的折现率应由两部分组成:一是无风险报酬率,二是风险报酬率,即:

$$折现率 = 无风险报酬率 + 风险报酬率$$

如果风险报酬率中不包含通货膨胀率,则折现率又可表示为:

$$折现率 = 无风险报酬率 + 风险报酬率 + 通货膨胀率$$

无风险利率是指资产在一般无风险经营条件下的获利水平,它反映的是在本金没有违约风险、期望收入得到保证时资金的基本价值。在此情形下,投资者仅仅牺牲了某一时期货币的使用价值或效能。在资产评估学中,风险报酬率表述为"风险补偿额相对于风险投资额的比率"。在通常情况下,与较大风险相联系的是较高的预期收益,与较小风险相联系的是较低的预期收益。在计量折现率时,必须考虑到风险因素的影响,否则就可能过高地估计了车辆的价值。风险收益能够计算,但为承担风险所付出的代价却不好确定,所以只要求选择的收益率中包含风险收益这一因素即可。

在选择和计量折现率时,应注意折现率与预期收益的匹配。如果收益的计量指标有净现金流量和税后利润之分,在选择折现率时应注意与所选的计量指标相适应。

每个行业,每个企业都有具体的资金收益率。因此在运用收益现值法评估二手车价值过程中选择折现率时,应进行本企业、本行业历年收益率指标的对比分析,但最终选择的折现率应不低于评估时点的较长期银行定期存款利率(一年及以上)或国债利率。

此外还应注意,在使用资金收益率这一指标时,要充分考虑年收益率的计算口径与资金收益率的口径是否一致。若不一致,将会影响评估价值的准确性。

### 4.2.5 收益现值法的特点

收益现值法与投资决策相结合,能真实和较准确地反映车辆投资的未来收益的本金化价格,易于被交易双方接受,但预期收益额的预测难度大。

### 4.2.6 收益现值法的评估步骤

采用收益现值法评估车辆,其基本步骤如下
(1)收集被评估车辆的营运行情,营运前景、营运风险等相关资料。
(2)了解被评估车辆的技术状况。
(3)估算被评估车辆的预期收入。
(4)估算被评估车辆的营运成本。
(5)确定被评估车辆的预期净收益,确定适当的折现率。
(6)将预期收益折现,确定评估价值。

### 4.2.7 收益现值法的注意事项

采用收益现值法评估车辆时,需要评估师充分了解当前该地区同类车型的整个营运环境,以及相关的政策和法律法规,收集到的数据必须客观准确,同时也需要评估师具有良好的专业素质,能够准确地评估被评估车辆当前的技术状态,进而做到正确的预估被评估车辆本身的营运支出,同时结合市场发展趋势和国家强制报废标准确定收益年期。

## 4.3 重置成本法

### 4.3.1 重置成本法的基本原理

重置成本法是指按照相同车型市场现行价格重新购置一个全新状态的评估对象，用所需的全部成本减去评估对象的实体性、功能性和经济性陈旧贬值后的差额，以其作为评估对象现时价值的方法。其计算公式为：

$$P = B - (D_p + D_f + D_e) \tag{4-6}$$

式中：$P$——被评估车辆的评估价值；

$B$——重置成本；

$D_p$——实体性贬值；

$D_f$——功能性贬值；

$D_e$——经济性贬值。

重置成本是购买一辆全新的与被评估二手车相同的车辆所支付的最低金额。重置成本有复原重置成本和更新重置成本之分。复原重置成本指用与被评估二手车相同的材料，制造标准、设计结构和技术条件等，以现时价格复原购置相同的全新车辆所需的全部成本。更新重置成本指利用新型材料，新技术标准、新设计等，以现时价格购置相同或相似功能的全新车辆所支付的全部成本。在进行重置成本计算时，应选用更新重置成本。如果不存在更新重置成本，则再考虑用复原重置成本。

实体性贬值也叫有形损耗，是指二手车在使用和存放过程中，由于物理和化学原因而导致的二手车实体发生的价值损耗。车辆在使用过程中，由于零部件发生摩擦、冲击、振动、腐蚀、疲劳和日照老化等原因产生的实物形态上的损耗和技术性能上的劣化。车辆在存放过程中，在自然力的作用下车辆产生腐蚀、老化或由于缺乏必要的维护而使其性能下降和工作能力的丧失。实际上这种有形损耗从车辆制造出厂就一直存在。

功能性贬值是由于科学技术的发展导致的二手车贬值，是一种无形损耗。功能性贬值分为一次性功能贬值和营运性功能贬值。一次性功能贬值是由于技术进步引起劳动生产率的提高，现在再生产制造与原功能相同车辆的社会必要劳动时间减少，成本降低而造成原车辆价值的贬值。具体表现为原车辆价值中有一个超额投资成本将不被社会承认。营运性功能贬值是由于技术进步，出现了新的、性能更优的车辆，致使原有车辆的功能相对新车型已经落后而引起其价值贬值。具体表现为原有车辆在完成相同工作任务的前提下，在燃料、人力、配件材料等方面的消耗增加，形成了一部分超额的运营成本。通常在评估计算中采用了新车价格就认为是包含了一次性功能贬值。

经济性贬值是指由于外部经济环境变化所造成的二手车贬值，也是一种无形损耗。外部经济环境包括宏观经济政策、市场需求、通货膨胀、环境保护等。外部因素对二手车价格的影响不仅是客观存在的，而且对二手车价格影响还相当大，所以在二手车的评估中不可忽视。

采用公式(4-6)对二手车进行评估时,除了要准确了解车辆的重置成本和实体性贬值外,还要计算车辆的功能性贬值和经济性贬值,而这两种贬值的计算要求评估人员对未来影响二手车的运营成本、收益乃至经济使用寿命有较为准确的把握,所以应用起来比较困难,可操作性较差,故很少使用。

为了方便计算二手车的现实价值,也可以先将被评估车辆与其全新状态相比,测算出其成新率进行评估。其计算公式为:

$$P = B \times C \tag{4-7}$$

或

$$P = B \times C \times K \times \varphi \tag{4-8}$$

式中:$P$——被评估车辆的评估价值;

$C$——成新率;

$K$——综合调整系数;

$\varphi$——二手车变现系数。

成新率是反映二手车新旧程度的指标。二手车成新率是表示二手车的功能或使用价值占全新机动车的功能或使用价值的比率,也可以理解为二手车的现时状态与机动车全新状态的比率。

设置综合调整系数是为了消除二手车的现实技术状况对成新率的影响。设置二手车变现系数是为了消除市场微观经济环境和政府宏观经济政策对成新率的影响。

公式4-7适用于整车观察法和部件鉴定法(技术鉴定法)计算成新率。

公式4-8适用于使用年限法和行驶里程法计算成新率。

公式4-7和4-8中成新率的确定是综合了二手车各种贬值的结果,具有信息收集便捷、操作简单易行、评估理论更加贴近车辆实际状况,容易被交易双方接受等优点,故应用广泛。

2013年12月31日,国家质检总局、国家标准委正式发布了由中国汽车流通协会起草的国家标准GB/T 30323—2013《二手车鉴定评估技术规范》,并于2014年6月1日起实施。"规范"在参考了国外二手车鉴定评估有关法规与行业标准的主要思路与方法的基础上,提出了以车辆技术鉴定为基础评估二手车现实价值的重置成本法计算公式为:

$$W = R \times e \tag{4-9}$$

式中:$W$——车辆评估价价值;

$R$——更新重置成本(相同型号、配置的新车在评估基准日的市场零售价格);

$e$——综合成新率。

按照"规范"规定,若使用重置成本法,需要确定技术鉴定成新率。技术鉴定成新率是指评估人员在对二手车辆进行技术观察和技术检测的基础上,判定二手车的技术状况,再加以评分来确定成新率的方法。其计算公式为:

$$t = \frac{X}{100} \tag{4-10}$$

式中:$t$——技术鉴定成新率;

$X$——车辆技术状况分值。

车辆技术状况鉴定由车身外观部位、发动机舱检查、驾驶舱检查、起动检查、路试检查、底盘检查、车辆功能性零部件等 7 个项目组成,各项目对应的分值分别为 20 分、20 分、10 分、20 分、15 分、15 分、0 分,总分 100 分。车辆技术状况鉴定分值为各项目分值之和。技术状况鉴定完成后,要填写《二手车鉴定评估作业表》(见表 3-26)。

采用"规范"中的重置成本法计算二手车综合成新率的公式为:

$$e = y \times \alpha + t \times \beta \quad (4-11)$$

式中:$e$——综合成新率;

$y$——年限成新率;

$t$——技术鉴定成新率;

$\alpha$——技术鉴定成新率系数;

$\beta$——年限成新率系数。

$y \times \alpha$——相当于实体性陈旧贬值与功能性陈旧贬值后,车辆剩余的价值率;

$t \times \beta$——相当于经济性陈旧贬值后,车辆剩余的价值率。

其中:

$$\alpha + \beta = 1$$

"规范"中的年限成新率计算公式为:

$$y = \frac{N}{n} \quad (4-12)$$

式中:$y$——年限成新率;

$N$——预计车辆剩余使用年限;

$n$——车辆使用年限(非营运乘用车使用年限 15 年,超过 15 年的按实际年限计算;营运车辆、有使用年限规定的车辆按实际要求计算)。

对于已使用年限超过 15 年的乘用车,车辆使用年限按实际年限计算,其年限成新率的经验公式为:

$$y = \frac{1}{n+1} \quad (4-13)$$

从评估实践来看,"规范"中的重置成本法只适用于具有承载式车身的乘用车。

## 4.3.2 重置成本的计算

在资产评估学中,重置成本的计算方法主要有加合分析法、功能系数法、物价指数法和统计分析法。在二手车鉴定评估活动中,一般采用加合分析法和物价指数法计算重置成本。

1. 加合分析法

加合分析法也称为直接法或重置核算法,是将车辆按其成本构成分为若干部分,以现行市价为标准,先确定各组成部分的现时价格,然后相加得出被评估车辆重置全价的一种评估方法。

1)国产车重置成本的构成

二手车的重置成本构成计算方法如下:

$$B = B_1 + B_2 \quad (4-14)$$

式中:$B$——车辆重置成本;

$B_1$——购置全新车辆的市场成交价;

$B_2$——车辆购置价格以外国家和地方政府一次性缴纳的税费总和,如车辆购置附加税、注册税(牌照费)等。

重置成本构成不应包括车辆拥有阶段和使用阶段的税和费。如车辆拥有阶段的年审费、车船使用税、车辆使用阶段的保险费、过路过桥费等。

假设一款发票价为117000元的国产车型,消费者需要缴纳的车辆购置税的税额为:

$$车辆购置税应纳税额 = 11.7 万元 \div (1 + 17\%) \times 10\% = 1 万元$$

$$\begin{aligned}重置成本 &= 购置全新车辆的市场成交价 + 车辆购置税应纳税额\\ &= 11.7 万元 + 1 万元 \\ &= 12.7 万元\end{aligned}$$

2)进口车重置成本的构成

根据海关税则和收费标准,进口轿车的重置成本(即现行价格)由报关价、关税、消费税、增值税和其他费用组成。

(1)报关价。报关价亦即到岸价,又称 CIF 价格,它与离岸价 FOB 的关系是:

$$CIF 价格 = FOB 价格 + 途中保险费 + 国外运杂费$$

由于公式中的各种费用都是以外汇支付的,因此在计算时需要将报关价格换算成人民币,外汇汇率则采用评估基准日的外汇汇率进行计算。

(2)关税。关税的计算公式如下:

$$关税 = 报关价 \times 关税税率$$

目前进口车的关税均为25%。

(3)消费税。消费税的计算公式如下:

$$消费税 = \frac{报关价 + 关税}{1 - 消费税率} \times 消费税率$$

进口车按其排气量 L 不同,分别征收 1%~40% 不等的消费税,见表4-1。

进口车消费税征收标准　　　　　　　　表4-1

| 序号 | 排气量L(升) | 消费税率 | 序号 | 排气量L(升) | 消费税率 |
|---|---|---|---|---|---|
| 1 | L≤1.0 | 1% | 5 | 2.5<L≤3.0 | 12% |
| 2 | 1.0<L≤1.5 | 3% | 6 | 3.0<L≤4.0 | 25% |
| 3 | 1.5<L≤2.0 | 5% | 7 | 4.0<L | 40% |
| 4 | 2.0<L≤2.5 | 9% | | | |

(4)增值税。增值税的计算公式如下:

$$增值税 = (报关价 + 关税 + 消费税) \times 增值税率$$

目前各种进口汽车的增值税率均为17%。

(5)其他费用。除上述费用以外,进口车的价格还包括通关、商检、运输、银行、选装件价格、经销商费用、进口许可证使用费等非关税措施造成的费用。

下面以一辆从德国进口的4.4L排量的宝马X6为例计算其重置成本。假设这款车到岸价格是50万元人民币,除关税、增值税和消费税外,另增加4%的其他费用,则该进口车的重置成本计算如下:

$$关税 = 报关价 \times 关税税率 = 50 \times 25\% = 12.5(万元)$$

$$消费税 = \frac{报关价 + 关税}{1 - 消费税率} \times 消费税率 = \frac{50 + 12.5}{1 - 40\%} \times 40\% \approx 41.7(万元)$$

$$增值税 = (报关价 + 关税 + 消费税) \times 增值税率 = (50 + 12.5 + 41.7) \times 17\% = 17.7(万元)$$

$$重置成本 = (报关价 + 关税 + 消费税 + 增值税)(1 + 4\%)$$
$$= (50 + 12.5 + 41.7 + 17.7) \times (1 + 4\%)$$
$$\approx 117(万元)$$

一般而言,车辆重置成本大多是依靠市场调查搜集而来的。并不需要进行十分复杂的计算。但是对于市场上尚未出现的那些新车型(特别是进口新车型)或淘汰车型,由于其价格信息有时不容易获得,这时则需要按照其重置成本的构成进行估算。

根据不同的评估目的,二手车重置成本全价的评估还要区别对待。属于所有权转让的经济行为或为司法、执法部门提供证据的鉴定行为,可将被评估车辆的现行市场成交价格作为被评估车辆的重置全价,其他费用略去不计;属于企业产权变动的经济行为,如企业合资、合作经营和合并兼并,其重置成本构成除了考虑被评估车辆现行市场购置价格外,还应考虑国家和地方政府对车辆加收的合理税费。

2. 物价指数法

物价指数法也叫价格指数法,是指根据已掌握的历年来的价格指数,在二手车原始成本的基础上,通过现时物价指数确定其重置成本的方法。其计算公式为:

$$B = B_Y \times \frac{I_1}{I_2}$$

或

$$B = B_Y \times (1 + \lambda) \tag{4-15}$$

式中:$B$——车辆重置成本;

$B_Y$——车辆原始成本;

$I_1$——车辆评估时物价指数;

$I_2$——车辆购买时物价指数;

$\lambda$——车辆价格变动指数。

当被评估车辆已停产或是进口车辆,无法找到现时市场价格时,物价指数法是一种很有用的方法,但应用时一定要先检查被评估车辆的账面购买原价。如果购买原价不准确,则不能使用物价指数法。

车辆价格变动指数是车辆价格变动趋势和速度的指标。通常选择与被评估车辆的已使用年限相当且是近期五年内市场占有率为前三名的品牌车型,分别以现时购买车价与原始购买车价之比的算术平均值作为车辆价格变动指数。

车辆价格变动指数要尽可能选用有法律依据的国家统计部门或物价管理部门以及政府机关发布和提供的数据。

### 4.3.3 车辆贬值的估算

1. 实体性贬值的估算

二手车的实体性贬值通常可以采用观察法、使用年限法和修复费用法等三种方法进行估算。

1) 观察法

二手车价格评估人员根据自己专业知识和工作经验，通过对二手车实体各主要部件进行观察以及使用仪器测量等方式进行技术鉴定，并综合分析车辆的设计、制造、使用、磨损、维护、修理、改装情况和经济使用寿命等因素，从而判断被评估汽车的实体性贬值的一种方法，其数学表达式为：

$$D_P = B \times \eta \tag{4-16}$$

式中：$D_P$——车辆实体性贬值；

$B$——车辆重置成本；

$\eta$——有形损耗率。

2) 使用年限法

通过确定被评估汽车已使用年限与该车辆预期可使用年限的比率来确定二手车有形损耗。其计算公式表达为：

$$D_P = B \times \frac{Y}{G} \tag{4-17}$$

式中：$Y$——已使用年限；

$G$——规定使用年限。

3) 修复费用法

修复费用法也叫功能补偿法。通过确定被评估汽车恢复原有的技术状态和功能所需要的费用补偿，来直接确定二手车的有形损耗。

2. 功能性贬值的估算

功能性贬值是指由于科学技术进步，导致汽车产品不断更新换代而引起的贬值，可分为一次性功能贬值和营运性功能贬值两种。

1) 一次性功能贬值的估算

随着科学技术的不断发展，新的材料、新工艺的不断出现，导致生产一辆全新汽车产品的成本不断降低，同样配置产品的售价随之降低，进而造成原车辆的贬值。

从理论上讲，同样车辆的复原重置成本与更新重置成本之差即是该车辆的一次性功能贬值。但在实际工作中，具体计算某车辆的复原重置成本是比较困难的，因此对目前在市场上能购买到的且有制造厂家继续生产的全新车辆，一般就用更新重置成本（市场价）考虑其一次性功能贬值。如果待评估车辆的型号是现已停产或已淘汰的车型，这样就没有实际的市场价格，只能参照车辆的价格用类比法来估算其一次性功能贬值。参照车辆一般采用替代型号的车辆。这些替代型号的车辆其功能通常比原车型有所改进和增加，故其价值通常会比原车型的价格要高（功能性贬值大时，价格也可能降低）。所以在用类比法对原车型进行价值评估时，一定要了解参照车辆在功能方面改进或提高的情况，再按其功能变化情况测定原车辆的价值。

2) 营运性功能贬值的估算

营运性功能贬值是指由于使用了新的技术和工艺，生产出了新的、性能更加优异的车辆，降低了车辆的使用成本而引起的车辆贬值。

测定营运性功能贬值时,首先选定参照车辆,并与参照车辆进行比较,找出营运成本有差别的内容和差别的量值,然后确定原车辆尚可继续使用的年限和应上缴的所得税率及折现率,通过计算超额收益或成本降低额算出营运性功能贬值,即:

$$车辆的营运性功能贬值 = 车辆年超额营运成本 \times (1 - 所得税率) \times \frac{(1+i)^n - 1}{i(1+i)^n}$$

式中:$i$——折现率;

$n$——剩余使用年限。

例:某一被评估商用车辆甲,其出厂时的燃料经济性指标为每百公里耗油量36L,平均每年维修费用为3万元。以目前新出厂的同型车辆乙为参照车辆,该车出厂时燃料经济性指标为每百公里耗油量30L,平均每年维修费用为2万元。如果甲、乙两车在营运成本的其他支出项目方面大致相同,被评估车辆尚可使用5年,每年平均出车日为300天,每日营运300km,所得税率为33%,适用的折现率为10%,试估算被评估车辆的营运性功能损耗(燃油价格取4.7元/L)。

根据上述资料,对被评估车辆的功能性损耗估算如下。

(1)被评估车辆每年油料的超额费用为:

$$(36-30) \times 4.7 \times \frac{300}{100} \times 300 = 25380(元)$$

(2)被评估车辆每年的超额维修费用为:

$$30000 - 20000 = 10000(元)$$

(3)被评估车辆的年超额营运成本为:

$$25380 + 10000 = 35380(元)$$

(4)被评估车辆的年超额营运成本的净额为:

$$35380 \times (1-33\%) = 23704.6(元)$$

(5)将被评估车辆在剩余使用年限内的年超额营运成本净额折现累加,估算其功能性损耗为:

$$车辆的营运性功能贬值 = 23704.6 \times \frac{(1+10\%)^5 - 1}{i \times (1+10\%)^5}$$
$$= 23704.6 \times 3.79$$
$$= 89840.4(元)$$

3. 车辆经济性贬值估算

二手车鉴定评估中所涉及的经济性损耗(贬值)也是无形损耗的一种,是由车辆以外的各种因素所造成的损耗(贬值)。这样的例子可以举出很多,如由于车辆排放标准要求的提高,同一车辆的排放水平在过去可能被认为是可以接受的,但现在却无法满足现行排放标准的要求。这一标准对车辆的所有者来讲就是制约,除非达到规定的要求,否则车辆就无法继续使用。因此对车辆的所有者而言,不管是采取措施力求达到标准,还是车辆被迫停用,都需花费成本,这一成本从评估的角度看便是经济损耗。概括地讲,外部因素不论多少,对车辆价值的影响无外乎表现为要么是造成营运成本上升,要么是导致车辆闲置。

对于营运车辆来讲,通常采用以下两种方式计量其经济性损耗:一种是利用车辆年收益损失额折现累加计算;另一种是通过车辆利用率的变化来估算。

1)利用年收益损失额折现累加计算

如果由于外界因素变化,导致车辆营运收益的减少额或投入成本的增加额,能够估算出来,可直接按车辆继续使用期间每年的收益损失额折现累加,以求得车辆的经济性损耗。用数学式表示为:

$$车辆的经济性损耗 = 车辆年收益损失额 \times (1-所得税率) \times \frac{(1+i)^n - 1}{i(1+i)^n}$$

使用上述公式应注意,年收益损失额只能根据外界因素来计量,不能把因技术落后等自身因素所造成的收益损失额归入此类。

例:某人欲出售一辆已使用了 5 年的出租车。由于国家行业政策及检测标准的变化,目前每年较过去平均需增加投入成本 3000 元才能满足有关的规定要求。试估算该出租车的经济性损耗。

根据国家规定,出租车的使用年限为 8 年。从购车登记日起,至该车的评估基准日止,该车已使用年限为 5 年。该车的剩余使用年限为 3 年。

取所得税率为 25%,适用的折现率为 10%,则车辆的经济性损耗:

$$车辆的经济性损耗 = 3000 \times (1-25\%) \times \frac{(1+10\%)^3 - 1}{10\% \times (1+10\%)^3}$$

$$= 3000 \times 75\% \times 2.4869$$

$$\approx 5596(元)$$

2)通过车辆利用率的变化估算经济性损耗

如果由于外部因素的影响,导致车辆的利用率下降,可按照以下公式估算车辆的经济性损耗率。

$$车辆经济性损耗率 = \left[1 - \left(\frac{车辆的实际工作量}{车辆的正常工作量}\right)^x\right] \times 100\%$$

式中:x——规模效益指数($0 < x < 1$)。

调整计算的结果,说明车辆的运输量与投入成本之间并非呈线性关系。当车辆的运输量降至正常运输量的一半时,其投入成本却不会也降至正常投入成本的一半。x 一般在 0.6~0.7 之间。

在确定了车辆的经济性损耗率后,可按照以下公式计算车辆的经济性损耗。

$$车辆经济性损耗 = (重置成本 - 有形损耗 - 功能性损耗) \times 经济性损耗率$$

例:由于某行业企业生产普遍不景气,工作量不足,某专用汽车的利用率仅为正常工作量的 70%。而且在该汽车的剩余使用年限内,这种情况也不会有所改变。经评估,该汽车的重置成本为 45 万元,成新率为 65%,功能性损耗可忽略不计。试估算该车辆的经济性损耗。

具体估算过程如下:

(1)计算车辆的经济性损耗率:

取 $x = 0.7$,则:

$$车辆的经济性损耗率 = (1 - 0.7^{0.7}) \times 100\% = 22\%$$

(2)扣除有形损耗和功能性损耗后的车辆价值为:

$$45 \times 65\% = 29.25(万元)$$

（3）车辆的经济性损耗为：

$$29.25 \times 22\% = 0.143(万元)$$

### 4.3.4 成新率的计算

成新率是反映二手车新旧程度的指标。二手车成新率是表示二手车的功能或使用价值占全新机动车的功能或使用价值的比率，也可以理解为二手车的现时状态与机动车全新状态的比率。

在二手车鉴定评估实践中，重置成本法是一种最常用的方法，而成新率作为计算重置成本的一项重要的指标，如何科学、准确地确定它就成为二手车评估中的重点和难点。成新率的确定不仅需要一定的客观资料和必要的检测手段，而且在很大程度上需要依靠评估人员的专业知识水平和评估经验。成新率的计算方法主要有使用年限法、整车观测法和部件鉴定法等，应根据二手车的新旧程度、技术状况、价值高低等情况合理选择。

1. 使用年限法确定成新率

使用年限法确定成新率可以分为以下几种方法：等速折旧法、年份数求和法和双倍余额递减法。其中年份数求和法和双倍余额递减法属于加速折旧的方法。

1）等速折旧法

采用等速折旧法估算成新率的计算公式：

$$C_D = \left(1 - \frac{Y}{G}\right) \times 100\% \tag{4-18}$$

式中：$C_D$——等速折旧法成新率；

　　　$G$——机动车的规定使用年限；

　　　$Y$——已使用年限，指已使用年限，指机动车从登记日期开始到评估基准日所经历的时间。

例：李某所有的一辆吉利帝豪轿车，购置日期是 2014 年 10 月 14 日，2017 年 10 月在北京花乡二手车市场上进行交易，试用等速折旧法确定该车的成新率。

根据《机动车强制报废标准规定》(2012)，小、微型非营运载客汽车无使用年限限制，为了计算方便，仍将轿车的规定使用年限确定为 15 年，这也符合该类汽车平均使用年限为 15 年的现实情况。所以吉利帝豪轿车的成新率为：

$$C_D = \left(1 - \frac{3}{15}\right) \times 100\% = 80\%$$

2）年份数求和法

年份数求和法是指每年的折旧额可用车辆原值减去残值的差额乘一个逐年变化的递减系数来确定二手车成新率的一种方法。

年份数求和法估算二手车成新率的计算公式：

$$C_F = \left[1 - \frac{2}{G(G+1)}\sum_{n=1}^{Y}(G+1-n)\right] \times 100\% \tag{4-19}$$

或

$$C_F = \frac{\sum_{n=1}^{G-Y} n}{\sum_{n=1}^{G} n} \times 100\% \tag{4-20}$$

式中：$G$——机动车的规定使用年限；

$Y$——已使用年限；

$n$——机动车在使用期内某一确定年度；

$C_F$——年限求和法成新率。

例：李某所有的一辆吉利帝豪汽车，购置日期是 2014 年 10 月 14 日，2017 年 10 月在北京花乡二手车市场上进行交易，试用年份数求和法确定该车的成新率。

$$C_F = \left[1 - \frac{2}{15 \times (15+1)} \sum_{n=1}^{3} (15+1-n)\right] \times 100\%$$

$$= \left\{1 - \frac{2}{15 \times (15+1)} \times [(15+1-1) + (15+1-2) + (15+1-3)]\right\} \times 100\% = 65\%$$

3）双倍余额递减法

双倍余额递减折旧法是指任何年的折旧额用现有车辆原值乘以在车辆整个寿命期内恒定的折旧率，接着用车辆原值减去该年折旧额作新的原值，下一年重复这一做法，直到折旧总额分摊完毕。在余额递减中所使用的折旧率，通常大于直线折旧率，当使用的折旧率为直线折旧率的二倍时，称为双倍余额递减法。

双倍余额递减法计算二手车成新率的计算公式如下：

$$C_S = \left[1 - \frac{2}{G} \sum_{n=1}^{Y} \left(1 - \frac{2}{G}\right)^{n-1}\right] \times 100\% \tag{4-21}$$

或

$$C_S = \left(1 - \frac{2}{G}\right)^Y \times 100\% \tag{4-22}$$

式中：$C_S$——双倍余额递减法成新率。

$Y$——已使用年限；

$n$——机动车在使用期内某一确定年度。

例：李某所有的一辆吉利帝豪汽车，购置日期是 2014 年 10 月 14 日，2017 年 10 月在北京花乡二手车市场上进行交易，试用双倍余额递减法确定该车的成新率。

$$C_S = \left[1 - \frac{2}{15} \sum_{n=1}^{3} \left(1 - \frac{2}{15}\right)^{n-1}\right] \times 100\%$$

$$= \left\{1 - \frac{2}{15} \times \left[\left(1 - \frac{2}{15}\right)^0 + \left(1 - \frac{2}{15}\right)^1 + \left(1 - \frac{2}{15}\right)^2\right]\right\} \times 100\%$$

$$= 65\%$$

在二手车价值评估的实际计算中，通常在使用等速折旧时，将已使用年限和车辆平均使用年限换算成月数；但在使用双倍余额递减法时，已使用年限和车辆平均使用年限的整数年按年数计算,不足一年部分按12分之几折算。如3年9个月,前三年按年计算,后9个月按第四年折旧的9/12计算。例如,已使用a年b个月的计算公式:

$$C_{(a,b)} = C_a - \frac{C_a - C_{a+1}}{12} \times b \tag{4-23}$$

二手车价值评估中通常不计算不足一个月的天数折旧。

2. 整车观测法确定成新率

整车观测法是指二手车鉴定评估人员凭职业经验,靠感觉(视觉、听觉、触觉)或借助检测工具,对鉴定车辆的状态和损耗程度做出判断、分级,以确定成新率的一种方法。正常情况下,家用轿车不同技术状况对应的成新率可参见表4-2。

**家用轿车不同技术状况对应的成新率** 表4-2

| 车辆等级 | 车况定义 | 技术状况描述 | 成新率 |
|---|---|---|---|
| 1 | 很新 | 注册登记不满1年,行驶里程≤2万km,没有缺陷,没有修理和买卖的经历 | 95%<br>90% |
| 2 | 很好 | 注册登记不满3年,行驶里程≤6万km,有轻微不明显的损伤,漆面、车身和内部仅有小瑕疵,没有机械问题,无须更换部件或进行任何修理,无不良记录 | 85%<br>80%<br>75% |
| 3 | 良好 | 注册登记不满5年,行驶里程≤10万km,重新油漆的痕迹是好的,机械部分及易损件已更换,在用状态良好,故障率低,可随时使用 | 70%<br>65%<br>60%<br>55% |
| 4 | 一般 | 行驶里程≤16万km,有一些机械方面的明显缺陷,需要进行某些修理或更换一些易损部件,可以随时使用,但动力性下降,油耗增加 | 50%<br>45%<br>40%<br>35% |
| 5 | 尚可使用 | 处于运行状态的旧车,漆面无光泽,锈蚀严重,有多处明显的机械缺陷,可能存在不容易修复的问题,需要进行较多的维修和换件,可靠性很差,使用成本增加 | 30%<br>25%<br>20%<br>15% |
| 6 | 待报废处理 | 基本达到或达到使用年限,通过《机动车运行安全技术条件》检验,能使用,但动力性、经济性、可靠性下降,燃料费、维修费、大修费用增长速度快,车辆效益与支出基本持平、甚至下降,排放污染和噪声污染达到极限 | 10%<br>5%<br>4% |
| 7 | 报废 | 使用年限已达到报废规定,只有基本材料的回收价值 | 2%<br>0% |

3. 部件鉴定法确定成新率

部件鉴定法是在确定二手车各组成部分技术状况的基础上,按其组成部分对整车的重要性和价值量的大小来加权评分,最后确定二手车成新率的一种方法,其计算公式为:

$$C_B = \sum_{n=1}^{n} \Delta_i \cdot B_i \tag{4-24}$$

式中:$C_B$——部件鉴定法成新率;

$\Delta_i$——第$i$项部件的成新率;

$B_i$——第 $i$ 项部件价值权重;

$n$——部件项目数量。

部件鉴定法的基本步骤如下:

(1)先将车辆分成表4-3所述几个部分的总成部件,再根据各总成部件的建造成本、车辆建造成本的比重,按一定百分比确定权重。

机动车总成、部件价值权重分配　　　表4-3

| 总成名称 | 权重(%) | | |
|---|---|---|---|
| | 轿车 | 客车 | 货车 |
| 发动机及离合器总成 | 25 | 28 | 25 |
| 变速器及传动轴总成 | 12 | 10 | 15 |
| 前桥及转向器前悬总成 | 9 | 10 | 15 |
| 后桥及后悬架总成 | 9 | 10 | 15 |
| 制动系统 | 6 | 5 | 5 |
| 车架总成 | 0 | 5 | 6 |
| 车身总成 | 28 | 22 | 9 |
| 电器仪表系统 | 7 | 6 | 5 |
| 轮胎 | 4 | 4 | 5 |

(2)以全新车辆对应的功能标准为满分100分,其功能完全丧失为0分,再根据各总成、部件的技术状况估算各总成部件的成新率。

(3)将各总成部件的成新率与权重相乘,即得到各总成部件的权分成新率。

(4)最后将各总成部件权分成新率相加,即得被评估车辆的成新率。由于在不同种类、档次的车辆上,各组成部分对整车的重要性及其价值占整车的比重各不相同,有些类型车辆之间相差还很大,因此表4-3仅供评估人员参考,不可作为唯一标准。在实际评估时,应根据车辆各部分价值量占整车价值的比重调整各部分的权重。例如高价值轿车的电器仪表系统,其权重可以调整为20%~30%。

用部件鉴定法计算加权成新率时,部件成新率的取值一般不能超过采用公式计算得出的整车成新率。

采用部件分析法时车辆各组成部分权重难以掌握,特别是面对各种车型、各种品牌、各种结构,其各组成部分的划分及权重的分配和计算难度较大,且费时费力。因这种方法既考虑了二手车实体性损耗,也考虑了二手车维修换件会增大对于车辆的价值,所以评估值更接近客观实际,可信度高,多用于价值较高的二手车评估。

4.行驶里程法

用行驶里程法确定二手车的成新率,是指用被评估车的尚可行驶里程与规定行驶里程的比值来确定二手车成新率的一种方法,其计算公式为:

$$\beta = \left(1 - \frac{s_1}{s_0}\right) \times 100\% \quad (4\text{-}25)$$

式中:$\beta$——二手车的成新率(%);

$s_1$——二手车累计行驶里程(万 km);

$s_0$——车辆规定的行驶里程(万 km)。

用行驶里程法确定的成新率,仅仅反映了二手车使用强度及使用过程中实际的物理损耗,考虑了二手车使用强度对其成新率的影响。总的行驶里程越大,车辆的实际有形损耗也越大。但对于篡改里程表等因素的影响没有考虑,因此用行驶里程法确定的成新率仅仅是参考。

二手车累计行驶里程是指被评估二手车从开始使用到评估基准时点所行驶的总里程。车辆规定的行驶里程是指《机动车强制报废标准规定》中的引导报废行驶里程。各类机动车的引导报废里程见表 4-4。

**机动车引导报废行驶里程** 表 4-4

| 车辆类型与用途 | | | | 行驶里程(万 km) |
|---|---|---|---|---|
| 客车 | 营运 | 出租 | 小、微型 | 60 |
| | | | 中型 | 50 |
| | | | 大型 | 60 |
| | | 租赁 | | 60 |
| | | 教练 | 小型、中型 | 50 |
| | | | 大型 | 60 |
| | | 公交 | | 40 |
| | | 其他 | 小、微型 | 60 |
| | | | 中型 | 50 |
| | | | 大型 | 80 |
| | | 专用校车 | | 40 |
| | 非营运 | | 小、微型 | 60 |
| | | | 中型 | 60 |
| | | | 大型 | 50 |
| | | | 大型(轿车) | 60 |
| 货车 | | 微型 | | 50 |
| | | 中、轻型 | | 60 |
| | | 重型(含半挂牵引车和全挂牵引车) | | 70 |
| | | 危险品运输车 | | 40 |
| | | 低速货车(装用多缸发动机) | | 30 |
| 专用车 | | 专项作业车、轮式专用机械 | | 50 |
| 摩托车 | | 正三轮 | | 10 |
| | | 其他 | | 12 |

### 4.3.5 综合调整系数的估算

采用年限法和行驶里程法计算二手车成新率时,还应考虑二手车的技术状况对成新率的影响。影响二手车成新率的主要因素有车辆技术状况、使用和维修状态、原始制造质量、工作性质、工作条件5个方面。为此,综合调整系数由5个方面构成。这5个方面因素的影响权重是不同的,根据经验分别取为30%、25%、20%、15%和10%,则综合调整系数的计算公式为:

$$K = K_1 \times 30\% + K_2 \times 25\% + K_3 \times 20\% + K_4 \times 15\% + K_5 \times 10\% \quad (4-26)$$

式中:$K_1$——车辆技术状况调整系数;

$K_2$——车辆使用和维修状态调整系数;

$K_3$——车辆原始制造质量调整系数;

$K_4$——车辆工作性质调整系数;

$K_5$——车辆工作条件调整系数。

1) 车辆技术状况调整系数 $K_1$

车辆技术状况调整系数是在车辆技术状况鉴定的基础上对车辆进行的技术分级,然后取不同的调整系数来修正车辆的成新率。车辆技术状况调整系数取值范围为 0.6~1.0。

2) 车辆使用和维护状态调整系数 $K_2$

该系数反映使用者的车辆使用和维护水平。不同的使用者对车辆的使用和维护的实际执行情况差别较大,因而直接影响车辆的使用寿命和成新率。车辆使用和维护状态调整系数取值范围为 0.7~1.0。

3) 车辆原始制造质量调整系数 $K_3$

确定该系数时,应了解车辆是国产车还是进口车,是进口车的还需了解是否是名牌车,以及进口国别;是国产车的应了解是名牌产品还是一般产品。对依法没收后合法领取牌证的走私车辆,其原始制造质量系数建议视同国产名牌产品考虑。原始制造质量系数取值范围为 0.7~1.0。

4) 车辆工作性质调整系数 $K_4$

车辆使用性质不同,使用强度也不同。可把车辆使用性质分为私人工作和生活用车,机关企事业单位的公务和商务用车,从事旅客、货运、城市出租的营运用车。以普通小轿车为例,一般来说,私人工作和生活用车每年最多行驶约 2.5 万 km;公务、商务用车每年不超过 4 万 km;而营运出租车每年行驶有些高达 12 万 km,甚至更多。可见工作性质不同,其使用强度差异之大。车辆工作性质调整系数取值范围为 0.5~1.0。

5) 车辆工作条件调整系数 $K_5$

我国地域辽阔,各地自然条件差别很大,车辆的工作条件对其成新率影响很大。车辆工作条件可分为道路条件和特殊使用条件。

道路条件可分为好路、中等路和差路三类。好路是指国家道路等级中的高速公路,一、二、三级道路,好路率在 50% 以上;中等路是指符合国家道路等级四级道路,好路率在

30%~50%;差路是指国家等级以外的路,好路率在30%以上。

特殊使用条件主要指特殊自然条件,包括寒冷、沿海、风沙、山地等地区。

根据上述工作条件可适当取值,车辆长期在道路条件为好路和中等路行驶时,工作条件系数分别取1和0.8;车辆长期在差路或特殊使用条件下工作,其系数取0.6。

各调整系数的选取方法及其权重分配参见表4-5。

**调整系数及其权重分配表** 表4-5

| 影响因素 | 因素分级 | 调整系数 | 权重(%) |
| --- | --- | --- | --- |
| 技术状态 | 好 | 1.0 | 30 |
| | 较好 | 0.9 | |
| | 一般 | 0.8 | |
| | 较差 | 0.7 | |
| | 差 | 0.6 | |
| 维护保养 | 好 | 1.0 | 25 |
| | 较好 | 0.9 | |
| | 一般 | 0.8 | |
| | 较差 | 0.7 | |
| 制造质量 | 进口车 | 1.0 | 20 |
| | 国产名牌车 | 0.9 | |
| | 进口非名牌车 | 0.8 | |
| | 走私罚没车、国产非名牌车 | 0.7 | |
| 工作性质 | 私用 | 1.0 | 15 |
| | 公务、商务 | 0.7 | |
| | 营运 | 0.5 | |
| 工作条件 | 较好 | 1.0 | 10 |
| | 一般 | 0.8 | |
| | 较差 | 0.6 | |

从上述影响因素中可以看出,各影响因素关联性较大。一般来说,其中某一影响因素加强时,其他项影响因素也随之加强;反之则减弱。影响因素作用加强时,对其综合调整系数不要随影响作用加强而随之无限加大,一般综合调整系数取值不要超过1.0。

除了上述五种主要因素之外,还有其他因素对二手车的成新率有一定的影响,如车辆大修情况、重大事故情况和地域因素等。

一辆机动车经过一段时间的使用后(或停用,受自然力的影响)会产生磨损,磨损的补偿就是修理。当某零部件完全丧失功能而又无法修理时,必须换件以恢复其功能。当车辆主要总成的技术状况下降到一定程度时,需要用修理或更换车辆零部件的方法恢复车辆的动力性、经济性、工作可靠性和外观的完整美观性,这样对车辆的追加投入,从理论上讲增加了车辆的使用寿命,因此对二手车成新率的估算值可适当增加。但是在实际使用和维修中存在以下不足之处：

（1）使用者对车辆的技术管理水平低，不清楚自己车辆的实际技术状况，而不能做到合理送修、适时大修。

（2）社会上有些维修企业，维修设备落后，装配技术水平较差。

（3）某些配件质量差。

因此，经过大修的车辆不一定都能很好地恢复车辆的使用性能，例如，老旧的国产车辆刚完成大修，即使很好地恢复了其使用性能，但其耐久性还是很差；一些高档进口车辆经过大修以后，不仅难以恢复原始技术状况，而且有扩大故障的可能性。因此，对于重置成本在7万元以下的旧车或老旧车辆，通常不考虑其大修对成新率的增加问题；而对于重置成本在7万~25万元之间的车辆，凭车主提供的车辆大修结算清单等资料可适当考虑增加成新率的估算值；对于25万元以上的进口车或国产高档车，凭车主提供的车辆大修或一般维修换件的结算清单等资料，分析车辆受托维修厂家的维修设备、维修技术水平、配件来源等情况，或者对车辆进行实体鉴定，考察维修对车辆带来的正面作用或者可能出现的负面影响，从而酌情决定是否增加成新率的估算值。重大事故通常是指车辆因碰撞、倾覆而造成车辆主要结构件的严重损伤，尤其是采用承载式车身的车辆发生过重大事故后，往往存在严重的质量缺陷，并且不易修复，对其价值有重大影响，二手车鉴定评估人员必须高度重视。因此对于出现重大事故的二手车应给予一定的折损率，取值范围为10%~50%。对于火烧车、水淹车的评估，尚需进一步研究探讨。

## 4.3.6 估价与折旧的区别

1. 汽车折旧

汽车作为固定资产，按现行财务制度规定应计提固定资产折旧。所谓汽车折旧，是指汽车随着时间的推移或在使用过程中，由于损耗而转移到产品中去的那部分价值。当这部分价值随着车辆产生收益的回收、积累，则形成汽车的折旧基金。折旧基金是为了补偿机动车的磨损而逐年提取的专用基金，其主要目的是在旧汽车不能使用或不再使用时，用折旧基金购置新车辆，实现汽车更新。

根据车辆的价值、使用年限，汽车折旧用所规定的折旧方法计算。对于允许使用的折旧方法，不同的国家有不同的规定，我国大多数采用直线折旧（平均折旧）法。

2. 机动车估价与折旧应区别的几个概念

1）实体性贬值与折旧额

实体性贬值不同于折旧额，不能用账面上累计折旧额代替实体性贬值。折旧是由损耗决定的，但折旧并不就是损耗。折旧是高度政策化了的损耗。在车辆使用过程中，价值的运动依次经过价值损耗、价值转移和价值补偿。折旧作为转移价值，是在损耗的基础上确定的。

2）使用年限与折旧年限

规定使用年限不同于规定折旧年限。折旧年限是对某一类资产作出的会计处理的统一标准,是一种高度集中的理论系数和常数,对于该类资产中的每一项资产虽然具有普通性、同一性和法定性,但不具有实际磨损意义上的个别性或特殊性。实际上,它表现为以下几个方面的特征:

①折旧年限是一个平均年限,对于同一类型中的任何一项资产均适用。

②它是在考虑损耗的同时,又考虑社会技术经济政策和生产力发展水平,有时甚至以之为经济杠杆,体现对某类资产的鼓励或限制生产政策。

③它是以同类资产中各项资产运转条件均相同的假定条件为前提的。这种情况下,同类型的资产,无论其所在地如何,维护情况、运行状况如何,均适用同一的折旧年限。因此评估工作中,鉴定估价人员不能直接按照会计学中的折旧年限来取代使用年限。

3) 评估中成新率的确定与折旧年限确定的基础损耗本身具有差异性

确定折旧年限的损耗包括有形损耗(实体性损耗)和无形损耗;而评估中确定成新率的损耗,包括实体性损耗、功能性损耗和经济性损耗。其中,功能性损耗只是无形损耗的一种形式,而不是无形损耗的全部。

### 4.3.7 重置成本法的特点

通过对重置成本、实体性贬值、功能性贬值、经济性贬值的分析,已经能够运用重置成本法确定二手车的评估价格,在使用中尽管工作量大,难以计算经济性贬值,但它比较充分地考虑了车辆的损耗,评估结果公平合理,在不易计算车辆未来收益或难以取得二手车交易市场参照车辆条件下可以广泛应用。

## 4.4 清算价格法

### 4.4.1 清算价格法的基本原理

清算价格法是以清算价格为标准,对二手车进行的价值评估。所谓清算价格,是指企业由于破产或其他原因,要求在一定的期限内将车辆变现,在企业清算之日预期出卖车辆可收回的快速变现价格。具体来说主要根据二手车技术状况,运用现行市价法估算其正常价值,再根据处置情况和变现要求,乘以一个折扣率,最后确定评估价值。

清算价格法在原理上基本与现行市价法相同,所不同的是迫于停业或破产,清算价格往往大大低于现行市场价格。这是由于企业被迫停业或破产,急于将车辆拍卖、出售。因此,从严格意义上讲,清算价格法不能算为一种基本的评估方法,只能算是现行市价法、重置成本法、收益现值法的具体运用。

### 4.4.2 清算价格法的适用范围

清算价格法适用于企业破产、抵押、停业清理时要售出的车辆。

1. 企业破产

企业破产是指当企业或个人因经营不善造成严重亏损,资不抵债时,企业应依法宣告破产,法院以其全部财产依法清偿其所欠的债务,不足部分不再清偿。

2. 抵押

抵押是指企业或个人为了进行融资,用自己特定的财产为担保向对方保证履行合同义务的担保形式。提供财产的一方为抵押人,接受抵押财产的一方为抵押权人。抵押人不履行合同时,抵押权人有权利将抵押财产在法律允许的范围内变卖,从变卖抵押物价款中优先获得赔偿。

3. 清理

清理是指企业由于经营不善导致严重亏损,已临近破产的边缘或因其他原因将无法继续经营下去,为弄清企业财务现状,对全部财产进行清点、整理和查核,为经营决策(破产清算或继续经营)提供依据,以及因资产损毁、报废而进行清理、拆除等的经济行为。

在上述三种经济行为中若有二手车进行评估,可用清算价格作为标准,但在评估时要注意评估车辆必须具有法律效力的破产处理文件或抵押合同及其他有效文件为依据;车辆在市场上可以快速出售变现,所卖收入足以补偿因出售车辆的附加支出总额。

### 4.4.3 清算价格法的主要影响因素

由于采用清算价格法进行评估的车辆通常要在较短的期限内将车辆变现,因此其价格往往低于现行市价,这是快速变现原则决定的。清算价格的高低一般与以下几方面因素有关:

1. 企业破产形式

如果企业完全丧失车辆的处置权,无法讨价还价,占有主动权的买方必然会尽力压低价格,以从中获益;如果企业尚有讨价还价的余地,则车辆的价格就有可能高一些。

2. 车辆的拍卖时限

车辆的拍卖时限越短,车辆的清算价格就可能越低;反之,若拍卖的时限较长,车辆的价格就可能高一些。

3. 车辆的现行市价

与被拍卖车辆相同或类似车辆的现行市价价格越高,被拍卖车辆的清算价格通常也会高一些;反之,被拍卖车辆的价格就会低一些。

4. 车辆的拍卖方式

若车辆与破产企业的其他资产一起整体拍卖,其拍卖值可能会高于包括车辆在内的各单项资产变现价值之和。

5. 清理费用

在破产等需要评估车辆价值时,应对清理费用及其他费用给予充分考虑。

## 本章小结

本章主要内容包括二手车价值评估的四种方法,即现行市价法、收益现值法、重置成本法和清算价格法。下列的总体概要覆盖了本章的主要学习内容,可以利用以下线索对所学内容做一次回顾,以便归纳、总结和关联相应的知识点。

1. 现行市价法

介绍了现行市价法评估二手车价值的基本原理、应用前提、计算方法和特点等。

2. 收益现值法

介绍了收益现值法二手车价值的基本原理、应用前提、计算方法、各评估参数的确定和特点等。

3. 重置成本法

介绍了重置成本法的基本原理和计算方法和特点,重置成本、车辆贬值、成新率、综合调整系数、变现系数的估算方法等。

4. 清算价格法

介绍了清算价格法的基本原理、适用范围和主要影响因素等。

## 自测题

一、**单项选择题**(在每小题的备选答案中,选出一个正确答案,并将其序号填在括号内)

1. 运用重置成本法估算一辆大众帕萨特车辆价值为 10 万元;根据市场销售情况调查,估定折扣率为 15% 可当即出售,则该车辆收购价格为(    )。

    A. 8.5 万元                  B. 8.0 万元

    C. 1.5 万元                  D. 10 万元

2. 在二手车鉴定评估技术规范中,主要使用的评估方法是(    )。

    A. 收益现值法、清算价格法      B. 现行市价法、重置成本法

    C. 现行市价法、清算价格法      D. 重置成本法、收益现值法

3. 电喷车出来后,使得化油器车发生贬值,这种贬值是(    )。

    A. 功能性贬值              B. 各种贬值都有

    C. 实体性贬值              D. 经济型贬值

二、**多项选择题**(在每小题的备选答案中,选出两个以上正确答案,并将其序号填在括号内)

1. 下面评估方法中属于年限法的是(    )。

    A. 等速折旧法              B. 年份数求合法

    C. 双倍余额递减法          D. 使用部件鉴定法

2. 车辆贬值主要包括(    )。

    A. 实体性贬值              B. 使用性贬值

    C. 功能性贬值              D. 经济性贬值

3. 进口车需要缴纳的税种包括(    )。

    A. 关税                      B. 购置税

C. 消费税　　　　　　　　　　D. 增值税

**三、判断题**(在括号内正确打√,错误打×)

1. 用重置成本法确定二手车收购价格的基本思路是先对二手车进行鉴定评估,再根据快速变现的原则估算一个折扣率,将被收购车辆的估算价格乘以折扣率既得二手车收购价格。（　）

2. 在二手车评估时,通常采用税前的利润为其收益额。（　）

3. 重置成本法确定二手车收购价格在确定成新率时一般采用等速折旧法来估算二手车成新率。（　）

**四、简答题**

1. 说明重置成本法、现行市价法、收益现值法、清算价格法的基本原理和适用范围?

2. 如何选取收益现值法中的折现率?

3. 重置成本法的特点是什么?

# 第 5 章  二手车鉴定评估方法的运用

## 导言

本章主要介绍了二手车鉴定评估各种方法的区别、联系和选用。事故车贬值损失的估算,变现系数的确定。用实例说明运用重置成本法、现行市价法、收益现值法评估二手车的市场交易参考价和运用清算价格法评估二手车的拍卖底价的方法等内容。本章的学习内容力求使学生掌握二手车各类评估方法,为继续学习后续章节打下坚实的基础。

## 学习目标

1. 认知目标
(1)理解评估方法的区别与联系。
(2)掌握评估方法的选用原则。
(3)理解事故车贬值估算方法。
(4)理解变现系数的概念。
2. 技能目标
(1)能计算事故车贬值额。
(2)能确定二手车变现系数。
(3)能根据不同的评估目的选用合适的评估方法并评估二手车价值。
3. 情感目标
(1)初步养成自觉遵守国家标准的习惯。
(2)培养一丝不苟、严肃认真的工作作风。
(3)增强空间想象能力和思维能力,提高学习兴趣。

## 5.1  二手车鉴定评估方法的选择

### 5.1.1  评估方法的区别与联系

1. 重置成本法与收益现值法

重置成本法与收益现值法的区别在于:前者是历史过程,后者是预期过程。重置成本法比较侧重对车辆过去使用状况的分析。尽管重置成本法中的更新重置成本是现时价格,但重置成本法中的其他许多因素都是基于对历史的分析,再加上对现时的价格比较后得出的结论。如有形损耗就是基于被评估车辆的已使用年限和使用强度等来确定的。由此可见,如果没有对被评估车辆的历史判断和记录,那么运用重置成本法评估车辆的价值是不可能的。

与重置成本法比较,收益现值法的评估要素完全是基于对未来收益的分析。收益现值法不必考虑被评估车辆过去的情况如何,也就是说,收益现值法不把被评估车辆已使用年限和使用程度作为评估基础。收益现值法所考虑和侧重的是被评估对象未来能给予投资者带来多少收益。预期收益的测定,是收益现值法的基础。一般而言,预期收益越大,车辆的价值越大。

2. 重置成本法与现行市价法

理论上讲,重置成本法也是一种比较方法。它是将被评估车辆与全新车辆进行比较的过程,而且,这里的比较更侧重于性能方面。比如,评估一辆二手车时,首先要考虑重新购置一台全新的车辆时需花费的成本,同时还需进一步考虑二手车的陈旧状况和功能、技术情况。只有当这一系列因素充分考虑周到后,才可能给二手车估价。而上述过程都涉及与全新车辆的比较,否则就无法确定二手车的价值。

与重置成本法比较,现行市价法的出发点更多地表现在价格上。由于现行市价法比较侧重价格分析,因此对现行市价法的运用便十分强调市场化程度。如果市场很活跃,参照车辆很容易取得,那么运用现行市价法所取得的结论就会更可靠。现行市价法的这种比较性,相对于重置成本法而言,其条件更为广泛。运用重置成本法时,也许只需有一个或几个类似的参照车辆即可。但是运用现行市价法时,必须有更多的市场数据。如果只取某一数据作比较,那么现行市价法所作的结论将肯定受到怀疑。

3. 收益现值法与现行市价法

如果说收益现值法与现行市价法存在某种联系,那么这一联系就是二者常结合起来使用。通过把现行市价法和收益现值法结合起来评估车辆的价值,在二手车交易市场发达的国家应用得相当普遍。

从评估观点看,收益现值法中任何参数的确定,都具有主观性。因为预期收益、折现率等都是不可知的参数,也容易引起争议。但是这些参数在运用收益现值法评估车辆价值时又必须明确,否则收益现值法就无法使用。然而,一旦根据估计来确定收益现值法中的参数,那么就涉及估计的依据问题。而这个问题,在市场发达的地方,解决的方式就是寻求参照车辆。通过选择参照车辆,进一步计量其收益折现率及预期年限,然后将这些参照车辆数据有效地运用到被评估车辆上,以确定车辆的价值。

把收益现值法和现行市价法结合起来使用,目的在于降低评估过程中的人为因素,更好地反映客观实际,从而使车辆的评估更能体现市场观点。

4. 清算价格法与现行市价法

清算价格法与现行市价法,都是基于现行市场价格确定车辆价值的方法。所不同的是,利用现行市价法确定的车辆价值,如果被出售者接受,而不被购买者接受,出售者有权拒绝交易。但利用清算价格法确定的清算价值,若不能被买方接受,清算价格就失去了意义。这就使得利用清算价格法进行的评估,完全是一种站在购买方立场上的评估,在某种程度上,这可以被认为是一种取悦于购买方的评估。

### 5.1.2 评估方法的比较

1. 重置成本法

采用重置成本法的优点是，比较充分地考虑了车辆的损耗，评估结果更趋于公平合理。在不易计算车辆未来收益或者难以取得市场参照车辆的条件下，可广泛使用。采用重置成本法的缺点是工作量较大，且经济性损耗不易准确计算。

2. 收益现值法

采用收益现值法的优点是与投资决策相结合，容易被交易双方接受；能比较真实准确地反映车辆本金化的价格。采用收益现值法的缺点是预期收益额预测难度大，受主观判断和未来不可预测因素的影响较大。

3. 现行市价法

采用现行市价法的优点是能够客观地反映车辆目前的市场情况，其评估参数指标直接从市场上获得，评估价值能反映市场的现实价格，评估结果易于被各方面理解和接受。随着我国二手车交易市场的不断发展和完善，加上互联网、大数据的助力，寻找参照车辆已经变得比较容易，所以现行市价法成为目前最常用的二手车评估方法。

4. 清算价格法

清算价格法仅限于在特定条件下使用。在我国，关于清算价格法的理论与实践，还有待于进一步总结和完善。

### 5.1.3 评估方法的选用

1. 重置成本法的选用

重置成本法是二手车鉴定评估常用的一种方法，它适用于继续使用前提下的二手车鉴定评估。对于在用车，可直接运用重置成本法进行评估，无须作较大的调整。目前，我国二手车交易市场尚需进一步规范和完善，运用现行市价法和收益现值法的客观条件受到一定的制约；而清算价格法仅在特定的条件下才能使用。因此，重置成本法在二手车鉴定评估中得到了广泛应用。

2. 收益现值法的选用

二手车的评估多数情况下采用重置成本法，但在某些情况下，也可采用收益现值法。运用收益现值法进行二手车鉴定评估的前提是被评估车辆具有独立的、能连续用货币计量的可预期收益。由于在车辆的交易中，人们的购买目的往往不在于车辆本身，而是通过车辆能获利能力，因此，该方法较适于从事营运的车辆。

3. 现行市价法的选用

现行市价法的运用首先必须以市场为前提，它是借助于参照车辆的市场成交价或变现价格运作的(该参照车辆与被评估车辆相同或相似)。因此,一个发达活跃的二手车交易市场是现行市价法得以广泛应用的前提。此外,现行市价法的运用还必须以可比性为前提。运用该方法评估车辆市场价值的合理性与公允性,在很大程度上取决于所选取的参照车辆的可比性如何。可比性包括两方面的内容:

(1)被评估车辆与参照车辆之间在规格、型号、用途、性能、新旧程度等方面应具有可比性。

(2)参照车辆的交易情况(如交易目的、交易条件、交易数量、交易时间、交易结算方式等)与被评估车辆将要发生的情况具有可比性。以上所述的市场前提和可比前提,既是运用现行市价法进行二手车鉴定评估的前提条件,同时也是对运用现行市价法进行二手车鉴定评估的范围界定。对于车辆的买卖,以车辆作为投资参股、合作经营,均适用现行市价法。

4.清算价格法的选用

清算价格法适用于企业破产、抵押、停业清理时要售出车辆的评估。这类车辆必须同时满足以下三个条件,方可利用清算价格法进行评估。

(1)以具有法律效力的破产处理文件、抵押合同及其他有效文件为依据。
(2)车辆在市场上可以快速出售变现。
(3)清算价格足以补偿因出售车辆所付出的附加支出总额。

### 5.1.4 评估方法选用应考虑的因素

选择二手车鉴定估价方法时主要考虑的因素有:
(1)二手车评估方法的选择必须严格与车辆评估的计价标准相适应。
(2)二手车评估方法的选择可能受数据收集和信息资料收集的制约。
(3)在选择二手车评估方法时,要充分考虑鉴定评估工作的效率,选择简单易行的方法。

考虑上述因素,在四种评估方法中,采用现行市价法评估时,由于我国二手车交易市场发育尚不完善,较难寻找到与被评估车辆在车辆类型、使用时间、使用强度、使用条件完全相同的参照物,只能用相似类比法进行评估,且进行差异化调整比较烦琐;采用收益现值法时,投资者对预期收益额的预测难度较大,且受较强的主观判断和未来不可预测因素的影响;采用清算价格法评估车辆时,又受其适用条件的局限。所以上述评估方法中,重置成本法具有收集资料信息便捷、操作简单易行、评估理论贴近二手车的实际等特点,故最为常用。

## 5.2 事故车贬值的估算

近几年,一方面机动车性能提高,保有量激增,另一方面城乡道路建设相对滞后,特别是城市道路拥挤不堪,由两者发展不平衡而引发的直接后果之一就是交通事故频发,重大事故不断,车辆碰撞造成的损失惨重。

## 5.2.1 事故车的贬值

车辆因交通事故会产生贬值,其贬值包括实体性贬值、经济性贬值和功能性贬值三部分,但对市场交易价格影响最大的是实体性贬值和经济性贬值。事故车的贬值程度主要取决于车辆价值、损害程度、维修质量,见表5-1。事故车贬值的幅度相当宽泛,从负贬值(溢值)到严重贬值都有可能;另一个原因是评估车辆未发生事故前的价值时,很难有一个精确值。无论是采用现行市价法、还是采用重置成本法计算,都会因地域不同、市场供需关系不同、评估师及交易双方技术和经验的不同而出现差异,或者说出现一个价格浮动区间。

形成贬值和影响贬值的主要因素　　　　　　　表5-1

| | |
|---|---|
| 车辆价值 | 重置成本和使用年限 |
| | 品牌价值和保值率 |
| | 技术状况和使用强度 |
| | 之前发生事故情况 |
| 损伤程度 | 事故严重程度:低强度事故、中等强度事故、高强度事故 |
| | 损坏部位:骨架、外观件和非重要部件、关键部件和重要部件 |
| | 修复难度:安装基准或尺寸基准损坏、修复后材料性能降低 |
| 修复质量 | 修复工艺:以换件修复为主、换件整形修复、以整形修复为主 |
| | 配件质量:全部正厂件、少部分替代件、替代件为主 |
| | 维修条件:4S店或专修厂、条件较好的维修厂、条件较差的维修点 |

## 5.2.2 事故车贬值损失的特点

从表5-1可以看出,造成事故车的贬值因素很多,而影响贬值的主要因素又各不相同,因此,在实际评估工作中会出现相当宽泛的贬值幅度差异。

从下面的分析中也可以看出贬值的宽泛程度受多种因素的影响:

(1)某事故车是一部使用年限较长的低价值车辆,事故未造成骨架损伤,部分外观件受损,在特约维修站更换配件、重新喷漆后,整车性能与事故发生前相比基本相同,其评估价值和在二手车交易市场上的实际交易价格与事故发生前相比变化不大,也就是说车辆因事故贬值额较小,在特殊情况下还可能出现溢值(比未发生事故前价值还要高)。

(2)某事故车是一部使用年限较短的高价值车辆,骨架和关键部件部分受损,维修过程中有切割焊接、局部喷漆,以及拆解装配等,该车虽经特约维修站修复,但操控性能下降、室内噪声增大,使用寿命也不同程度地受到影响,其在二手车交易市场上的实际交易价格明显降低,这种情况说明车辆因事故贬值额较大。

(3)某事故车是一部使用时间较短的中等价值车辆,骨架和底盘部分受损但不严重,属中等事故,但该车是在一个条件较差的修理店维修,整形、焊接、喷漆质量较差,更换的配件中有一部分是副厂件,该车已经竣工出厂,若返修会造成更大的损失,这种情况下其贬值损失也会比较大。

### 5.2.3 事故车贬值损失的计算

事故车的贬值损失评估是近几年才开始出现的,在机动车鉴定评估行业和相关的教材中尚无统一的评估计算方法;各地相关单位在实践中做了多种探索,采用的方法也不尽相同。以下是我们在实际工作中逐步总结的一种评估方法,仅供参考。

评估过程分以下几个步骤:

(1)评估事故发生前该车的市场价格 $j$。

多采用重置成本法,先按双倍余额递减法进行快速折旧,再按综合分析法修正成新率;但对于价值较高、保有量较少或特种车辆,可采用现行市价法。

(2)通过技术鉴定确定贬值系数 $\lambda$。

(3)计算贬值额 $Q$。

计算方法为:

$$贬值额 = 事故发生前该车的市场价格 \times 贬值系数$$

即

$$Q = j \times \lambda$$

(4)通过市场调查验证或修正评估结论。

从以上评估方法和过程可以看出,贬值系数的确定是关键环节,也是技术分析的着重点。

### 5.2.4 事故车贬值系数的确定

按照 GB/T 30323—2013《二手车鉴定评估技术规范》对事故车的定义,可将承载式车身的乘用车按车体结构损伤部位分别确定其贬值系数,见表 5-2(此表仅供参考)。

车体部位贬值系数对应表　　　　　　　表 5-2

| 序号 | 检查项目 | 贬值系数 | 序号 | 检查项目 | 贬值系数 |
|---|---|---|---|---|---|
| 1 | 左A柱 | 3%~5% | 7 | 左前纵梁 | 2%~6% |
| 2 | 左B柱 | 2%~4% | 8 | 右前纵梁 | 2%~6% |
| 3 | 左C柱 | 3%~5% | 9 | 左前减振器悬架部位 | 3%~8% |
| 4 | 右A柱 | 3%~5% | 10 | 右前减振器悬架部位 | 3%~8% |
| 5 | 右B柱 | 2%~4% | 11 | 左后减振器悬架部位 | 2%~6% |
| 6 | 右C柱 | 3%~5% | 12 | 右后减振器悬架部位 | 2%~6% |

应该说因为影响事故车贬值的因素过于复杂,表中的贬值系数不一定适用于所有的贬值评估项目,需要在实践中按照实事求是、综合分析的原则加以灵活运用,为事故车修复后的市场交易价值作出一个公平、公正、科学、合理的评估结论。通过对表 5-2 的不断补充、完善和修订,使之适用范围更广、更具有合理性、更贴近市场价格。

## 5.3 变现系数的确定

在对二手车进行鉴定评估时,不仅要看车辆的技术状况,而且要充分考虑市场微观经济环境(如某品牌或某车款的热卖度、供求关系、车龄、地区差异、车辆档次或价位等)和政府宏观政策对二手车价格的影响,亦即二手车变现系数对二手车价格的影响。一款热卖的新车,必然也会带动相关二手车的热卖,而且价格上受到新车的影响非常大。由于新车价格是二手车鉴定评估的重要依据和指标之一,因此二手车保值率就成为影响二手车变现系数的主要因素。

变现系数与保值率有明显的不同之处。保值率是汽车性价比的重要组成部分,是指某款车型在使用一段时间后将其卖出的价格与先前购买价格的比值。它取决于车辆性能、车辆可靠性、车龄、里程、车况、品牌知名度、市场占有率、保养费用、维修便捷程度、季节、区域以及市场环境等诸多因素影响,是衡量车辆价值衰减快慢的重要指标。

二手车保值率一直是衡量二手车价值的关键指标,但也直接受新车价格稳定的影响。在新车交易中,保值率日渐成为消费者购车的决策因素之一,被誉为汽车价值生命的"第二周期"。

2017年6月7日,在中国国际贸易促进委员会主办的"全球汽车论坛"上,中国汽车保值率研究委员会发布了《2017中国汽车保值率报告》。该报告指出,随着汽车金融属性不断增强,保值率已经成为整车企业开发金融产品的核心,保值率的研究与善用,为汽车厂商提升车辆残值的管理、开发新金融产品创造了更多的商业价值。

未来5年,汽车大数据将成为汽车企业和汽车经销商的有效资产,对助推产业链完善、可持续发展,将发挥重要作用,而连续发布七年的《中国汽车保值率报告》(以下简称"报告"),是汽车大数据的一个重要组成部分。中国国际贸易促进委员会汽车行业分会会长王侠表示,保值率的研究,为汽车生产、销售、消费、售后以及汽车金融保险业务的紧密黏合与新型业务链条的形成,提供了极具意义的参考价值和数据支撑。

"报告"指出,通过一年以来的数据观察发现,2017年保值率数据较去年略有提升,但提升幅度不大,二手车市场整体保持平稳态势。各城市各级别的车辆保值率环比均有所增长;其中,一线、二线城市车辆保值率环比分别微增0.3和0.2个百分点;三线、四线城市保值率环比上月增长0.4和0.1个百分点。各主要级别车辆保值率均有所上升;中大型车、MPV保值率环比增长0.4个百分点;中型车和中大型SUV保值率环比上月增长0.3个百分点;其他级别保值率环比微增。2017年主要级别车型3年车龄整体保值率及环比如图5-1所示。

保值率的取值,一方面靠行业权威部门的定期发布,另一方面也要靠评估师经验的积累。车辆的评估遵循的大体规律是"一车一价""一人一价",与评估师的水平有相当大的关系,还与每个车的技术状况、年限、事故贬值等具体情况相关,因为车辆的品牌、型号、配置繁杂,经过一段时间使用之后,其各自的技术状况又会发生千差万别的变化,所以,在二手车评估工作中,应以单台车辆作为评估对象,不能简单地套用评估方法和公式,也不适合简单的批量作业;为了更为准确地计算不同车况的车辆价值,应根据保值率的高低,分析出变现系数的范围取值。

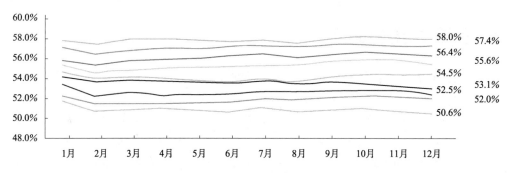

曲线自上而下顺序为：紧凑型SUV;小型SUV;紧凑型车;中型SUV;中型车;小型车;中大型SUV;中大型车;MPV

图 5-1　2017 年主要级别车型 3 年车龄整体保值率及环比

参照"报告"中小型轿车、紧凑型车、中型车、中大型车、小型 SUV、紧凑型 SUV、中型 SUV 等车型的市场交易活跃度 TOP10 及市场保值率 TOP10，将二手车变现系数划分为 5 档，并对应相应系数，见表 5-3。

**变现系数对应表**（此表仅供参考）　　　　　　　　　　　　　表 5-3

| 序　号 | 级别(保值率) | 变现系数 | 序　号 | 级别(保值率) | 变现系数 |
|---|---|---|---|---|---|
| 1 | 高 | 1.1~1.2 | 4 | 低 | 0.8~0.9 |
| 2 | 较高 | 1.0~1.1 | 5 | 较低 | 0.8 以下 |
| 3 | 中 | 0.9~1.0 | | | |

对于中级别保值率的乘用车，其变现系数与其车整体保值率基本对应，而保值率高于整体保值率的车辆，其变现系数明显较高，反之则明显降低。

表 5-3 所列变现系数仅用于乘用车采用重置成本法且用加速折旧计算成新率时对评估值进行修正。

# 5.4　二手车评估实例

## 5.4.1　用重置成本法评估二手车价值

**实例一：**

为增强企业实力，经甲快递公司董事会决定于 2017 年 10 月 12 日并购另一小快递公司乙公司。乙公司旗下有一辆 2015 年 12 月 1 日购买的大众帕萨特小型轿车，请对该车并购后的实际资产价值进行评估。

经检查，该车型号为 2015 款帕萨特 1.8TSI DSG 尊荣版，为非营运车辆，行驶里程为 4万 km。该车手续齐全有效，维护良好，动静态检查车辆技术状况较好，未发现事故痕迹。该型号新车已经停售，替代产品为 2017 款帕萨特 330TSI DSG 尊荣版。2017 款新车的市场零售价为 22.29 万元，比 2015 款动力提升 14.7kW，排放标准由国Ⅳ改为了国Ⅴ。两项差别大约使车价上升 0.31 万元。

根据题意,要评估车辆的资产价值,可选用重置成本价值类型,运用公式 $P = B \times C \times K \times \varphi$ 进行计算。

(1) 确定重置成本 $B$。

车辆作为资产,在评估时应按重置成本全价计算。重置成本全价应包括新车零售价、车辆购置税和上牌费,若上牌费按 200 元计算,则:

$$B = 22.29 - 0.31 + \frac{22.92 - 0.31}{1.17} \times 10\% + 200 = 24.11(万元)$$

(2) 确定年限成新率 $C$。

$$C = \frac{180 - 22}{180} \times 100\% = 87.78\%$$

(3) 确定综合调整系数 $K$。

该车技术状况良好,取 $K_1 = 0.9$;维护良好,取 $K_2 = 1.0$;制造质量为国产名牌,取 $K_3 = 0.9$;工作性质为公务,取 $K_4 = 0.7$;工作条件较好,取 $K_5 = 1.0$。

$$\begin{aligned} K &= K_1 \times 30\% + K_2 \times 25\% + K_3 \times 20\% + K_4 \times 15\% + K_5 \times 10\% \\ &= 0.9 \times 30\% + 1.0 \times 25\% + 0.9 \times 20\% + 0.7 \times 15\% + 1.0 \times 10\% \\ &= 0.905 \end{aligned}$$

(4) 确定变现系数 $\varphi$。

该车品牌较好,市场保有量较大,保值率较高,变现容易,取变现系数 $\varphi = 1.05$。

(5) 计算评估值 $P$。

$$P = B \times C \times K \times \varphi = 24.11 \times 87.78\% \times 0.905 \times 1.05 \approx 20.11(万元)$$

根据计算结果,可以确定该车的资产价值为 20.11 万元。

**实例二:**

赵某在二手车市场看好了一辆 2009 款北京现代牌伊兰特悦动小型轿车打算购买。该车注册日期为 2009 年 6 月 5 日,累计行驶 9.2 万 km。假如赵某请你帮忙去买车,请根据国家标准 GB/T 30323—2013《二手车鉴定评估技术规范》推荐的重置成本法,计算评估基准日为 2017 年 10 月 22 日时该车的市场交易参考价。

经现场检查,该车为现代牌悦动 2009 款 1.6 手动舒适型,手续齐全有效,未发现重大事故。该车新车购买价格为 9.98 万元,但目前该车型已停售,其改进型新车售价为 9.19 万元。

(1) 静态检查。

车架号(VIN 码)、出厂铭牌与机动车登记证记载相符;车体结构完好,车身外观未发现严重碰撞事故痕迹,前杠、左前叶子板有事故修复痕迹,机舱内尘土较多,发动机油底渗漏。转向系统松旷;内饰较差,各电气设备运转正常,各电气设备运转正常,后轮磨损严重。

(2) 动态检查。

发动机怠速稳定,无异响,行驶时减振器有异响,制动时异响。

(3) 评分。

按照《二手车鉴定评估技术规范》规定对该车进行技术状况检查并评分,见表 5-4。

**车辆技术状况鉴定分值表**　　　　　　　　　　　　　　　　　　　　表 5-4

| 序　号 | 鉴定项目 | 标准分数 | 实际分数 |
|---|---|---|---|
| 1 | 车身外观部位 | 20 | 8 |
| 2 | 发动机舱检查 | 20 | 9 |
| 3 | 驾驶舱检查 | 10 | 5 |
| 4 | 起动检查 | 20 | 10 |
| 5 | 路试检查 | 15 | 8 |
| 6 | 底盘检查 | 15 | 7 |
| | 合计 | 100 | 47 |

（4）计算评估值 $W$。

根据题意，需采用公式 $W = R \times e$ 计算。

①确定该车更新重置成本（R）（车辆购买时的新车价值）。

$$R = 9.19 \text{万元}$$

②确定年限成新率 $y$。

$$y = N/n = \frac{180-100}{180} = 0.44$$

③确定技术鉴定成新率 $t$。

$$t = X/100 = 47/100 = 0.47$$

④确定成新率 $e$。

因该车经济性陈旧贬值不高，但实体性陈旧贬值较高而功能性陈旧贬值较低。整体来看 $y \times \alpha$ 应较高，所以取 $\alpha = 0.9$；$t \times \beta$ 应较低，所以取 $\beta = 0.1$，故：

$$e = y \times \alpha + t \times \beta = 0.44 \times 0.9 + 0.47 \times 0.1 = 0.443$$

⑤确定评估值 $W$。

$$W = R \times e = 9.19 \times 0.443 \approx 4.07 (\text{万元})$$

根据计算结果，确定该车的于评估价值日的市场交易参考价为 4.07 万元。

【分析说明】

（1）从以上两个实例看出，委托方提出的评估目的为评估车辆的资产价值（对于所有权为私人的非营运车辆来说可以称为财产价值），依据资产评估理论，此类评估属于重置价值类型，适用的评估方法为重置成本法。

（2）在二手车价值的评定估算中，重置成本取值均采用非全价重置成本。因为根据国家有关车辆购置税的定义，该税属于新车购买时由购买者一次性缴纳的税种，在其后可能发生的所有权转让环节都不再缴纳，所以对于二手车来说，其实际交易价格不应包含车辆购置税。但车辆作为资产时，应按全价重置成本计算。

（3）以上实例中的年限成新率均采用平均折旧法计算。小型轿车的"规定使用年限"仍采用 2013 年实行的国家《机动车强制报废标准规定》之前的规定，非营运小型轿车的合理使用寿命或者说是平均使用寿命为 15 年。

（4）重置价值类型、采用重置成本法估算的车辆评估值，应反映车辆的内在价值和客观价值,因此,如该车有较大的实体性陈旧贬值(如发生过严重的碰撞事故)可以考虑参照事故车贬值计算方法扣减贬值部分。

(5)重置价值类型、采用重置成本法估算的车辆评估值,不是交易市场上该项资产的社会平均认可量,也不可能与实际市场交易价格完全吻合,计算时可以不考虑市场波动因素的影响。

## 5.4.2 用重置成本法评估二手车市场交易参考价

**实例三：**

某工程公司在山东一家信贷公司贷款购买了一辆红岩牌重型自卸货车。后因工程公司经营不善,无法按期偿还贷款。该信贷公司将红岩牌重型自卸货车收回,并准备在市场上出售。该车购买时的价格为298000元,目前已行驶15652km,初次登记日期为2014年12月29日。请用重置成本法评估该车的市场交易参考价。

经检查,该车为红岩牌CQ3254HTG384重型自卸货车,装用潍柴WP10.340E32型发动机,车辆外廓尺寸为8475mm×2500mm×3510mm,整备质量为12090kg,总质量为25000kg。初次登记日期为2014年12月29日,车辆已行驶15652km。该车手续齐全有效,动静态检查车辆技术状况较好,未发现事故痕迹。车辆购买时价格为298000元。

根据题意,选用现行市价法评估该车市场交易参考价。

(1)确定车辆的重置成本 $B$。

根据市场调查,该车型目前已停产,其改进型新车售价为28.36万元;因只是外观改进,可将改进型新车价格作为被评估车辆的重置成本。因评估目的是评估车辆的市场交易参考价,不属于资产评估,故采用非全价重置成本计算。

$$B = 28.36(万元)$$

(2)确定车辆的年限成新率 $C_y$。

对于重型货车宜采用双倍余额递减法确定其年限成新率 $C_y$。

该车规定使用年限为 $G=10$ 年,已使用年限 $Y=12×2+10=34$ 个月,双倍余额递减法年限成新率 $C_y=66.76\%$(可查表计算)。

(3)确定综合调整系数 $K$。

该车技术状况良好,取 $K_1=0.9$;维护状况一般,取 $K_2=0.8$;制造质量为国产名牌,取 $K_3=0.9$;工作性质为营运,取 $K_4=0.5$;工作条件一般,取 $K_5=0.8$。

$$K = 0.9×30\% + 0.8×25\% + 0.9×20\% + 0.5×15\% + 0.8×10\% = 0.805$$

(4)计算综合成新率 $C$。

$$C = C_y × K = 66.76\% × 0.805 ≈ 53.74\%$$

(5)确定评估值 $P$。

$$P = B × C = 28.36 × 53.74\% ≈ 15.24(万元)$$

根据计算结果,可以确定该车的市场交易参考价为15.24万元。

**实例四：**

2017年3月王某在某二手车市场经朋友介绍购买了一辆二手一汽大众迈腾牌轿车,

购买车辆一个月后去4S店保养,工作人员说该车发生过事故。王某说,购买二手车时,卖方承诺没有任何事故,且都是在4S店正常维护,怎么可能有事故呢? 后王某不放心,找了一家专业的鉴定机构对该车的事故情况及当时购买该车辆的市场交易参考价进行鉴定。假如你是该鉴定机构的评估人员,请根据事故情况确定评估基准日该车的市场交易参考价。

该车为2015款大众迈腾1.8 TSI双离合豪华型(改款)小型客车,初次登记日期为2015年10月27日,手续正常,符合交易条件。

(1) 静态检查。

该车手续齐全有效,前机盖、车顶、右侧A柱的漆面厚度漆膜厚度为 $1181\mu m$ 明显高于其他部位,且车顶有明显的事故修复痕迹,如图5-2、图5-3所示。水箱、冷凝器、冷却风扇、车前风窗玻璃、天窗等配件已更换非原厂配件。

图5-2 迈腾车顶整形痕迹

图5-3 迈腾车车顶前梁整形痕迹

(2) 动态检查。

发动机怠速稳定,但有异响,转向系统漏油。

(3) 确定车辆的重置成本 $B$。

据市场调查,该车型目前已停售,其改进型新车售价为20.09万元,属于小改款,可以将改进型新车价格作为评估车辆的重置成本。

$$B = 20.09(万元)$$

(4) 确定车辆的年限成新率 $C_y$。

采用双倍余额递减法确定年限成新率。该车平均使用年限为 $G=15$ 年,已使用年限 $Y=17$ 个月,成新率 $C_y = 81.85\%$(可查表计算)。

(5) 确定综合调整系数 $K$。

该车技术状况良好,取 $K_1=0.9$;维护状况良好,取 $K_2=0.9$;制造质量为国产名牌,取 $K_3=0.9$;工作性质为私用,取 $K_4=1.0$;工作条件较好,取 $K_5=1.0$。

$$K = 0.9 \times 30\% + 0.9 \times 25\% + 0.9 \times 20\% + 1.0 \times 15\% + 1.0 \times 10\% = 0.925$$

(6) 计算综合成新率 $C$。

$$C = B \times C_y = 81.85\% \times 0.925 \approx 75.71\%$$

(7) 确定被评估车辆因事故造成的贬值系数 $i$。

根据事故情况,迈腾车贬值系数取值见表5-5。

迈腾车贬值系数取值　　　　　　　　　表 5-5

| 序　号 | 贬值项目 | 贬值系数 |
|---|---|---|
| 1 | 全车喷漆质量较差 | 3% |
| 2 | 车顶、A柱、机盖整形 | 6% |
| 3 | 更换配件劣质 | 1% |
| 4 | 装配质量差 | 0.5% |
| | 合计 | 10.5% |

(8) 确定评估值 $P$

$$P = B \times C \times i = 20.09 \times 75.71\% \times (1 - 10.5\%) \approx 13.61(万元)$$

根据计算结果，可以确定被评估车辆的评估值为13.61万元。

**【分析说明】**

(1) 以上两个委托项目的评估目的，都是评估二手车的市场交易参考价。按照资产评估的理论，应属于现行市价类型，首先应考虑采用现行市价法，但是，如果当地市场环境不能满足现行市价法的基本条件，也可以考虑借用重置成本法。在以上实例中，被评估车辆在当地的公平、有效市场上一时很难找到相似的参照物，如果勉强找到的参照物与被评估车辆之间有较大的差异，不只是计算复杂，而且会造成评估值与实际市场交易价格差异过大，因此评估师也可以借用重置成本法，正确评估二手车的市场交易参考价。

(2) 重置成本法既可以评估资产(财产)的内在价值和客观价值，也可以评估社会对该项资产(财产)价值的平均认可量。两者在评估原理上基本相同，但是在估算方法方面有以下区别：改用快速折旧法计算年限成新率，仍用综合调整系数计算综合成新率，重点分析因事故造成的贬值，对于被评估车辆本身存在的较大瑕疵和需要修复才能达到正常使用要求的维修费用应予以扣减，再根据保值率不同、市场供求关系变化等分析确定变现系数，综合分析估算后，最终确定评估值。

(3) 特别需要强调的是：在采用重置成本法评估二手车市场交易参考价的估算过程中，需要对市场交易行情、有关的市场信息进行了解并正确把握，对估算结果也应该通过市场调查进行分析验证，必要时予以修正，以期达到评估值与实际市场价格相吻合的目的。

(4) 在以上实例中，重置成本取值均采用非全价重置成本，年限成新率均采用快速折旧法中的"双倍余额递减法"，其中的"规定使用年限"为非营运小型轿车15年、大型货车10年；并根据车辆技术状况、使用保养情况确定调整系数，对年限成新率进行调整，得到综合成新率；从而形成符合二手车市场交易价格特征的基本估算值。

(5) 在二手车交易市场上，车辆的碰撞损伤情况会对实际交易价格产生较大的影响。在以上的评估实例中，对不足以造成车辆严重贬值的碰撞损伤，采用了估算、扣减修复费用的方法对基本估算值进行调整；对发生过严重碰撞事故、符合事故车贬值损失定义的车辆，则采用了计算贬值损失、在基本估算值中扣减贬值损失的方法，其目的都是为了客观反映事故车辆交易价格的市场表现。

(6) 在以上实例中都对被评估车辆的变现系数做出了客观的分析，有必要时可以对基本估算值进一步进行调整，以达到评估值与实际市场交易价格尽可能吻合的目的；在变现系数中权重较大的应为被评估车辆的保值率;保值率的高低,一方面需要参考专业机构发布的数据信息,另一方面也要求评估师实时掌握机动车商品信息,及时了解二手车交易市场上反映出来的价格信息,同时需要一定的经验累积。

(7)需要说明的是,采用重置成本法评估二手车的市场交易参考价的估算过程和方法,是资产评估学理论与机动车专业相结合的具体表现,该方法应用广、易掌握,随着更加深入的理论探讨和经验总结,将会得到普遍的应用,成为现行市价法的重要补充。

## 5.4.3 用现行市价法评估二手车市场交易参考价

**实例五:**

某汽车租赁公司欲处理一台陕汽牌 M3000 重型牵引车,现委托某鉴定评估机构对该车市场交易参考价进行评估,车辆基本信息如下:潍柴 WP10 发动机,257.25kW,6×2 牵引车,初始登记日期 2015 年 9 月,评估基准日 2017 年 9 月。通过市场调查发现,有三辆近期交易的参照车辆。具体配置见表 5-6。

陕汽牌 M3000 重型牵引车配置　　　　　　　表 5-6

| 项　　目 | 被评估车辆 | 参照物 1 | 参照物 2 | 参照物 3 |
|---|---|---|---|---|
| 车辆型号 | SX4256GR279 | SX4256GT279W | SX4256GT279W | SX4256GR279 |
| 销售条件 | 公开市场 | 公开市场 | 公开市场 | 公开市场 |
| 初始登记日期 | 2015 年 9 月 | 2015 年 9 月 | 2015 年 9 月 | 2015 年 11 月 |
| 已使用时间 | 24 个月 | 24 个月 | 24 个月 | 26 个月 |
| 成新率 | 70% | 64% | 68% | 73% |
| 价格 | 求评估值 | 13 万 | 11.5 万 | 12.7 万 |

(1)以参照车辆 1 为参照对象对各项参数作差异化调整。

A. 参照车辆 1 为潍柴 WP12.375E40 发动机,被评估车辆为潍柴 WP10.350E40 发动机,评估基准日该项结构 1 万元,调整数为 $2 \times 70\% = 1.4$(万元)。

B. 新旧程度差异化调整,调整数为 $13 \times (70\% - 64\%) = 0.78$(万元)。

$$评估值 = 13 - 1.4 + 0.78 = 12.08(万元)$$

(2)以参照车辆 2 为参照对象对各项参数作差异化调整。

A. 参照车辆 2 为潍柴 WP10.336E40 发动机,336 马力,评估基准日该项结构差异差异 1.2 万元,参照车辆 2 为主驾驶气囊座椅,被评估车辆为普通座椅,评估基准日该项结构差异 0.5 万元。调整数为 $(1.2 - 0.5) \times 70\% = 0.49$(万元)。

B. 新旧程度差异化调整。调整数为 $11.5 \times (70\% - 68\%) = 0.23$(万元)。

$$评估值 = 11.5 + 0.49 + 0.23 = 12.22(万元)$$

(3)以参照车辆 3 为参照对象对各项参数作差异化调整。

A. 由于参照车辆 3 与被评估车辆结构无差异,该项不作调整。

B. 新旧程度差异化调整。调整数为 $12.7 \times (73\% - 70\%) = 0.38$(万元)。

$$评估值 = 12.7 - 0.38 = 12.32(万元)$$

(4)计算评估值 $P$。

综合参照车辆1,参照车辆2和参照车辆3,被评估车辆评估值为:
$$P = (12.08 + 12.22 + 12.32) \div 3 = 12.2(万元)$$
根据计算结果,可以确定该车的市场交易参考价为12.2万元。

【分析说明】

(1)以上实例中,委托目的是评估二手车的市场交易参考价,属于现行市价价值类型。在符合现行市价法运用条件的情况下,应优先采用现行市价法;本实例中采集的与被评估车辆相同或相似的三个参照物,基本上符合选择参照物的条件,且与并评估车辆的差异较小。

(2)采集信息、选择和确定参照物是现行市价法的关键步骤。由于我国的汽车产品更新换代和新技术新材料的推广应用步伐很快,生产厂家众多,同类型车辆的厂牌型号、产品系列、总成配件配置的选装等十分繁杂,在市场调查中确定与被评估车辆完全相同的参照物非常困难,也就是说,采用直接法的机会极少,更多的是采用选择相似的参照物,采用类比法评估。

(3)在估算参照物和被评估车辆的各种差异过程中,需要评估师能够掌握和运用机动车总成、配件、各种装置的专业知识以及价格信息,同时也能够对涉及差异的总成、配件、各种装置进行正确的折旧估算;差异估算可能较为繁杂,但估算愈加详尽准确,评估结论就愈加正确。

(4)在采用现行市价法的评定估算过程中,评估师往往更注重的是评估值与市场实际交易价的吻合度,较少地从机动车专业的角度考虑被评估车辆的内在价值和客观价值。如果评估师从专业的立场出发,认为按照上述方法估算的评估值与车辆的实际价值差异过大,也可以酌情稍做调整,可能会引领市场交易价格向更加合理的方向发展。

## 5.4.4　用收益现值法评估二手车市场交易参考价

**实例六:**

某出租车公司因经营不善倒闭,委托某鉴定评估机构对该公司所有的45辆出租车营运证使用权进行价值评估,该市规定出租车营运证使用年限为8年。评估基准日为2016年12月份,使用期限为2020年6月1日。试运用收益现值法评估该公司所有车辆的市场交易参考价。

(1)确定每月纯收益。

根据调查,目前该市出租车营运公司一辆出租车平均每月收益8400元,各项营运成本占收入的比例见表5-7。

各项营运成本占收入的比例　　表5-7

| 项目 | 人员工资 | 车辆维护 | 保险费 | 税金 | 管理费 | 各项规费 |
|---|---|---|---|---|---|---|
| 比例(%) | 18 | 7.5 | 2.6 | 5.8 | 16.8 | 1.3 |

因此营运证使用权净收益每证每月为:$0.8400 \times (1-52\%) = 0.4032$(万元),每年为$0.4032 \times 12 = 4.8384$(万元)。

(2)确定收益年限。

该公司所有的45个营运证在评估基准日的收益年限为4.5年。

(3)确定折现率。

$$折现率 = 无风险报酬率 + 风险报酬率$$

其中无风险报酬率按二年期国债利率3.25%计算,风险报酬率根据本市现行出租车行业的营运状况,确定为3.6%,故:

$$折现率 = 3.25\% + 3.6\% = 6.85\%$$

(4)计算营运证使用权价格$P$。

$$P_1 = A \cdot \frac{(1+i)^n - 1}{i \cdot (1+i)^n} = \frac{4.8384}{6.85\%} \times \left(1 - \frac{1}{(1 + 6.85\%)^{4.5}}\right) = 18.2093(万元)$$

$$P = 45 \times 18.2093 = 819.4185(万元)$$

根据计算结果,可以确定该批车辆的市场交易参考价为819.4185万元。

**实例七:**

现有一辆40座以上的客运车辆需要评估,系济南某地线路长途客运车辆,单程170km,线路营运权一同转让,线路经营权年限与车的报废年限相同。均剩余4年,该车一年工作300天,每日往返,满载率为70%左右,平均载客量为27人。每张票价为65元。管理费、税金等为票价收入的30%,该车百公里平均油耗为27L,每升油价为7.2元,每年日常维护和小修费用预计为5.6万,大修费用为3.5万元。保险费、车船使用税、过桥过路费等杂费合计为12万元。人员工资13万元,不可预见的费用开支为3万元。不计个人所得税,试用收益现值法评估该车于2012年10月的价值。

根据题意,评估营运客车的价值属于收益现值价值类型。

(1)该车为营运性客运车辆,可用收益现值法进行评估。

(2)该车剩余使用年限为4年,即$n=4$。

(3)该车年平均收入测算。

该车一年工作300天,每日往返行程2趟,每趟平均载容量为27人。每张票价为65元。扣除客运基金管理费税金,则年平均收入为:$65 \times 27 \times 2 \times 300 \times 0.7 = 73.71(万元)$。

(4)年平均支出的费用为:

①燃油费。每天行驶340km,全年行驶300天,约10万km,该车百千米油耗为27L,每升油价为7.2元,则年耗油费为:19.44万元。

②车辆年维修费用。日常维护和小修费用预计为5.6万元,大修费用为3.5万元,两项合计为9.1万元。

③保险费、车船税、过桥过路费等杂费合计为12万元。

④人员工资为13万元。

⑤不可预见的费用开支为3万元。

则年均支出费用共计为:$19.44 + 9.1 + 12 + 13 + 3 = 56.54(万元)$。

(5)年净收入为:

$$A = 73.71 - 56.54 = 17.17(万元)$$

即:年收益额为17.17万元。

(6)确定折现率$i$。

无风险报酬率选2年期国债利率,$i_1 = 4\%$;

风险报酬率按市场平均值确定,$i_2 = 16\%$。

则折现率为:

$$i = i_1 + i_2 = 4\% + 16\% = 20\% = 0.2$$

(7)计算该车评估值 $P_1$（按平均年收益额相同计算）。

$$P_1 = A \cdot \frac{(1+i)^n - 1}{i \cdot (1+i)^n} = \frac{17.17}{0.2} \times \left(1 - \frac{1}{(1+0.2)^4}\right) = 44.44（万元）$$

因为使用收益现值法评估营运车辆的交易价格,其评估结论往往附带营运手续的价值(虽然这些附带手续的转让需要审批,但也必须将其考虑在内)。经市场调查该车的市场交易参考价应在计算值的基础上下浮10%,故该车的最终评估值为40万元(包含道路运输证过户)。

【分析说明】

(1)以上两个实例中,委托目的均为评估二手车的市场交易参考价,属于现行市价价值类型,但是由于被评估车辆是营运车辆,根据现行市价价值类型和收益现值法的定义以及特点,该类型的评估项目可以选择采用收益现值法。

(2)采用收益现值法,首先要求评估师通过大量的市场调查工作,翔实了解掌握被评估车辆的正常运营期间的实际情况,包括营运收入、运行成本、遇到过的和未来几年可能发生的经营风险、政策环境风险等;信息采集越翔实,评估值就会越准确,其中的营运收入、运行成本应为较长时期的数据信息。

(3)对市场调查获得的信息应该加以整理、鉴别、分析、计算,其间应该充分运用评估师的专业知识和经验;要注意营运收入和运行成本的真实性、合理性,必要时可扩大调查范围,以求得真实的年净收入值。

(4)折现率的取值对评估值影响非常大,特别是风险报酬率的取值有一定的难度,需要评估师掌握营运车辆未来几年面临的经济形势、运营环境、政策变化,分析可能遇到的所有风险,包括潜在的经营风险,并将上述风险加以量化。风险预测得是否全面,量化得是否准确,都决定了评估值的合理和准确。上述实例中,折现率是根据不同的运营车辆以及不同的运营环境分别确定的。

(5)在确定年净收益额的过程中,应考虑被评估车辆的使用年限,结合车辆技术状况和维修成本的变化规律加以估算调整,例如使用年限超过2年以上的车辆、一段时间内年净收益额变化不大,可以采用"$A \times$ 年金现值系数"的公式计算。为了计算简单,也可以将剩余寿命期内的年收益额按平均值计算。

选择收益现值法评估营运车辆的市场交易参考价时,应特别注意评估值中包括了营运手续和运营权产生的收益,并非完全是车辆本身的价值,评估师可以在评估报告中利用继续使用假设的概念和方法对此予以阐明。

## 5.4.5 用清算价格法评估二手车的拍卖底价

**实例八：**

王某名下有一辆奔驰C200L小型轿车,因抵押贷款逾期未还被法院强制拍卖,试用清算价格法评估该车的拍卖底价。

(1)核对车辆基本信息。

品牌：梅赛德斯-奔驰　　　　型号：BJ7204FEL

车辆类型:小型轿车　　　　VIN 号:LE4WG4CDXF＊＊＊＊＊＊
座位/排量:5 座/1991ml　　初次登记日期:2014 年 10 月 17 日
(2)确定评估基准日。
评估基准日为 2017 年 5 月 31 日。
(3)查验手续、规费情况。
该车机动车登记证书、机动车行驶证、购置税齐全,有号牌,年检合格证、有交强险。
(4)核查配置。
奔驰 C 级 2015 款 C200L 2.0T 135.24kW L4 型 M274 发动机,7 挡手自一体变速器,长×宽×高 4783×1810×1442(mm),欧 V 排放标准,前置后驱,主副安全气囊,前排侧气帘,胎压监测,ISOFIX 儿童座椅接口,车身稳定控制系统等。
(5)静态检查。
车架号(VIN 码)、出厂铭牌与机动车登记证记载相符;车体结构完好,车架连接处牢固可靠,发动机舱、驾驶舱、行李舱等处无严重碰撞事故痕迹,漆面完好,发动机无渗漏。变速器无渗漏现象;内饰保养较好,停放时间长,蓄电池无电;轮胎轻度磨损。
(6)动态检查。
发动机怠速稳定无异响,驾驶室内各种开关正常。因受道路条件限制,场地试验变速器无异常,转向系统正常,制动正常。
(7)计算过程。
根据题意,评估车辆的拍卖底价,属于清算价格价值类型。可用评估值 = 市场交易价格×折扣率来计算。
①确定重置成本 $B$。据市场调查,该车型目前已停售,其改进型新车售价为 35.38 万元,改进型只是外观改进,功能上基本维持原状,所以可将其作为重置成本,即 $B=35.38$ 万元。
②确定车辆的年限成新率 $C_y$。采用双倍余额递减法确定年限成新率。按平均使用年限 $G=15$ 年计算,该车已使用年限 $Y=2$ 年 7 个月,则:
$$C_y = 69.27\%(可查表)$$
③确定成新率调整系数 $K$。该车技术状况良好,取 $K_1=0.9$;维护状况良好,取 $K_2=0.9$;制造质量为国产名牌,取 $K_3=0.9$;工作性质为私用,取 $K_4=1.0$;工作条件较好,取 $K_5=1.0$。
$$K=0.9\times30\%+0.9\times25\%+0.9\times20\%+1.0\times15\%+1.0\times10\%=0.925$$
④计算综合成新率 $C$。
$$C=C_y\times K=69.27\%\times0.925\approx64.07\%$$
⑤确定评估值 $P$。
$$P=B\times C=35.38\times64.07\%\approx22.67(万元)$$
⑥确定折扣率 $i$。根据市场调查,确定折扣率 $i=15\%$。
⑦计算最终评估值 $W$。采用清算价格确定被评估车辆的最终评估值。
$$W=P\times(1-i)=22.67\times(1-15\%)\approx19.27(万元)$$
根据计算结果,可以确认该车的拍卖底价为 19.27 万元。

**实例九:**
某公司因资不抵债破产,法院依法查封其公司财产,并于 2011 年 1 月委托鉴定机构将所查封车辆评估拍卖底价。现以其中一辆北方奔驰 ND3250W282J 重型自卸货车为例进行分析。

(1)核对车辆基本信息。

车牌号码:鲁＊＊＊＊＊＊　　　　　车主:××工程有限公司
品牌:北方奔驰　　　　　　　　　　型号:北方奔驰牌 ND3250W282J
车辆类型:重型自卸车　　　　　　　VIN:LBZ146DA27＊＊＊＊＊＊＊
发动机型号:WD615.50　　　　　　　车身颜色:橘红色
燃油种类:柴油　　　　　　　　　　排量/功率:9726mL/206kW
初次登记日期:2008-01　　　　　　　表征里程:64600km

(2)检查手续、规费情况。

机动车登记证书 行驶证 购置附加税齐全,无号牌,年检合格证、交强险过期一年。

(3)核查车辆配置。

潍柴 WD615.50 直列 6 缸增压中冷柴油机,法斯特 9 速手动变速器,双回路气压制动系统,中、后轮储能弹簧制动装置,液压助力循环球齿条扇式转向机构,鱼肚形、不等宽、变截面、边梁式梯形结构车架,汽车顶置空调,空气减振座椅,货厢内部尺寸:长×宽×高 5200×2300×1400(mm),12.00R20 轮胎。

(4)静态检查。

车架号(VIN 码)、出厂铭牌与机动车登记证记载相符;车体结构完好,车架连接处牢固可靠,车架、副车架、驾驶室、货箱等处无严重碰撞事故痕迹,漆面锈蚀严重,货箱多处轻度受损;前风窗玻璃损坏,发动机油底渗漏。液压举升装置无渗漏现象;内饰多处破损,驾驶室内附件有缺失;停放时间长,蓄电池无电;前轮胎中度磨损,后轮磨损严重,右侧两后轮胎报废。

(5)动态检查。

外接电源起动车辆,发动机怠速不稳,工作粗暴,中高速有明显异响,初步判断为连杆轴承间隙过大;无载重情况下自卸举升装置工作正常。因受道路条件限制,场地试验变速器无异常,转向系统正常,制动时感觉正常。

(6)确定评估基准日。

评估基准日为:2011 年 01 月 28 日。

(7)计算过程。

根据题意,评估车辆的拍卖底价属于清算价格价值类型,可在评估市场交易参考价的基础上折扣处理。

①确定车辆的重置成本 $B$。据市场调查,该车型目前已停产,其改进型新车售价为 29.8 元;该价格为产地提车价,估算运至本市费用约 4000 元。除驾驶室外观改变之外,其余基本无重大改进,可以将改进型新车价格作为被评估车辆的重置成本。因本地无该车型销售网点,需要从原厂进货或从就近网点运输到本地,所以要多支付 4000 元的运费,故:

$$B = 29.8 + 0.4 = 30.2(万元)$$

②确定车辆的年限成新率。采用双倍余额递减法确定年限成新率。

该车规定使用年限为 $G=10$ 年,已使用年限 $Y=3$ 年,则年限成新率 $C_y=51.2\%$(可查表)。

③确定综合调整系数。该车技术状况一般,取 $K_1=0.7$;维护状况一般,取 $K_2=0.7$;制

造质量为国产名牌,取 $K_3 = 0.9$;工作性质为营运,取 $K_4 = 0.5$;工作条件较差,取 $K_5 = 0.5$。

$$K = 0.7 \times 30\% + 0.7 \times 25\% + 0.9 \times 20\% + 0.5 \times 15\% + 0.6 \times 10\% = 0.70$$

④计算综合成新率 $C$。

$$C = C_y \times K = 51.2\% \times 0.70 \approx 35.8\%$$

⑤确定评估值 $P$。

$$P = B \times C = 30.2 \times 35.8\% \approx 10.81(万元)$$

⑥确定折扣率 $i$。根据市场调查,确定折扣率 $i = 20\%$。

⑦确定评估值 $W$。采用清算价格确定被评估车辆的评估值。

$$W = P \times (1 - i) = 10.81 \times (1 - 20\%) \approx 8.65(万元)$$

根据计算结果,可以确认该车拍卖底价为 8.65 万元。

【分析说明】

(1)以上两个实例中,委托目的均为评估二手车的拍卖底价,属于清算价值类型,选择的方法均为清算价格法,其中又以折扣法为主。在实际工作中,遇有特殊车辆,或价格难以确定时,也可采用意向询价法或模拟竞价法。

(2)清算价格法以较为准确地估算被评估车辆的市场交易参考价为前提,市场交易参考价的评估方法在前面章节中已经做了详尽的叙述,具体说可以采用重置成本法或现行市价法,对营运车辆也可以采用收益现值法,在此不再赘述。

(3)在清算价格法中,如何确定折扣率是最重要、最关键的环节。折扣率确定得是否合理,关系到下一个交易环节——拍卖能否顺利完成,也关系到待重新配置的资产价值能否实现最大化,更关系到产权所有人的利益,甚至关系到国有资产流失问题。折扣率确定的合理性同时也能够直接反映评估质量。所以说,要尽可能避免流拍或出现较大的溢价率,关键在于折扣率确定的准确性。需要说明的是,折扣率只有一个大致的范围,没有统一的标准;折扣率应该根据具体情况,如近期拍卖机构收取的出让者和竞拍者的佣金、市场供求关系、地区和市场车辆的差异、委托方对时间和竞拍者的限制等等因素进行调整。在此,公平公正地保障各方利益是在确定折扣率过程中应该遵守的原则。

(4)在以上实例中,确定的折扣率不尽相同,通常情况下,二手车交易比较活跃的地区,非特种车型或委托方没有提出限制性要求时,折扣率可以掌握在 15%~25% 之间。

# 本章小结

本章主要内容包括二手车评估方法的选择、事故车贬值的估算、变现系数的确定、二手车评估实例等内容。下列总体概要涵盖了本章的主要学习内容,可以利用下列线索对所学内容进行一次简要回顾,以便归纳、总结和关联知识点。

1. 二手车评估方法的选择

介绍了二手车评估方法的区别与联系、二手车评估方法的选用原则和应考虑的因素等。

2. 事故车贬值估算

介绍了事故车贬值损失的特点、贬值损失的计算公式、贬值系数的确定原则等。

3. 变现系数的确定

介绍了变现系数、保值率的概念及其影响因素,以及变现系数的确定方法。

4. 二手车评估实例

用实例说明了运用现行市价法、重置成本法、收益现值法评估二手车市场交易参考价,用清算价格法评估二手车拍卖底价的方法及注意事项。

# 自测题

**一、单项选择题**(在每小题的备选答案中,选出一个正确答案,并将其序号填在括号内)

1. 与重置成本法比较,现行市价法的出发点更多地表现在( )上。
   A. 性能　　　　　B. 质量　　　　　C. 价格　　　　　D. 计算
2. 采用重置成本法的缺点是工作量较大,且( )也不易准确计算。
   A. 成新率　　　　　　　　　B. 经济性损耗
   C. 重置成本　　　　　　　　D. 事故贬值
3. 评估一辆车的市场交易参考价属于( )价值类型。
   A. 重置成本价值类型　　　　B. 现行市价价值类型
   C. 收益现值价值类型　　　　D. 清算价格价值类型

**二、多项选择题**(在每小题的备选答案中,选出两个以上正确答案,并将其序号填在括号内)

1. 计算事故车辆的贬值时,应计算出( )。
   A. 评估事故发生前该车的市场价格　　B. 通过技术鉴定确定贬值系数
   C. 计算出事故发生前的资产价值　　　D. 计算出事故发生前的拍卖底价
2. 清算价格法适用于( )时要售出的车辆评估。
   A. 企业破产　　B. 抵押　　C. 停业清理　　D. 市场交易
3. 确定折现率的原则包括:( )
   A. 折现率应高于无风险报酬　　　B. 折现率应体现投资回报率
   C. 折现率要体现资产收益风险　　D. 折现率应与收益口径相匹配

**三、判断题**(在括号内正确打√,错误打×)

1. 收益现值法把被评估车辆已使用年限和使用程度作为评估基础。　　　　( )
2. 如果没有对被评估车辆的历史判断和记录,那么也可以运用重置成本法来评估车辆的价值。　　　　( )
3. 与重置成本法比较,收益现值法的评估要素完全是基于对未来收益的分析。( )

**四、简答题**

1. 重置成本法与收益现值法有何区别?
2. 重置成本法与现行市价法有何区别?
3. 采用市场价格比较法评估二手车时,参照物的市场销售价来源有哪几种?

# 第6章 二手车鉴定评估报告的撰写

## 导言

本章主要介绍了如何撰写二手车鉴定评估报告,通过本章的学习,学生将了解鉴定评估报告的基本要求和主要内容以及报告书的撰写方法。

## 学习目标

1. 知识目标
(1) 理解二手车鉴定评估报告的概念与作用。
(2) 理解二手车鉴定评估报告撰写的基本要求和主要内容。
2. 技能目标
能撰写二手车鉴定评估报告。

## 6.1 二手车鉴定评估报告的概念与作用

### 6.1.1 二手车鉴定评估报告的概念

二手车鉴定评估机构接受委托开展二手车鉴定评估工作活动结束后,要按照有关法规要求,向委托方出具涉及评估对象的鉴定评估过程、评估方法、评估结论、说明、计算过程及各类备查文件等内容的《二手车鉴定评估报告》。

二手车鉴定评估报告是评估机构完成评估工作后提交给委托方的公证性工作报告,是评估机构履行评估合同的成果,也是评估机构为资产评估项目承担法律责任的证明文件。

二手车鉴定评估报告质量的高低,除取决于评估结论的准确性、评估方法的正确性、参数确定的合理性等之外,还取决于报告的格式、文字表述水平及印刷质量等。前者可以说是评估报告的内在质量,后者则是评估报告的外在质量,两者不可偏废。

### 6.1.2 二手车鉴定评估报告的作用

一般来说,《二手车鉴定评估报告》有以下几个作用:
(1) 作为产权变动交易作价的基础材料。旧机动车鉴定评估报告的结论可以作为车辆交易谈判的底价参考依据,或作为投资比例出资价格的证明材料。特别是对涉及国有资产的二手车必须客观公证地作价,以有效防止国有资产流失,确保国有资产价格的客观、公正、真实。

(2)作为各类企业进行会计记录的依据。如果需要按评估值对会计账目进行调整,必须由有权机关的批准。

(3)作为法庭辩论和裁决时确认财产价格的举证材料。一般是指发生纠纷案时的资产评估,其评估结果可作为法庭做出裁决的证明材料。

(4)作为支付评估费用的依据。当委托方(客户)收到评估资料及报告书后如果没有提出异议,也就是说评估的资料及结果符合委托书的条款,委托方应以此为前提和依据向受托方的评估机构付费。

(5)作为评估机构建立评估档案的主要信息来源。

## 6.2 撰写鉴定评估报告的基本要求和主要内容

### 6.2.1 基本要求

撰写二手车鉴定评估报告的基本要求如下:

(1)鉴定评估报告必须依照客观、公正、实事求是的原则由二手车鉴定评估机构独立撰写,如实反映鉴定评估的工作情况。

(2)鉴定评估报告不得带有任何诱导、恭维和推荐性的陈述,评估报告正文不得出现鉴定评估机构的介绍性内容。

(3)鉴定评估报告应有委托单位(或个人)的名称、二手车鉴定评估机构的名称和印章,二手车鉴定评估机构法人代表或其委托人和二手车鉴定评估师的签字,以及出具报告的日期。

(4)鉴定评估报告要写明评估基准日,且不得随意更改。评估过程中采用的所有税率、费率、利率和其他价格标准,均应采用基准日的标准。

(5)鉴定评估报告中应写明评估的目的和范围、二手车的状态和产权归属。

(6)鉴定评估报告应说明评估工作遵循的原则、所依据的法律法规、鉴定评估过程简述,采用的评估方法。

(7)鉴定评估报告应有明确的鉴定估算价值的结果,鉴定结果应有二手车的成新率、原值、重置价值、评估价值等。

(8)鉴定评估报告的数据一般均应采用阿拉伯数字,鉴定评估报告应用中文撰写和打印(手写无效)。如需出具外文评估报告,其内容和结果应与中文报告书一致,并须在评估报告中注明以中文报告为准。

(9)鉴定评估报告的附件应齐全。

### 6.2.2 主要内容

**1. 封面**

二手车鉴定评估报告的封面须载明的内容有:二手车鉴定评估报告的名称、二手车鉴定评估机构的全称、二手车鉴定评估报告的编号和提交日期等。有服务商标的,评估机构可以在报告封面载明其图形标志。

2. 首部

鉴定评估报告正文的首部应包括:

1) 标题

标题应该简练清晰,含有"×××(评估项目名称)鉴定评估报告"字样,位置居中偏上。

2) 报告书编号

报告书编号应符合公文的要求,包括评估机构特征字、公文种类特征字(例如评报、评函、评咨,评估报告的正式报告应用"评报",评估报告预报应用"评预报")、年份、文件序号(例如××评报字(2017)第××号或者××评报字2017-0101),位置本行居中)。

3. 绪言

写明该评估报告委托方全称、受委托评估事项及评估工作整体情况,一般应采用包括下列内容的表达格式:

××(鉴定评估机构)接受××××的委托,根据国家有关资产评估的规定,本着客观、独立、公正、科学的原则,按照公认的资产评估方法,对×××(车辆)进行了鉴定评估。本机构鉴定评估人员按照必要的程序,对委托鉴定评估车辆进行了实地查勘与市场调查,对其在××××年××月××日所表现的市场价值作出了公允反映。现将车辆评估情况及鉴定结果报告如下。

4. 委托方与车辆所有方简介

应写明委托方、委托方联系人的姓名、联系电话及住址,车辆所有者的姓名或单位名称。

5. 评估目的

应写明本次车辆评估是为了满足委托方的何种需求及其所对应的经济行为类型。

6. 评估对象

须简要写明纳入评估范围车辆的厂牌型号、号牌号码、发动机号、车辆识别代号(车架号)、注册登记日期、年审检验合格有效日期,车辆购置税、车船使用税、机动车强制保险证明及有效期等。

7. 鉴定评估基准日

写明车辆鉴定评估基准日的具体日期,式样为:鉴定评估基准日为××××年××月××日。

8. 评估原则

写明评估工作中遵循的各类公认原则以及本次鉴定评估遵循的国家、行业、部门规定。对于所遵循的特殊原则,应作适当阐述。

9. 评估依据

评估依据一般可以划分为行为依据、法律法规依据、产权依据、评定及取价依据等。

1)行为依据

主要是指二手车鉴定评估委托书、法院的委托书等经济行为文件。

2)法律法规依据

应包括车辆鉴定评估的有关条法、文件及涉及车辆评估的有关法律、法规等。

3)产权依据

是指被评估车辆的机动车登记证书或其他能够证明车辆产权的文件等。

4)评定及取价依据

应为鉴定评估机构收集的国家有关部门发布的统计和技术标准资料、有关询价资料和参数资料等。对评估中采用的特殊依据应在本节内容中披露。

10.评估方法及计算过程

简要说明评估人员在评估过程中所选择并使用的评估方法,简要说明选择评估方法的依据或原因。如对某车辆评估采用一种以上的评估方法,应适当说明原因并说明该资产评估价值的确定方法;对于所选择的特殊评估方法,应适当介绍其原理与适用范围;简要说明各种评估方法计算的主要步骤等。

11.评估过程

评估过程应反映二手车鉴定评估机构自接受评估委托起至提交评估报告为止的各种工作过程,包括接受委托、验证、现场查勘、市场调查与询证、评定估算、提交报告等过程。

12.评估结论

该部分是报告正文的重要部分,应使用表述性文字完整地叙述评估机构对评估结果发表的结论,还应单独列出不纳入评估汇总表的评估结果。评估价值金额要有大小写。

13.特别事项说明

评估报告中陈述的特别事项是指在已经确定评估结果的前提下,评估人员揭示在评估过程中发现的可能影响评估结论但非评估人员执业水平和能力所能评定估算的有关事项,提示评估报告使用者应注意特别事项对评估结论的影响,以及揭示鉴定评估人员认为需要说明的其他问题。

14.评估报告的法律效力

揭示评估报告的有效期,特别提示评估基准日的期后事项对评估结论的影响以及评估报告的使用范围等。

15.鉴定评估报告的提出日期

写明评估报告提交委托方的具体时间。评估报告原则上应在确定的评估基准日后一周内提交,最多不超过30个工作日。

16.附件

附件应包括二手车鉴定评估委托书、二手车鉴定评估作业表、车辆行驶证、车辆完税(购置税)证明、车辆登记证书的复印件,鉴定评估机构营业执照复印件、鉴定评估师资质复印件等。

17. 尾部

写明出具评估报告的评估机构名称并盖章；写明评估机构法人姓名并签章，二手车鉴定评估师签章并签名，高级鉴定评估师审核签章，注明报告日期。

## 6.3 二手车鉴定评估报告的撰写步骤

二手车鉴定评估报告不仅要真实准确地反映评估工作情况，而且要明示评估人员在今后一段时期里对评估的结果和有关的全部附件资料承担相应的法律责任。因此评估人员编制的报告要思路清晰、文字简练准确、格式规范、有关的取证与调查材料和数据真实可靠。为了达到这些要求，评估人员应按照评估资料的分类整理、评估资料的分析讨论、评估报告的撰写、评估报告的审核与签发几个步骤撰写二手车评估报告。同时在撰写二手车鉴定评估报告时的过程中，还应注意以下事项：

1. 实事求是，切忌出具虚假报告

报告书必须建立在真实、客观的基础上，不能脱离实际情况，更不能无中生有。报告拟定人应是参与鉴定评估并全面了解被评估车辆的主要鉴定评估人员。

2. 坚持一致性做法，切忌表里不一

报告书文字、内容要前后一致，正文、评估说明、作业表、鉴定工作底稿、格式甚至数据要互相一致，不能出现互相矛盾的不一致情况。

3. 提交报告书要及时、齐全和保密

在正式完成二手车鉴定评估报告工作后，应按业务约定书的约定时间及时将报告书送交委托方。送交报告书时，报告书及有关文件要送交齐全。

### 6.3.1 评估资料的分类整理

1. 整理工作底稿和归集有关资料

二手车评估现场工作结束后，有关评估人员必须着手对现场工作底稿进行整理。同时对有关询证函、被评估车辆背景材料、技术鉴定情况和价格取证等有关资料进行归集和登记。对现场未予确定的事项还须进一步落实和核查。

2. 评估资料的汇总

在完成现场工作底稿和有关资料的归集任务后，评估人员应着手对评估作业表的信息汇总。在信息汇总中应核对有关信息的正确性和关联性，如作业表与手续核对、作业表与车辆铭牌的核对、作业表中车辆状态与现场照片的核对等，预防出错。

### 6.3.2 评估资料的分析讨论

在完成评估资料的汇总并得出初步评估意见后，应组织参与评估工作的有关人员对评估报告的初步意见进行分析和讨论。比较有关评估数据,复核工作记录和估算结果的工作底稿,对计算方法选择错误、计算结果错误、作价不合理、结论提法不妥等方面的问题进行必要的调整,尤其采用两种不同评估方法评估并得出两个不同结论的,最终应在充分讨论的基础上得出一个正确的结论。

### 6.3.3 评估报告的撰写

二手车鉴定评估报告有定型式、自由式、混合式3种类型。

定型式二手车鉴定评估报告又称封闭式二手车鉴定评估报告,其格式、内容都是固定的。评估人员必须按要求填写,不得随意增减。其优点是普遍包括一般事项,写作省时省力,缺点是不能根据评估对象的具体情况而深入分析某些特殊事项。如果能针对不同的评估目的和不同类型的二手车作出相应的定型式二手车鉴定评估报告,则可以在一定程度上弥补这一缺点。

自由式二手车鉴定评估报告又称开放式二手车鉴定评估报告,是由评估人员根据评估对象的情况而自由创作的、无一定格式的二手车鉴定评估报告。其优点是可深入分析某些特殊事项,缺点是易遗漏一般事项。

在上述两种二手车鉴定评估报告的基础上,兼取这两种二手车鉴定评估报告的优点,制作成既有定型的格式和内容,又有自由发挥的空间的一种二手车鉴定评估报告,称为混合式。通常专案案件采用自由式二手车鉴定评估报告,例行案件采用定型式二手车鉴定评估报告。为了突出评估机构特色和水平,以采用混合式二手车鉴定评估报告为好。

不论二手车鉴定评估报告的形式如何,均应客观、公正、详实地记载评估结果和过程。如果仅以结论告知,必然会使委托评估者或二手车鉴定评估报告的其他使用者心理上的信任度降至最低。二手车鉴定评估报告的用语应力求准确、肯定,避免模棱两可或易生误解的文字,对于难以确定的事项应在报告书中说明,并描述其可能影响机动车价格的情形。

### 6.3.4 评估报告的审核与签发

二手车鉴定评估报告须经参与评估工作的有关人员交叉审核无误并签字盖章后按以下程序提交报告:先由复核人员审核签章,再送评估机构负责人审核签章并加盖评估机构公章,最后将签发的二手车评估报告送交委托单位签收。

对于二手车鉴定评估报告的复核,必须明确复核人员的职责,防止流于形式。

## 6.4 二手车鉴定评估报告撰写示例

某评估单位接到李某的委托,要求评估其名下车辆的拍卖底价,以便快速变现用于还债。所签订的《二手车鉴定评估委托书》见表6-1。

## 二手车鉴定评估委托书

表 6-1

委托书编号:2017-WT22

×××× 二手车鉴定评估有限责任公司:

因 □交易 □转籍 ■拍卖 □置换 □抵押 □担保 □咨询 □司法裁决需要,特委托你单位对号牌号码为鲁A×××××,车辆类型为小型轿车,车架号(VIN 码)为 LSGJA52HXXXXXXXXX 的车辆进行技术状况鉴定评估,并出具评估报告,2017 年 10 月 25 日前完成。

委托评估车辆基本信息

| | 车主 | 李× | 身份证号码/法人代码证 | | 3701021980＊＊＊＊＊＊＊＊ | |
|---|---|---|---|---|---|---|
| | 住址 | 山东省济南市历下区××××××× | | 联系电话 | 1380531＊＊＊＊ | |
| | 经办人 | 李× | 身份证号码 3701021980＊＊＊＊＊＊＊＊ | 联系电话 | 1380531＊＊＊＊ | |
| 车辆情况 | 厂牌型号 | | 别克牌 SGM7150LMAB | 使用用途 | 营运□ 非营运■ | |
| | 总质量/座位/排量 | | /5 座/1.5L | 燃料种类 | 汽油 | |
| | 注册登记日期 | | 2014 年 11 月 12 日 | 车身颜色 | 灰色 | |
| | 已使用年限 | 2 年 10 个月 | | 累计行驶里程(公里) | 43525 | |
| | 大修次数 | 发动机(次) | 无 | 整车(次) | 无 | |
| | 维修情况 | | 正常维护 | | | |
| | 事故情况 | | 前部与左后侧有轻微擦伤 | | | |
| 价值反映 | 购置日期 | | 2014 年 11 月 12 日 | 原始价格(元) | 80000 | |
| 备注: | | | | | | |

说明:

(1)委托方必须对车辆信息的真实性负责,不得隐瞒任何情节,凡由此引起的法律责任及赔偿责任由委托方负责。

(2)仅对车辆进行鉴定评估。

(3)评估依据:《机动车运行安全技术条件》(GB 7258)、《二手车鉴定评估技术规范》(GB/T 30323—2013)等。

(4)受托方与委托方、鉴定评估人员与有关当事人没有利害关系。严禁使用不正当手段牟取利益,不得接受经办人任何宴请、礼品、礼金等。

(5)未经委托许可,受托方不得向任何单位或个人透漏任何评估价值信息,凡由此造成的损失由受托方负责。

(6)评估结论仅对本次委托有效,不做他用。

(7)委托方如对评估结论有异议,可于收到《二手车鉴定评估报告》之日起 10 日内向受托方提出,受托方应给予解释。

委托方:　　　　(签字、盖章)　　　　　　　　　受托方:　　　　(签字、盖章)

2017 年 9 月 25 日　　　　　　　　　　　　　　　2017 年 9 月 25 日

1. 整理核实资料

接到李某的评估委托后,鉴定评估师对车辆手续进行查验,核实无误后开始对车辆进行现场查勘、核实并做好现场记录。查勘的同时需要对车辆进行拍照取证,重点突出车辆配置、碰撞损伤情况等,以便对被评估车辆技术状况做出正确的判断。这一工作是撰写评估报告的基础,必须加以重视。

被评估车辆为上汽通用2013款别克凯越手动经典款,内饰良好,轮胎中度磨损,右前叶子板有碰撞痕迹,前保险杠右侧有刮擦痕迹,后保险杠左侧有刮擦痕迹,左后叶子板有事故修复痕迹,左后车门边缘有约3cm²大小的凹陷且车门与轮眉间的缝隙不均匀。

为确定右后叶子板的损伤程度,可使用漆膜厚度测量仪对可能的损伤部位进行测试。首先对车辆不易发生事故的部位(如车顶、行李舱盖上部等)进行测量以确定原厂漆膜厚度。通过同一部位和不同部位的多次测量,确定该车原厂漆膜厚度在110μm到130μm之间。在右后叶子板的多个部位反复测量,可以确定右后轮轮眉前部大约30cm长范围内的漆膜厚度远大于原厂标准,再观察右后轮轮眉内侧,可以发现内板表面较平整且无切割焊接痕迹,说明只是轻微损伤整形后喷漆处理。

以上不正常情况可拍照作为核实车辆技术状况和分析讨论的证据,必要时可作为《二手车鉴定评估报告》的附件。

根据现场查勘记录和照片资料进行分析整理,填写《二手车鉴定评估作业表》,见表6-2。

二手车鉴定评估作业表　　　　　　　表6-2

| 车辆基本信息 | 车主名称 | 李× | 牌照号码 | 鲁A××××× | |
|---|---|---|---|---|---|
| | 厂牌型号 | 别克牌 SGM7150LMAB | 表征里程 | 43525km | |
| | VIN码 | LSGJA52HXXXXXXXXX | 车辆类型 | 小型轿车 | |
| | 发动机号 | 1412XXXXX | 车身颜色 | 灰 | |
| | 座位/排量 | 5座/1.5L | 使用性质 | 非营运 | |
| | 初次登记日期 | 2014年11月12日 | 现时状态 | 在用 | |
| 检核证件 | 号　牌:无误　登记证书:无误　行驶证:无误　环保卡:无误<br>年　检(至2018年11月)　环保检验(至2018年11月)<br>交强险(至2017年11月) | | | | |
| | 税费缴纳 | 购置税:已完税　　车船使用税:已缴纳 | | | |
| 重要配置 | 燃料种类 | 汽油 | 功率 | 83kW | 缸数 | 4缸 |
| | 排放标准 | 国Ⅳ | 驱动方式 | 前置前驱 | 变速器 | 手动 |
| | 气囊 | 主副 | 空调 | 手动 | ABS | 有 |
| | 倒车配置 | 影像 | 座椅 | 皮质 | 天窗 | 有 |
| | 其他重要配置 | | | | | |
| 车辆技术状况 | 鉴定科目 | 状况描述 | | | | |
| | 车身检查 | 右前叶子板有碰撞痕迹,前保险杠右侧有刮擦痕迹,左后叶子板有事故修复痕迹,后保险杠左侧有刮擦痕迹 | | | | |
| | 起动检查 | 起动顺利,怠速稳定 | | | | |
| | 发动机检查 | 无漏油,无漏水,运转正常 | | | | |
| | 车内检查 | 无内饰件老化现象,驾驶室整洁 | | | | |
| | 底盘检查 | 车辆轮胎中度磨损,转向系统轻微松旷 | | | | |

续上表

| 维护保养情况 | 维护保养到位 | 现实状态 | 优秀 |
|---|---|---|---|
| 车辆预估价格 | 48000 元 （大写）肆万捌仟元整 | | |
| 鉴定评估目的 | 评估拍卖底价用于拍卖 | | |
| 鉴定评估思路 | 用重置成本法评估车辆市场交易价格,用现行市价法验证,用清算价格法评估车辆拍卖底价 | | |
| 鉴定评估师签名:王×　　　张×　　　2017 年 9 月 25 日 | | | |

**2. 确定评估方法**

因委托方要求对车辆的"拍卖底价"进行评估,可首先用重置成本法计算该车的价值,用现行市价法验证计算结果,再用清算价格法评估车辆的拍卖底价。

**3. 市场调查和询证**

《二手车鉴定评估作业表》填写完成后,必须进行网上查询、市场调查和询证,以确定被评估车辆的基本情况、重置成本和现行市场交易价格。

经过网上查询和与《二手车鉴定评估作业表》对比,可以确定被评估车辆的基本情况(配置、主要技术参数)及其真实性,为确定其重置成本和现行市场交易价格做准备。

该车虽于 2016 年 8 月停产,但评估基准日距停产时间仅 1 年时间,故可以取该车停售时的实际销售价格 78000 元下浮 5% 作为重置成本 $B$:

$$B = 78000 \times (1 - 5\%) = 74100 (元)$$

通过市场调查发现,2014 年 8 月注册的配置相同的凯越轿车在 2017 年 8 月的成交价格为 48000 元;2015 年 2 月注册的相同配置的凯越轿车在 2017 年 7 月的成交价格为 50000 元,2014 年 12 月注册的相同配置的凯越轿车在 2017 年 9 月的成交价格为 47000 元,据此可以确定被评估车辆的现行市场交易价格约为 48333 元。

**4. 确定年限成新率 $C_y$**

被评估车辆注册日 2017 年 11 月至鉴定评估基准日 2017 年 9 月已使用 2 年 10 个月,按照平均使用寿命为 15 年,用双倍余额递减法确定其年限成新率:

$$C_y = 66.81\%$$

**5. 确定综合调整系数 $K$**

被评估车辆技术状况良好,各部件运转正常,故车辆技术状况调整系数 $K_1$ 取 1.0;虽然覆盖件有损伤,但不论内饰还是发动机均正常,故车辆使用和维护状态调整系数 $K_2$ 取 0.9;该车为合资车辆,该品牌属名牌产品,车辆制造所用材料和制造工艺在同级别车型中较好,故车辆原始制造质量调整系数 $K_3$ 取 0.9;该车为私人工作和生活用车,且车辆行驶里程不高也非停驶车辆,故车辆工作性质调整系数 $K_4$ 取 0.9;该车在我国华东内陆地区使用,地形以平原为主,公路发达,气候无极端寒冷和极端炎热情况,故车辆工作条件调整系数 $K_5$ 取 1.0。被评估车辆车辆综合调整系数 $K$ 计算如下:

$$K = K_1 \times 30\% + K_2 \times 25\% + K_3 \times 20\% + K_4 \times 15\% + K_5 \times 10\% = 0.94$$

**6. 确定综合成新率 $C$**

$$C = C_y \times K = 66.81\% \times 0.94 = 0.628$$

7. 确定被评估车辆的二手车变现系数 $\varphi$

被评估车辆为合资车辆,车价低、性价比高、市场保有量大,该车为停产前的最后改款车型,更换了更先进的动力系统,且车龄短,故变现能力强。该车型在中国汽车流通协会发布的 2017 年流通车型排名,以及电商平台和实地交易排名中均位列前四,故该车的变现系数 $\varphi$ 可取值 1.05。

8. 确定被评估车辆的评估值 $P$

$$P = B \times C \times \varphi = 74100 \times 0.628 \times 1.05 \approx 48863(元)$$

因被评估车辆的现行市场交易价格约为 48333 元,而用重置成本法计算出来的评估值 48863 元,可以证明该用重置成本法计算出来的评估值比较符合市场表现,故可用 48863 元作为该车的市场交易参考价。

因该车的评估目的为评估车辆的"拍卖底价",可在评估值 $P$ 的基础上下调 15% 作为该车的"拍卖底价",所以该车的拍卖底价为:$48863 \times (1 - 15\%) \approx 41534(元)$。

9. 出具二手车鉴定评估报告

将该评估值提交与评估工作的有关人员进行分析讨论并确定最终评估结果,草拟出二手车鉴定评估报告,与委托方交换意见并在独立、客观、公正的前提下对报告书做出必要的修正后,提出正式的《二手车鉴定评估报告》如下:

---

**二手车鉴定评估报告**
**××字(2017)第 20 号**

一、绪言

××二手车鉴定评估有限公司接受李×的委托,根据国家有关资产评估、车辆评估的规定和技术规范,本着客观、独立、公正、科学的原则,按照公认的资产评估方法,对牌号为鲁A×××××的车辆进行鉴定评估。本机构鉴定评估人员按照规范的程序,对委托车辆其评估基准日所表现的价值做出了公允反映。现将车辆评估情况及鉴定评估意见报告如下:

二、委托方简介

委托方:李×;

三、鉴定评估基准日

鉴定评估基准日:2017 年 09 月 25 日

四、评估目的

根据委托方的要求,本项目评估目的为:提供车辆拍卖底价。

五、鉴定评估车辆基本信息

牌照号码:鲁A×××××　　　　　　厂牌型号:别克牌 SGM7150LMAB
VIN 码:LSGJA52HXXXXXXXXX　　　发动机号:1412XXXXX
登记日期:2014 年 11 月 12 日

六、评估依据

(一)行为依据:鉴定评估委托书

(二)法律、法规依据

1.《二手车鉴定评估技术规范》(GB/T 30323—2013)

2.《机动车运行安全技术条件》(GB 7258—2017);

3.《机动车强制报废标准规定》(商务部、发改委、公安部、环境保护部令 2012 年第 12 号);

4.其他相关的法律、法规等。

(三)产权依据

委托鉴定评估车辆的行驶证、登记证书等有关资料。

### 七、评估原则

遵循"客观性、独立性、公正性、科学性、中立第三方"的原则。

### 八、评估方法

清算价格法。

### 九、计算方法

该车重置成本 $B$ 为 74100 元,双倍余额递减法年限成新率 $C$ 为 66.81%,综合调整系数 $K$ 为 0.94。在用重置成本法计算得出评估值的基础上下调 15% 作为清算价格 $P$:

$$P = B \times C \times K \times \varphi \times (1-15\%) = 74100 \times 66.81\% \times 0.94 \times 1.05 \times (1-15\%) \approx 41534(元)$$

### 十、鉴定评估意见

鲁 A××××× 的评估价格:41534 元;金额大写:肆万壹仟伍佰叁拾肆元整。

### 十一、特别事项说明

该鉴定价值不包含维修、施救、违章及停车费用等项目。

### 十二、声明

(一)本鉴定评估机构对该鉴定评估报告承担法律责任;

(二)本报告所提供的车辆评估价值为评估基准日的价值;

(三)该鉴定评估报告的使用权归委托方所有,其鉴定评估结论仅供委托方为本项目鉴定评估目的使用和送交评估机构的上级主管机关审查使用,不适用于其他目的,否则本鉴定评估机构不承担相应法律责任;因使用本报告不当而产生的任何后果与签署本报告书的鉴定评估人员无关;

(四)本鉴定评估机构承诺,未经委托方许可,不将本报告的内容向他人提供或公开,否则本鉴定评估机构将承担相应法律责任。

鉴定评估师(签字):王××　　　　　　鉴定评估师(签字):张××

××二手车鉴定评估有限公司(章)

2017 年 9 月 25 日

附件:

1.二手车鉴定评估委托书(详见表 6-1)

2.二手车鉴定评估作业表(详见表 6-2)

3.机动车行驶证、机动车登记证书复印件(略)

4. 被鉴定评估二手车照片(略)

5. 鉴定评估师职业资格证书复印件(略)

6. 鉴定评估机构营业执照复印件(略)

除上述报告书之外,还应将附件附在正文后面,装订成册后即可交给委托方使用了。评估时拍摄的照片、查勘记录、作业表等资料需要同报告书一起存档。

## 本章小结

本章主要内容包括二手车鉴定评估报告的概念与作用、撰写鉴定评估报告的基本要求和主要内容、二手车鉴定评估报告的撰写步骤、二手车鉴定评估报告的撰写实例等内容。下列总体概要涵盖了本章的主要学习内容,可以利用下列线索对所学内容进行一次简要回顾,以便归纳、总结和关联知识点。

1. 二手车鉴定评估报告的概念与作用

介绍了二手车鉴定评估报告的概念、二手车鉴定评估报告的作用等。

2. 撰写鉴定评估报告的基本要求和主要内容

介绍了撰写鉴定评估报告的基本要求、主要内容等。

3. 二手车鉴定评估报告的撰写步骤

4. 二手车鉴定评估报告的撰写实例

通过实例,说明了二手车鉴定评估报告的撰写方法。

## 自测题

**一、单项选择题**(在每小题的备选答案中,选出一个正确答案,并将其序号填在括号内)

1. 一般来说二手车鉴定评估报告的作用不包括下面哪一项?(　　)

　　A. 作为产权变动交易作价的基础材料

　　B. 作为法庭辩论和裁决时确认财产价格的举证材料

　　C. 作为各类企业进行会计记录的依据

　　D. 作为车辆发生交易的证明

2. 评估报告原则上应在确定的评估基准日后一周内提交,最多不超过(　　)个工作日。

　　A. 10　　　　B. 20　　　　C. 30　　　　D. 40

3. 二手车鉴定评估报告附件中一般不出现以下哪一项?(　　)

　　A. 二手车鉴定评估委托书　　　　B. 鉴定费用发票

　　C. 二手车鉴定评估作业表　　　　D. 鉴定评估机构营业执照复印件

**二、多项选择题**(在每小题的备选答案中,选出两个以上正确答案,并将其序号填在括号内)

1. 报告书内容的尾部一般包含下面哪些内容?(　　)

　　A. 出具评估报告的评估机构名称　　　　B. 评估机构法人姓名

C. 二手车鉴定评估师签章　　　　　D. 报告日期

2. 报告书一般分为以下哪几种形式？（　　）

　　A. 定型式　　　　B. 自由式　　　　C. 混合式　　　　D. 框架式

3. 提交报告书时的基本要求有哪些？（　　）

　　A. 及时　　　　　B. 材料齐全　　　C. 保密　　　　　D. 公开

三、判断题（在括号内正确打√，错误打×）

1. 二手车鉴定评估报告只有定型式和自由式两种。　　　　　　　　　　　　　（　　）

2. 报告书必须建立在真实、客观的基础上，不能脱离实际情况，更不能无中生有。

（　　）

3. 二手车鉴定评估报告正文可以出现鉴定评估机构的介绍性内容。　　　　　（　　）

四、简答题

1. 简述在撰写二手车鉴定评估报告时的过程中，应注意的事项。

2. 简述撰写二手车鉴定评估报告的基本要求。

3. 简述混合式二手车鉴定评估报告的特点。

# 第 7 章　二手车收购评估与销售定价

## 导言

本章主要介绍了二手车的市场营销、收购与销售定价及二手车的质量担保与质量认证。本章的学习内容力求使学生掌握二手车收购方法、二手车质量认证内容。

## 学习目标

1. 认知目标
(1) 理解二手车营销内容。
(2) 掌握二手车收购与销售定价方法。
(3) 掌握二手车质量认证的流程与质量担保主要项目。
2. 技能目标
(1) 熟悉二手车收购与销售定价方法。
(2) 熟悉二手车质量认证与担保的主要内容。
3. 情感目标
(1) 初步养成自觉遵守国家标准的习惯。
(2) 培养一丝不苟、严肃认真的工作作风。
(3) 增强空间想象能力和思维能力,提高学习兴趣。

## 7.1　二手车营销与市场分析

二手车市场营销可理解为与市场有关的企业经营活动,即以满足人们的某种需要和欲望为目的,通过市场将潜在交换变为现实交换的活动。二手车市场营销活动内容十分丰富,它包括市场营销研究、市场需求预测,车辆信息收集与发布,二手车的鉴定评估、二手车信贷、收购与销售、代购代销,寄售租赁、检测维修、配件供应、车辆美容等多功能服务。

### 7.1.1　二手车营销内容

1. 二手车收购

即对社会上的二手车进行统一收购。要开展二手车的收购,首先就要建立起一个二手车的质量认证和价格评估体系。通过该体系对每一辆欲收购的二手车进行统一的质量认证和价格评估,从而以统一的价格标准收购符合质量要求的二手车。

能否成功发挥二手车收购功能的关键在于是否能建立起一个二手车的收购网络。这个网络可以有散点的二手车社会回收站和固定的大批量二手车收购点组成。前者主要是针对私车用户的待更新二手车而设。后者则是针对成批定期的二手车单位收购而设。如据调查济南市某事业单位,会平均八至十年左右对其公务用车进行一次大更新。这些公务用车性能尚可,但行驶里程偏高,过高的维修和保养费用是其更新的主要原因。这些淘汰的公务用车必然通过拍卖程序流入市场,使得定期、大批量地收购成为可能。

2. 二手车整修翻新

通过对二手车的整修翻新,可以大大地提升二手车的价值和二手车贸易公司在客户中的影响。目前,这项业务已在国内广泛开展。国内的二手车经营主体几乎全部在销售的同时加上整修翻新业务,以提高收益率,创造公司整体形象。通常来说,开展二手车的整修翻新工作可以有以下几个途径:

(1) 建立二手车整修翻新工厂,对所有收购来的二手车进行规模化的统一整修翻新;

(2) 建立二手车整修翻新站,为需要对自己的二手车进行美容的二手车用户提供其所需的整修翻新服务。

3. 二手车配送

根据各地区二手车保有量和消费量以及环境的不同,在各地区之间开展二手车配送业务,以平衡各地区的二手车供需关系,推动二手车贸易市场的发展。建立一个国际二手车配送网络,为开展国际二手车贸易建立基础。

配送功能的开展要分为国内和国际两部分来进行。

1) 国内的配送

一方面,根据保有量的不同,可以在我国经济发达地区,如北京,和外地一些经济欠发达地区之间开展二手车的配送业务;另一方面,根据消费观念的不同,可以在我国经济发达地区,如北京,和外地的一些消费观念较落后,一般车主不愿将自己的车折价或低价卖出而造成廉价二手车车源不足的地区之间开展二手车的配送业务。此外,由于北京的环保要求较高,对汽车排气量等指标要求都较严,而外地有些城市的要求则相对低一点,故北京的一些不符合北京环保要求的二手车也可以配送到外地,而不至于造成二手车资源的浪费。

2) 国际的配送

根据各国经济水平和汽车工业发展的不平衡,可以在各国间开展二手车的配送业务,以平衡国际二手车的资源分配。同时也可为国内的二手车消费者积极引进国外的二手车,开拓国际二手车资源。

以上两部分都要求建立起二手车的物流系统,以对国内外的二手车资源进行统一的配送。

4. 二手车销售

在开展二手车销售之前,首先要对二手车销售区域进行统一规划。在此基础上,以各个销售区域为单位进行二手车的销售。主要有以下几种销售方式:

1) "二手车超市"销售

以某一二手车贸易公司的总体品牌为出发点,建立二手车超市,对各种不同品牌的二手车进行统一销售。

2) 特许经营销售

通过二手车贸易公司的特许经销商对各种品牌的二手车进行统一销售。这就需要建立二手车贸易特许经营体系,建立二手车销售网点。

3) 与新车同地销售

借用同品牌新车经销商车辆展示厅的一部分来展示同一品牌二手车,通过新车的销售促进二手车的销售。

4) 互联网销售

在网上建立二手车贸易平台,通过互联网进行二手车销售。

5. 二手车置换

即通过"以旧换新"来开展二手车贸易,简化更新程序,并使二手车市场和新车市场互相带动,共同发展。客户即可通过支付新旧车之间的差价来一次性完成车辆的更新,也可选择通过其原有二手车的再销售来抵扣购买新车的分期付款。

发挥二手车贸易的置换功能的关键在于对物流、资金流进行控制与协调以及与汽车维修、车辆流通等相关领域以及车辆管理所、道路运输车辆管理处、工商、税务等政府机关进行横向沟通和纵向疏导工作。

6. 二手车租赁

该功能可分为用户个人租车、公司租车和长期租赁等三个部分。开展二手车租赁服务规范化很重要,实行统一的租赁价格,可以避免二手车租赁公司各自为政而使竞争加剧,价格下降,利润减少的情况,也是保证租赁利润的重要条件。

另外,还有一种叫做租售的二手车租赁贸易方式。即在客户购买二手车之前可以先租赁二手车一段时期并按期支付租金,租赁期满后用户可根据租赁期中对该车的满意程度,依照租售合同中的相应条款决定是否购买该车。

7. 二手车售后服务

如今在贸易领域,售后服务的地位越来越重要,因而要成功开展二手车贸易,就要充分发挥其售后服务功能。可以通过形成一个统一的二手车售后服务体系,来提高用户对二手车贸易的信任度和满意程度。开展二手车的售后服务既可以由二手车贸易公司独立开展,也可采取与各地维修企业相联合的方式来开展。如可与大众公司合作,向客户推出购买二手车后半年内免维修费的售后服务,即客户购二手车后半年内车辆发生非事故性故障均可凭注明购买日期的贸易公司售后服务卡前往任何一个大众维修站进行免费维修,其维修费用由贸易公司与大众维修站协商后定期统一支付。

二手车贸易与二手车交易的一个最大的不同点就是要综合上面提到的七大功能,以贸易网络为基础,开展全过程、全方位的二手车贸易。

全过程:对于个人客户来说,二手车贸易应渗入到二手车售前、售中到售后服务全过程中;而对于汽车制造商,二手车贸易则应提供从零配件购入,到整车出售的一条龙服务。可以说是要从二手车的收购到售后服务全过程地开展二手车贸易。

## 7.1.2 二手车交易市场分析

1. 影响二手车交易市场营销的环境

二手车流通企业的市场营销过程中,有许多因素对其发生影响,这些因素有的是企业内部的,有些是企业外部的。所谓"市场营销环境"是指作用于企业营销活动的一切外界因素和力量的总和。

1) 影响二手车交易市场营销的微观环境

微观环境包括企业本身以及二手车交易市场的经纪人、顾客、竞争者和各种公众,这些都会影响其企业的营销活动。

(1) 企业本身。它的微观环境包括市场营销管理部门、其他职能部门和最高管理层。如董事会、经理、职工。

(2) 经纪人。经纪人是指在二手车流通企业的组织下,为买卖双方撮合成交,以取得一定佣金的人。

(3) 顾客。顾客是指二手车交易的买主、卖主和二手车流通企业的服务对象。

(4) 竞争者。竞争者主要指本地区从事二手车交易的流通企业和开展以旧换新业务活动的生产企业和经销商。

(5) 公众。公众是指对二手车流通企业实现目标的能力具有实际或潜在利害关系和影响力的一切团体和个人,它包括金融公众、媒介公众、政府公众、群众团体、当地公众、一般公众、内部公众。

2) 影响二手车交易市场的宏观环境

宏观环境是指那些给市场造成机会和环境威胁的主要社会力量,它包括人口环境、经济环境、自然环境、政治和法律环境以及社会和文化环境。

(1) 人口环境。由构成市场的三个主要因素(即有某种需要的人,为满足这种需要的购买能力和购买欲望)可知,机动车交易市场主要是由那些想买二手车,并且有购买力的人构成,而且这种人越多,市场的规模就越大。

(2) 经济环境。由市场因素可知,购买力是构成市场和影响市场规模大小的一个重要因素。一个地区社会购买力越强,这个地区社会车辆保有量越多,二手车交易市场规模可能越大。而社会购买力又直接或间接受消费者收入、价格水平、储蓄、信贷等经济因素的影响。

(3) 自然环境。目前这个方面的主要动向:一是机动车的燃料短缺或即将短缺;二是环境污染日益加剧;三是政府对自然资源的管理和环境污染的干预日益加强。

(4) 政治和法律的环境。国家的法令、条例,特别是经济立法,对市场消费需求的形成和实现,对机动车的交易、交易价格等都起着至关重要的作用。

(5) 社会和文化环境。人们在社会中生活,久而久之必然会形成某种特定的文化,包括一定的态度和看法,价值观念、道德规范以及世代相传的风俗习惯等。

对上述影响二手车交易市场营销环境进行了解和分析之后,市场营销学认为:企业必须建立适当的系统,指定一些专业人员,采取适当的措施,经常监视和预测其周围的市场营销环境的发展变化,并善于分析和鉴别由于环境变化而造成的主要机会和威胁,及时采取适当的对策,使其经营管理与市场营销环境的发展变化相适应。

2.二手车交易动机

1)顾客买卖二手车是一种需要

机动车具有生产资料和生活资料双重属性,随着市场经济体制的建立和发展,各经济组织、各行政事业单位根据自己的需要将机动车辆使用于市场经济的各个领域。在变化的市场经济环境中,人们根据自己再生产、工作和生活的需要,不断地调整和配置车辆的用途,使得这些车辆的流动和转让成为一种必然,成为一种经济现象,人们为了满足这些需要,产生买或卖的愿望和意念,即产生所谓的买卖心理动机。

2)顾客买卖二手车的心理动机

顾客买卖双方交易二手车辆,因为每个人的需要不同,经济条件、购买能力不同,再加上社会的、周围的各种环境的影响作用,使得他们在买卖时的心理活动也因人而异,形成各式各样的具体的交易动机。从各自表现特点,粗略归纳为如下三类:

(1)求实心理动机。这种动机以注重车辆的使用价值为主要特征,他们使用购买或转让车辆时,重视车辆的实际效用,经济实惠,省钱省事。

(2)求新心理动机。以这种动机为主要特征的购买者,大多数是经济条件较好,购买能力很强。他们使用、购买车辆时追求"时髦、新颖",他们喜欢尝新,因为新车与老爷车的性能、味道就是不一样。

(3)求名心理动机。这种动机以追求名牌、优质车辆为主要特征。他们重视车辆的品牌和品质,他们以品牌象征自己的名誉、地位、购买能力,满足自己优越感的心理需要。

上述心理动机中,以求实心理动机为主要特征的顾客多数是二手车的购买者,当然也有许多是车辆的转让者;他们根据自己的实际需要,通过交易都获得了更多的使用价值。他们从中得到了许多实惠。以后两种心理动机为特征的顾客基本上是二手车的转让者,受这些心理动机的驱使,他们不断卖旧车、换新车、换名牌车。

3.二手车消费者购买决策过程

1)参与购买的角色

人们在购买决策过程中可能扮演不同的角色,包括:发起者,即首先提出或有意想购买二手车的人;影响者,即其看法或建议对最终决策具有一定影响的人;决策者,即对是否买、为何买、如何买、何处买等,面对购买决策做出完全或部分最后决定的人;购买者,即实际采购人;使用者,即实际使用车辆的人。

2)购买行为

当消费者购买一辆价值高、又不常买的,有风险的,而且又非常有意义的车辆时,由于车辆品牌差异大,车辆的新旧程度与价格是否相当,购买者需要有一个学习过程,广泛了解产品性能、特点,反复调查和了解、权衡车辆新旧程度与价格的关系,从而对车辆产生某种看法,最后决定是否购买。

3)购买决策过程

对于二手车的复杂购买行为中,购买者的购买决策过程由引起需要、产生动机、收集信息、比较挑选、决定购买和购买后的感受等阶段构成。

（1）比较挑选阶段，是购买者决定购买的前奏。他们根据得来的信息，知道市场上有可能销售的旧车品牌，可以考虑选择。这些往往需要进行比较、评价、衡量。他们往往根据购买目的设想出一种"理想"的品牌和车辆，然后在市场上，找到实际品牌车辆，通过比较，衡量车辆的效用大小、新旧程度与价格的关系、乃至今后收益的大小等，找到接近理想的品牌车辆，就是购买者选中的对象。

（2）决定购买阶段，顾客选定购买对象后，还没有最后采取购买行为，他们还要根据选定对象办理过户手续的繁简、费用大小、资金的筹措等，最后做出具体决定，购买决定一经确定，随即采取购买行为。

（3）购买后的感受。顾客购买后，一般通过维修，维护后试用，通常对自己的选择进行检验和反省。如购买这辆车是否明智，效用是否理想，价格与新旧程度是否相当，是否实惠或吃亏，服务是否周到等这些感受。感受要么满意，要么不满意。如得出满意的结论，购买者自觉不自觉地成为义务宣传员。

4. 全国二手车市场状况分析

根据中国汽车流通协会《2017年8月全国二手车市场分析报告》，作如下分析。

1）二手车交易量分析

2017年8月，全国二手车市场交易量为105.25万辆，同比增长21.02%。从今年的累计情况看，全国二手车1～8月累计交易789.15万辆，同比增长20.85%。从月度销量走势来看，自今年3月起月度交易规模基本保持在100万辆左右。

2）二手车交易车型分析

二手车经营规模以及利润的增长，远远高于市场增速，二手轿车依然占据市场主流，其次为商用车。分车型类别来看，2017年8月二手车交易车型中，占主流地位的仍然是轿车，占比为60.69%，其次为客车10.74%，货车9.41%，SUV占7.10%，MPV占5.10%。

再从2017年1～8月的累计情况看，整体波动不大，其中轿车占比为59.95%，其次为客车10.57%，货车8.95%，SUV占6.85%，MPV占5.76%；相比2016年，其他车型、MPV、SUV、客车占比增加，低速载货车、挂车、摩托车、交叉型车、货车、基本型乘用车占比有所减少。

3）二手车交易量区域分布

分区域情况来看，华东区是我国汽车市场比较发达的地区，2017年8月二手车交易量占比为33.85%，仍然是最大的一个区域市场，与上月相比上升1.58%，其增长幅度也最大。其次，中南区19.70%，华北区19.76%，西南区13.18%，东北区8.83%，西北区4.68%。除东北区小幅上升，其他区均小幅下降。

2017年1～8月的累计数据显示，华东区仍然占比最大，占比为32.81%，其次为华北区20.20%，中南区19.49%，西南地区13.86%，东北地区8.62%，西北区5.02%。

4）二手车交易市场车辆使用年限分析

从车辆使用年限情况来看，2017年8月，二手车使用年限在3～6年的交易量最多，占比为44.48%；其次三年准新车达到25.86%，超过总交易量的1/4，与7月相比增长了0.94个百分点。这两个数据说明了8月份的中等车龄规模的车占比比上个月有明显的提升。而7年以上的二手车比例出现明显下降，其中车龄在7～10年内二手车占比为19.60%，10年以上为10.06%。

从1~8月的累计交易情况看,车辆使用年限在3~6年的交易量最多,占比为43.62%,其次是3年内为24.69%,7~10年内为22.30%,10年以上为9.38%。六年以下二手车占七成,换车周期越来越短。

5)二手车交易价格区间分布

2017年8月,二手车价格区间在3万元以下价格区间的车辆市场占有量最大,为38.85%,较上月增长约3.28个百分点。价格低的二手车交易量仍然最大,这里面原因很多,其中一个重要原因是价格较低的老旧车淘汰速度加快,车辆经济性还是消费者购买二手车的首选。

从1~8月的累计情况来看,二手车价格在8万元以下的车辆占73.75%。

价格方面分区域来看,8月份共计9个省份地区的乘用车均价超过10万元,具体为10.05万元,较上月增加0.24万元。其中,浙江地区的二手乘用车均价最高,为13.89万元;其次为北京,二手乘用车交易均价为12.43万元,比上月增加1.46万元。这说明二手车档次逐渐提升。

2017年8月二手车交易价格按区域分布,捷达、凯越、雅阁是二手车市场上的常青树。在8月份排名前十的二手车交易品牌中,捷达、凯越、雅阁等长期排名在前。

6)电商流通量分析

2017年8月主流B2C电商平台共上传车源18.36万台;8月出售车辆中,线下渠道销售周期为21天,线上B2C销售周期为58.1天。

分平台来看,2017年8月,排名前十品牌电商车源发布量占电商平台车源总发布量的12.03%,而线下实际交易量中排名前十品牌电商占比高达16.13%。

值得关注的是,电商平台跟线下的交易情况与线上是有区别的,电商平台关注度排名第一的是雅阁,而线下成交量排第一位的是捷达。电商吸引眼球的成分居多,真实成交量未必最大。

## 7.2 二手车收购定价

### 7.2.1 二手车收购定价的影响因素

1. 汽车收购后应支出的费用

二手车收购除了支付车辆产品的钱之外,从收购到售出这段时间内,还要支出的费用还有保险费、日常维护费、停车费、收购支出费用的利息和其他管理费等。

2. 市场宏观环境的变化

市场宏观环境的变化,二手车收购要注意国家宏观政策、国家和地方法规的变化因素以及这些影响导致的车辆经济性贬值。

3. 市场微观环境的变化

市场微观环境的变化,主要指新车价格的变动以及新车型的上市对收购价格的影响。

例如,一汽马自达新车降价后,旧车的保值率就降低了,收购旧车的价格自然也会降低。

**4. 经营的需要**

二手车经营者应根据收购车辆的多少提高或降低收购价格。例如,本期库存车辆减少、货源紧张时,应适当调整车辆收购价格,以补充货源,保证库存的稳定。

**5. 品牌知名度和维修服务条件**

在同等条件下,汽车保有量大、品牌知名度高的二手车价格会高一些。主要是维修网点多,服务条件好,维修成本低。收购价格按品牌从高到低依次是:合资品牌,合资自主品牌,自主品牌,进口品牌。

### 7.2.2　二手车收购定价的方法

**1. 二手车收购定价思路**

二手车收购定价有其特定的目的,其评估的方法是在二手车鉴定评估的基础上充分考虑市场的供求关系,对评估的价格做出快速变现的特殊处理。

1) 以清算价格方法估算收购价格

清算价格的特点是企业(或个人)由于破产或其他原因(如急于转向投资、急还贷款等),要求在一定的期限内将车辆快速转卖变现,因此其收购价格将大大低于二手车市场成交的同类型车辆的公平市价,一般来说也低于车辆现时状态客观存在的价值。

2) 以重置成本、现行市价折扣方法估算收购价格

这种方法是先以重置成本法、现行市价法对二手车进行鉴定评估,估算出现时的客观价值,再根据快速变现原则,估定一个折扣率并以此估算收购价格。如运用重置成本法估算某二手车价值为5万元,根据市场销售情况调查,估定折扣率为20%可当即出售,则该二手车的收购价格为4万元。

3) 以快速折旧方法估算收购价格

二手车的折旧,是根据车辆的价值采用年限法计算折旧额的。在所有折旧方法中,使用年限法是应用最为广泛的方法,但使用年限法不能反映当代科学技术进步的客观要求,不能准确反映车辆价值损耗的客观实际,因此,推荐使用快速折旧法来估算收购价格。

注意:二手车收购要充分考虑车辆的完全价值,即车辆实体的产品价值和车辆牌证、税费等各项手续的价值。如果收购车辆的证件和税费凭证不全,不但会造成经济损失,而且可能造成转籍过户中意想不到的麻烦,带来许多难以解决的后续问题。

**2. 二手车收购评估与鉴定评估的区别**

二手车的收购是二手车交易市场的经营业务之一,二手车的收购评估与二手车鉴定评估的实质都是对二手车进行现时价格评估,但两者相比较有明显的区别,主要表现在:

1) 二者评估的主体不同

二手车收购评估的主体是买卖当事人,它是以购买者的身份与卖方进行价格估算与洽谈的,可以根据供求价格规律讨价还价,自由定价;二手车鉴定评估的主体是公正性、服务性的买卖中间人,它是遵循独立原则,通过技术鉴定来评估二手车的客观价值,不可以随意

变动。

2）二者评估的目的不同

二手车收购评估是购买者以经营为目的估算出车辆价格,心中有数后与卖主讨价还价;二手车鉴定评估是以服务为目的,受委托人的委托为被评估二手车将要发生的经济行为提供价值依据。

3）二者评估的思路和方法不同

二手车鉴定评估要求严格遵守国家颁布的有关评估法规,按特定的目的选择与之相匹配的评估标准和方法,具有约束性;二手车收购评估则是接受国家有关评估法规的指导,根据评估目的,参照评估标准和方法进行的,具有灵活性。

4）二者评估的价值概念不同

虽然鉴定评估与收购评估的价值概念都具有交易价值和市场价值的特性,但收购价格受快速变现原则的影响,其价格会大大低于"市场价格"。

### 7.2.3 二手车收购价格的估算

1. 运用现行市价法估算收购价格

首先用对二手车进行鉴定,然后用现行市价法估算出被收购车辆的价格,再根据快速变现的原则,估定一个折扣率。用现行市价法估算出的被收购车辆价格乘以折扣率即得二手车的收购价格。

折扣率是指车辆能够当即出售的清算价格与现行市场价格之比值,是经营者根据对市场销售情况的充分调查和了解凭经验而估算的。

2. 运用重置成本法估算收购价格

首先用对二手车进行鉴定,然后用重置成本法估算出被收购车辆的价格,再根据快速变现的原则,估定一个折扣率,将运用重置成本法估算出的被收购车辆的价格乘以折扣率即得二手车的收购价格。

3. 运用快速折旧法估算收购价格

首先用对二手车进行鉴定,然后用使用年限法中的快速折旧计算出二手车已使用年数的累计折旧额,将重置成本全价减去累计折旧额,再减去车辆需要维修换件的总费用,即得二手车的收购价格。

注意:二手车收购价格的确定是指在被收购车辆手续齐全的前提下对车辆实体价格的确定。如果所缺失的手续能以货币支出方式补办,那么收购价格应扣除补办手续的货币支出、时间和精力的成本支出。

### 7.2.4 二手车收购中的风险分析与防范

在二手车收购的过程中,环境的变化有可能产生机会,但也有可能带来风险。风险是指由于客观环境的变化带来损失,从而难以实现某种目的的可能性。二手车收购中的风险是指由于二手车收购环境的变化,给二手车的销售带来的各种损失。收购环境的变化是绝对的、客观的,并经常发生的,所以在二手车收购过程中,既充满了机会,同时也会出现很多风险。只有掌握战胜风险的策略和技巧,才能把风险变为机会,实现风险到机会的成功转化。

1. 规避二手车收购风险的总体原则

(1)要提高识别二手车收购风险的能力。应随时搜集、分析并研究市场环境因素变化的资料和信息,判断收购风险发生的可能性,积累经验,培养并增强对二手车收购风险的敏感性,及时发现或预测收购风险。

(2)要提高风险的防范能力,尽可能地规避风险。可通过预测风险,从而尽早采取防范措施束规避风险。在二手车收购工作中,要尽可能谨慎,最大限度地杜绝二手车收购风险发生的隐患。

(3)在无法避免的情况下,要提高处理二手车收购风险的能力,尽可能最大限度地降低损失,并防止引发其他负面效应和有可能派生出来的消极影响。

2. 影响二手车收购中的风险因素及相应的防范措施

1)新车型的影响

因为新车型大量应用了新技术、新材料、新工艺、新平台,其技术含量、生产效率明显提高但生产成本却明显降低,其结果必然是老旧车型贬值甚至被淘汰。所以在收购二手车时,必须随时关注新车型的上市时间和推出频率等一切信息,并以最新款车型的技术装备和销售价各作为参照,否则会给二手车收购带来一定的风险。

2)车市频繁降价的影响

新车频繁降价屡见不鲜,可能是由于当初定价过高,或者是为了走量而降价,亦或是为新车型让路而清理库存等原因。在新车市场频繁降价、优惠促销的环境下,进行二手车收购面临很大的风险,一旦出现损失只能自己承担。因此在二手车收购中都是以与被收购车辆相同或相似新车的市场销售价作为参考,而不会去考虑消费者买车时的价格。如果某一款新车最近有降价的可能,其旧车的收购价格要比正常的收购价还要低才行。如果某一款车刚降完价,那么收购价就会稳定一段时期。另外,可通过二手车代售的方式,一方面可从中收取一定的交易费,另一方面可以降低风险。总之,为了减少新车降价带来的损失,必须在收车前与4S店联系确认新车有无降价的可能。

3)折旧加快的影响

从实际交易行情来看,使用期限在3年以内的二手车折旧率最高,通常在35%~50%,其后的几年进入了一个相对稳定的低折旧期,接近10年后其折旧又开始加快。所以3年以内二手车的收购定价要考虑车辆折旧速度加快因素的影响。

4)排放标准提高的影响

排放标准的提高一方面加速了在用车的折旧和淘汰,另一方面意味着在某些地区低排放标准的车辆将不允许出售、注册和转籍落户(因限迁)。这就使得已成功收购的低排放标准二手车不得不在本地低价出售或转移到外地销售,必然会造成一定损失。排放标准的提高对低排放标准的车辆来说带来了经济性贬值,从而使收购价格降低,在本地可能会出现收车困难和低收低卖现象,卖到外地也变得困难。所以应减少中低端二手车的收购数量,但对高端车的收购则几乎不受影响。

5）车况优劣的影响

车况的好坏直接影响到车辆的收购和二次销售价格，特别是出过事故的车辆对车辆价格的影响更大，对事故车的鉴定主要参考其事故部位来确定对价格的影响。如车架、发动机、变速器、电子控制设备，这些部位的损伤会对车辆产生超过10%的损失，严重的损伤可能造成30%以上甚至会更高。一般的剐蹭和更换配件对于车辆折旧的影响不大，但侧翻事故对车的影响较大，其次是正面碰撞。严重的碰撞对车辆的使用性能会产生严重影响，当然降价也很明显。

6）品牌知名度的影响

品牌知名度和认可度是影响二手车价格的直接因素之一，品牌认知度的高低直接影响到当地车辆的保有量。保有量越高保值率相对越高，则二手车价格也会越高。收购品牌知名度高的二手车其销售速度快，资金利用率高，风险较小。

7）库存的影响

汽车作为一种商品，其库存的体积巨大，价格昂贵，仓储成本高，同时占用经销商大量资金，所以二手车库存时间越长其成本越高、车辆品质越来越差、销售价格越来越低，所以要尽量减少库存。若二手车销售顺畅，求大于供，库存量会急剧减少，为了保持正常的经营运转，维持一定的库存，可适当抬高一些收购价格。反之，在二手车销售低迷时，供大于求，库存增加，为了消化库存，应压低收购价格，规避由于库存积压所带来的风险。

8）二手车收购合法性的影响

二手车的收购要防止收购偷盗车、伪劣拼装车，要预防收购那些伪造手续凭证，伪造车辆档案的车辆。一旦有失误，不仅给公司或个人造成直接经济损失，更严重的是造成社会的不良影响，而损害公司或个人的公众形象。

9）宏观环境的影响

国家宏观政策、国家和地方法规的变化会直接造成车辆的经济性贬值。例如，某排放标准为国Ⅲ的车辆，在某些城市实行限行的政策下面临淘汰，则这辆车因为排放不达标而难以出手，很明显，收购这辆车不会给公司带来任何经济效益。所以在二手车收购过程中，要密切关注国家有关二手车的政策与法规的变化，做到未雨绸缪。要能够根据已有的和即将颁布的国家有关二手车政策与法规预测二手车价值的可能变动趋势，及时调整二手车的收购价格，使收购二手车的风险降到最低。

## 7.3 二手车销售定价

### 7.3.1 二手车销售定价的影响因素分析

二手车的销售价格是决定二手车流通企业收入和利润的唯一因素。因此二手车流通企业必须根据成本、需求、竞争及国家方针、政策、法规并运用一定的定价方法、技巧和艺术来对其产品制定切实可行的价格政策。为了使定价工作有效、顺利地进行，保证定价工作的规范化,按以下五个步骤进行。即:分析定价因素→确定定价目标→选择定价方法→制定定价策略→确定最终价格。

1. 成本因素

产品成本是定价的基础和最低界限,二手车的销售价格如果不能保证成本,企业的经营活动就难以维持。二手车流通企业销售定价应分析价值、需求量、成本、销量、利润之间的关系,正确地估算成本,以作为定价的依据。二手车销售定价时应考虑收购车辆的总成本费用,总成本费用由固定成本费用和变动成本费用之和构成。

1)固定成本费用

固定成本费用是指在既定的经营目标内,不随收购车辆的变化而变动的成本费用。如分摊在这一经营项目的固定资产的折旧、管理人员的工资等项支出。

2)固定成本费用摊销率

固定成本费用摊销率是指单位收购价值所包含的固定成本费用,即固定成本费用与收购车辆总价值之比。如某企业根据经营目标,预计某年度收购100万元的车辆价值,分摊固定成本费用1万元,则单位固定成本费用摊销率为1%。如花费4万元收购一辆旧马自达,则应该将400元计入固定成本费用。

3)变动成本费用

变动成本费用指收购车辆随收购价格和其他费用而相应变动的费用。主要包括车辆实体的价格、运输费、保险费、日常维护费、维修翻新费、资金占用的利息等。

2. 供求关系

在市场经济体系下,供求状态也是制定销售价格时所依据的基本因素之一。二手车的销售定价,一方面必须补偿所耗的成本费用并保证一定利润的获得;另一方面也必须适应市场对该产品的供求变化,能够被购买者接受。否则二手车的销售价格,便陷于一厢情愿的境地而难于出手。二手车的销售同其他商品一样同样遵守供求价格规律。

1)需求与价格规律

所谓需求,是指在一定价格条件下,消费者对商品和劳务具有货币支付能力的需要。经济学上的"需求"和"需要"是两个不同的概念。"需要"指消费者购买商品的愿望和欲望,而"需求"不仅要求消费者具有主观愿望,而且还必须有购买力。这样,一种商品的需求量,就是指在一定条件下,消费者想购买的数量,消费者有支付能力的需要量,一定时期、一定地点的需求量。

从某商品的需求量与价格看来,在其他因素不变的情况下,价格上升,需求量就会减少;价格下降,需求量就会增加。需求量与价格呈反向关系变化。这通常被称为需求—价格规律,如图7-1所示。

2)供给与价格规律

所谓供给,是指在一定时期,一定价格条件下,经营者愿意并可能出售的商品数量。关于供给量,应理解为:它是经营者愿意向消费者提供的商品数量,而不是实际销量;它是能够提供销售的数量,即是一种有效供

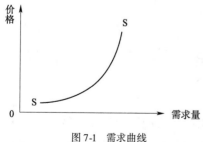

图7-1 需求曲线

应量;它是一定价格条件下的供应量;它只是反映一定时期的供给量。

从某商品供给量与价格看来,在其他因素不变的情况下,价格上升,刺激供应量增加;价格下降,供应量就减少。价格与供应量呈正向变化。这就是供给—价格规律。如图7-2所示。

3) 供求与均衡价格

上面讲的供给规律和需求规律只侧重了一个方面,而没有综合考虑供求两个方面。实际上,在竞争市场上,供求同时决定价格的形成。假定其他条件不变,供不应求会导致价格上升,供过于求导致价格下降。或者说,价格上升,导致供给增加、需求减少;价格下降,导致供给减少,需求增加。价格变化使供求呈反向运动,运动的结果,使市场趋于均衡点。这时,供给量等于需求量,供给价格等于需求价格。因此,均衡价格是市场上某种商品供给量和需求量相等时的价格,也是需求价格和供给价格相一致时的价格。如图7-3所示,需求曲线和供给曲线的交叉点 E 为均衡点。

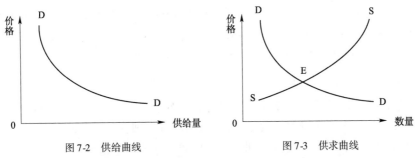

图7-2 供给曲线　　　　图7-3 供求曲线

根据以上分析,可以得出这样一个结论:需求大于供给,价格就会上升,需求小于供给,价格就会下降,市场的一切交易活动和价格的变动都受这一定律的支配。这就是供求规律或称供求法则。它是市场变化的基本规律。

价格受供求影响而有规律性的变动过程中,不同商品的变动幅度是不一样的。因此在销售定价时还要考虑需求价格弹性。所谓需求价格弹性,是指因价格变动而引起的需求相应的变动率,它反映需求变动对价格变动的敏感程度。对于二手车来说,其需求弹性较强,即二手车价格的上升(或下降)会引起需求量较大幅度的减少(增加)。因此,在二手车的销售定价时,应该把价格定得低一些,应该以薄利多销达到增加盈利,服务顾客的目的。

3. 竞争状况

二手车的销售定价要考虑本地区同行业竞争对手的价格状况,根据自己的市场地位和定价的目标,确定自己的价格水准。

在产品供不应求时,企业可以自由地选择定价方式;而在供大于求时,竞争必然加剧。定价方式的选择只能被动地根据市场竞争的需要来进行。为了稳定维持自己的市场份额,二手车的销售定价要考虑本地区同行业竞争对手的价格状况,根据自己的市场地位和定价目标,选择与竞争对手相同的价格,甚至低于竞争对手的价格进行定价。

4. 国家政策法令

任何国家对物价都有适度的管理,所不同的是,各个国家和地区对价格的控制程度、范围、方式等存在着一定的差异,完全放开和完全控制的情况是没有的。通常国家可以通过物价部门直接对企业定价进行干预,也可以用一些财政、税收手段对企业定价实施间接影响。

### 7.3.2 二手车销售定价的目标分析

二手车销售定价的目标是指企业通过制定价格水平,凭借价格产生的效用来达到预期目的要求。企业在定价之前,必须根据企业的内部和外部环境,制定出既不违背国家的方针政策,又能协调企业的其他经营目标的价格。企业定价目标类型较多,二手车流通企业要根据自己树立的市场观念、市场微观和宏观环境,确立自己的销售定价目标。

1. 追求最大利润的定价目标

最大利润目标是指二手车流通企业在一定时期内,综合考虑各种因素后,以总收入减去总成本的最大差额为基点确定单位商品的价格,以取得最大利润的一种定价目标。最大利润是企业在一定时期内可能并准备实现的最大利润总额,而不是单位商品的最高价格,最高价值不一定能获取最大利润。当企业的产品在市场上处于绝对有利地位时,往往采取这种定价目标,它能够使企业在短期内获得高额利润。最大利润一般应以长期的总利润为目标,在个别时期,甚至允许以低于成本的价值出售,以便招揽顾客。

2. 获取适度利润的定价目标

合理利润目标是指二手车流通企业在补偿正常情况下的社会平均成本基础上,适当地加上一定量的利润作为商品价值,以获取正常情况下合理利润的一种定价目标,企业在自身实力不足、不能实行最大利润目标或预期收益目标时,往往采取这种定价目标。这种定价目标以稳定市场价值、避免不必要的竞争、获取长期利润为前提,因而商品价值适中,消费者乐于接受,政府积极鼓励。

3. 获取预期投资收益的定价目标

预期投资收益目标又称"目标投资利润目标",是指二手车流通企业以预期投资利润(包括预交税金)为定价基点,并以利润加上商品的完全成本构成价格出售商品,从而获取预期投资收益的一种定价目标。预期投资收益目标有长期和短期之分,大多数企业都采用长期目标。预期收益高低的确定,应当考虑商品的质量与功能、同期的银行利率、消费者对价格的反应以及企业在同类企业中的地位和在市场竞争中的实力等因素。预期收益定得过高,企业会处于市场竞争的不利地位;定得过低,又会影响企业投资的回收。通常,预期收益适中,可能获得长期稳定的收益。

4. 保持或扩大市场占有率的定价目标

对于二手车流通企业来说,市场占有率即某企业二手车的销售量或销售额在同行业市场销售总量中的比例。市场占有率是企业经营状况和企业竞争力的直接反映。一个企业只有在市场份额逐渐扩大,销售逐渐增加,竞争力逐渐增强的情况下,才有可能得到正常发展。这种定价目标,以较长时间的低价策略来保持和扩大市场占有率,增强企业竞争实力,最终获得最优利润。

市场占有率是指一定时期内某二手车流通企业的销售量占当地细分市场销售总量的份额。市场占有率是企业经营状况和企业竞争力的直接反映。市场占有率高意味着企业的竞争能力较强,说明企业对消费信息把握得较准确、充分。以市场占有率为定价目标是一种志存高远的选择方式。这种定价目标,以较长时间的低价策略来保持和扩大市场占有率,增强企业竞争实力,最终获得最优利润。资料表明,企业利润与市场占有率正向相关。提高市场占有率是增加企业利润的有效途径。

由于企业所处的市场营销环境不同,自身条件与营销目标不同,企业定价目标也大相径庭。因此,二手车流通企业应在综合考虑市场环境、自身实力及经营目标的基础上,将利润目标和占领市场目标结合起来,兼顾企业的眼前利益与长远利益,来确定适当的定价目标。

### 7.3.3　二手车销售定价的方法分析

定价方法是二手车流通企业为在目标市场实现定价目标,给产品制定基本价格和浮动范围的技术思路。由于成本、需求和竞争是影响企业定价的最基本因素,产品成本决定了价格的最低限,产品本身的特点决定了需求状况,从而确定了价格的最高限。竞争者产品与价格又为定价提供了参考的基点,从而形成了以成本、需求、竞争为导向的三大类基本定价方法。而每一大类中又有许多种具体方法。根据二手车销售的实际,我们选择性地介绍如下:

1. 成本加成定价法

成本加成定价法是成本导向定价法大类中的一种方法,它是按照单位成本加上一定百分比的加成来制定产品的销售价格,其公式为:

$$二手车销售价格 = 单位完全成本 \times (1 + 成本加成率)$$

采用成本加成法的关键在于确定成本加成率,前面讲过二手车的需求弹性较大,应该把价格定得低一些,加成率也应该低一些,由此薄利多销。我们用进货成本来衡量,其加成率为:

$$加成率 = \frac{毛利(加成)}{进货成本}$$

单位完全成本是指一辆二手车的总成本费用,它包括这辆车应摊销的固定成本和变动成本之和。

2. 需求导向定价法

需求导向定价法是以消费者的认知价格、需求强度及对价格的承受能力为依据,以市场占有率、品牌形象和最终利润为目标,真正按照有效需求来策划价格。需求导向定价法又称顾客导向定价法,是二手车流通企业根据市场需求状况和消费者的不同反应分别确定产品价格的一种定价方式。其特点是平均成本相同的同一产品价格随需求变化而变化,一般是以该产品的历史价格为基础,根据市场需求变化情况,在一定的幅度内变动价格,以致同一商品可以按两种或两种以上价格销售。这种差价可以因顾客的购买能力、对产品的需求情况、产品的型号和式样以及时间、地点等因素而采用不同的形式。

3. 竞争导向定价法

竞争导向定价法是以企业所处的行业地位和竞争定位而制定价格的一种方法,是二手车流通企业根据市场竞争状况确定商品价格的一种定价方式。其特点是价格与成本和需求不发生直接关系。它主要以竞争对手的价格为基础,并与竞争品价格保持一定的比例。即竞争品价格未变,即使产品成本或市场需求变动了,也应维持原价;竞争品价格变动,即使产品成本和市场需求未变,也要相应调整价格。竞争导向定价法是实现企业定价目标和总体经营战略目标,谋求企业的生存和发展的一种方法。

上述定价方法中,企业要考虑产品成本、市场需求和竞争形势,研究价格怎样适应这些因素,但在实际定价过程中,企业往往只能侧重于考虑某一类因素,选择某种定价方法,并通过一定的定价政策对计算结果进行修正,其中成本加成定价法深受企业界欢迎,主要是由于以下原因:

(1) 由于成本的不确定性一般比需求的不确定性小,将价格紧跟单位成本,可以大大简化企业定价程序,而不必根据需求情况的瞬息万变频繁地调整。

(2) 只要行业中所有企业都采取这种定价方法,则价格在成本与加成相似的情况下也大致相似,价格竞争也会因此减至最低限度。

(3) 成本加成法对买方和卖方来讲都比较公平,当买方需求强烈时,卖方不利用这一有利条件谋取额外利益而仍能获得公平的投资报酬。

4. 其他方法

1) 百分比递减法

按照该车出厂的时间以年均 10% 的折旧率来计算。但如果新车使用不到一年就卖出,大概会损失 20%,一年之后可以按照 10% 折旧来计算。例如一辆出厂价为 20 万元的小型客车,正常使用 6 年后的价值为:$20 \times (90\%)^6 \approx 10.63$ 万元。这样的计算结果通常会高于市场实际交易价格。

2) 54321 法

按照一辆车的有效寿命为 50 万 km 估算,并将其分为 5 段,每段 10 万 km,每段价值依序是新车价的 15 分之 5、4、3、2、1。假设一辆新车的价值为 20 万元,已行驶 10 万 km,那么该车的价值为 $20 \times (4+3+2+1) \div 15 \approx 13.3$ 万元。当然,这种估价方法也有它的缺点,就是不能使用适用于行驶里程被改动的车辆,再者就是不适用于非营运的小、微型客车。

3) 残值法

影响二手车残值的因素很多,一方面是二手车本身的贬值,另外是由于降价造成的价格下降。残值的比率一般为 15%,在确定二手车的折旧价之前,先要用该车的原值减去残值部分,得到车辆的折旧总额。例如,小型客车的平均使用年限是 15 年,那么折旧基数为 $15+14+13+12\cdots\cdots+1$,总值为 120。再假设原价为 20 万元,那么折旧总额就等于 $20-20 \times 15\% = 17$ 万元。若该车使用了 4 年,其折旧后的现值为:$20 - 20 \times 15\% - 17 \times (15+14+13+12) \div 120 = 9.35$ 万元。

二手进口车的销售定价方法与国产车不同,主要考虑进口车的关税和消费税,因此二手进口车的销售定价要比国产车高一些。二手车的实际销售价格受很多因素影响,例如车辆使用年限、行驶里程、技术状况、零部件价格等。

## 7.3.4　二手车销售定价的策略分析

在二手车的市场营销中,尽管非价格竞争作用在增长,但价格仍然是影响销售的重要因素,是营销组合中的关键因素。定价是否恰当,不仅直接关系到二手车的销量和企业的利润,而且还关系到企业其他营销策略的制定。营销中定价策略的意义在于有利于挖掘新的市场机会,实现企业的整体目标。在市场经济条件下,价格决策已成为企业经营者面临的具有现实意义的重大决策课题。

二手车销售定价策略是指二手车流通企业根据市场中不同变化因素对二手车价格的影响程度采用不同的定价方法,制定出适合市场变化的二手车销售价格,进而实现定价目标的企业营销战术。

1) 阶段定价策略

就是根据产品寿命周期各阶段不同的市场特征而采用不同的定价目标和对策。投入期以打开市场为主,成长期以获取目标利润为主,成熟期以保持市场份额、利润总量最大为主,衰退期以回笼资金为主。另外,还要兼顾不同时期的市场行情,相应修改销售价格。

2) 心理定价策略

不同的消费者有不同的消费心理,有的着重经济实惠、物美价廉,有的注重名牌产品,有的注重产品的文化情感含量,有的追赶消费潮流。心理定价策略就是在补偿成本的基础上,按不同的需求心理确定价格水平和变价幅度。如尾数定价策略就是企业针对消费者的求廉心理,在二手车定价时有意定一个与整数有一定差额的价格。这是一种具有强烈刺激作用的心理定价策略。价值尾数的微小差别,能够明显影响消费者的购买行为,会给消费者一种经过精确计算的、最低价格的心理感觉,如某品牌的二手车标价 89998 元,给人以便宜的感觉,认为只要不到 9 万元就能买一台质量很好的品牌二手车。

3) 折扣定价策略

二手车流通企业在市场营销活动中,一般按照确定的目录价格或标价出售商品。但随着企业内外部环境的变化,为了促进销售者、顾客更多地销售和购买本企业的产品,往往需要根据交易数量、付款方式等条件的不同,在价格上给销售者和顾客一定的减让,这种生产者给销售者或消费者一定程度的价格减让就是折扣。灵活运用价格折扣策略,可以鼓励需求、刺激购买,有利于企业搞活经营,提高经济效益。

## 7.3.5　二手车销售最终价格的确定

二手车流通企业通过以上程序制定的价格只是基本价格,只确定了价格的范围和变化的途径。为了实现定价目标,二手车流通企业还需要考虑国家的价格政策、用户的要求、产品的性价比、品牌价值及服务水平,应用各种灵活的定价战术对基本价格进行调整,同时将价格策略和其他营销策略结合起来,如针对不同消费心理的心理定价和让利促销的各种折扣定价等,以确定具体的最终价值。

## 7.4 二手车质量认证与担保

### 7.4.1 二手车质量认证的概念

二手车质量认证是指由经销商、拍卖企业或专业鉴定评估机构按照一定的评估标准对车辆的检测、鉴定,确认二手车手续及车辆合法性,技术状况真实性并出具认证报告的过程。二手车认证机构必须公平公正地对车辆进行认证,并承担相应认证责任。

目前二手车质量认证大多由各大汽车制造商通过其指定的特约店进行,符合条件的二手车经评估、接收、检修及翻新,再通过正常的机动车所有权变更手续销售给客户并提供售后服务及质量担保。这种二手车通常叫做认证二手车或品牌认证二手车。

经过质量认证的二手车应有质量认证书,各品牌二手车的质量认证书可能不一致,但其基本内容相同。东风日产认证二手车证书如图 7-4 所示。

图 7-4　东风日产认证二手车证书

### 7.4.2 二手车质量认证的方法

首先依据 GB/T 30323—2013《二手车鉴定评估技术规范》操作,包括证件验证、内饰检测、车身外观及骨架检测、发动机舱检测、车辆附件检查、底盘检测、路试检测,目的是确认二手车的合法性和现实技术状况。对于认证二手车,如果车辆技术状况不符合 GB 7258—2017 的要求,就要通过维修的方法加以解决,直至符合要求。实际上对于品牌认证二手车,不但要符合国家标准,还要符合制造厂更严格的标准。

2016 年 12 月 1 日,国内首个二手车服务认证标准:《二手车鉴定评估及其电子商务交易服务规范》(以下简称规范)正式通过国家认监委备案。这也意味着二手车交易中最为关键的检测环节有了公开可查的"身份证"。通过认证的服务网点和认证二手车均拥有自己的"身份证"编码,消费者可在国家认监委网站查询通过审核的服务网点,并可在中国汽车研究中心下属的华诚认证中心官网上,根据车辆 VIN 码就可以查到认证车辆相关信息。该《规范》的出台将对二手车市场,特别是二手车电商市场起到规范作用,或将解决二手车交易不透明的痛点。

所有品牌二手车的认证流程基本相同,通常包括确认认证对象、对车辆进行检测鉴定、认证申请及确认、车辆整备翻新、车辆销售、质量担保。东风日产二手车认证流程如图 7-5 所示。

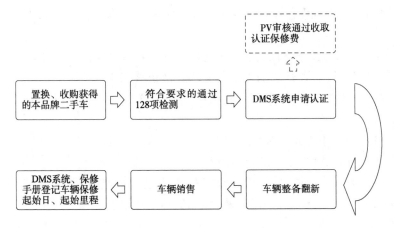

图 7-5　东风日产二手车认证流程

1. 确认认证对象

通常以 5 年以内或已行驶里程在 8 万 km 以内(两项应同时满足)的非营运性车辆为对象。出租车、租赁车、专业货运车辆、特种机械车辆等暂不列入认证范围。

对于品牌二手车,其收购对象主要是通过置换、收购获得的二手车。对于收购二手车通常都有各自的标准。例如东风日产品牌二手车,其收购标准是车辆自购买之日起行驶时间在 5 年以内、行驶里程不超过 10 万 km 且里程表没有改动;不是事故车、营运车、水淹车、火烧车;不涉及法律纠纷的车辆。

2. 确认质量认证项目

尽管二手车存在故障的突发性、零件寿命的差异性等缺陷,给二手车的质量担保工作带来一定的困难,但从方便购车者挑选查验、现场试车以及道路行驶的安全性、环保性和车辆配置的完整性等方面,必须制定出待售二手车的基本技术条件,这是二手车销售和质量担保的前置条件。二手车质量认证的主要项目如下:

1)车辆清洁

(1)车辆外表无油渍,无泥土。

(2)发动机室内无污垢,散热器、冷凝器外表无积土。发动机各部件应达到"铁见黑,铜见黄,铝见白"。车架号和发动机号应清晰可辨。

(3)驾驶室、行李舱内清洁无杂物。

2)车身

(1)车身饰条、饰板应齐全,门窗防水防尘橡胶条应齐全有效。

(2)前后保险杠、前后车牌、轮盖、消声器等应安装牢固,不松旷。

(3)车门启闭自如无碰剐,门锁、行李舱锁、油箱盖锁、门销应齐全有效。

(4)车身玻璃、后视镜应完整清晰不耀眼,门窗玻璃升降平顺无卡滞。

(5)车身外表应无大于 $100\sim 200cm^2$ 的凹陷变形,烂穿面积总和不大于 $50\sim 100cm^2$(客车取上限,卡车取下限)。

(6)轿车车身面漆应无明显色差,露底划痕总长不大于 50cm,面漆脱落或起泡面积总和不大于 $100cm^2$。

(7)车体周正,对称高度差小于4cm。前纵梁应无明显的弯曲、褶皱变形。

3)发动机

(1)发动机各种罩、盖、传动带、管件等附件应齐全有效,机脚安装牢固。

(2)发动机应无点滴状漏油、漏水及漏电、漏气(俗称四漏)。

(3)发动机应能在3次内依靠起动机顺利起动,每次起动时间不超过5s。各缸均能正常工作,不得缺缸。

(4)各汽缸压力不小于原厂标准的75%。

(5)发动机在各种状况下应无明显异响。

(6)怠速时应无放炮或回火,怠速运转应平稳,转速差不应高于原厂标准的15%。

(7)润滑油、冷却液(冬天应为防冻液)液面应达规定限度。

(8)尾气排放符合要求。

4)转向系

(1)对于最大设计时速大于或等于100km/h的机动车,其转向盘的最大自由转动量应小于或等于15°;对于三轮汽车应小于或等于35°,对于其他机动车应小于或等于25°。转向盘转动时应无卡阻现象。

(2)横、直拉杆球销无裂纹、无明显松旷,连接牢固,锁止有效。

(3)转向助力泵运转正常无异响,助力泵油无滴漏,液面正常。

(4)路试中,各速度段应无方向摆振及明显跑偏。

5)制动系

(1)制动主缸、轮缸以及管接头连接处应无明显漏油,制动液面正常。严禁采用不同牌号的制动液添加补充。

(2)真空助力泵能正常工作,真空管连接良好不漏气。

(3)制动蹄片间隙应符合原厂要求,回位应迅速,无明显涨鼓或夹盘现象。

(4)路试方法检验制动稳定性应符合要求。

(5)驻车制动的最大效能应产生在全行程的3/4以内。车辆空载时,在20%的坡道上采用驻车制动时,5min内车辆不应发生溜坡。

6)传动系

(1)离合器应接合平稳,分离彻底,起步时无异响、抖动和打滑现象。离合器踏板的自由行程和工作高度应符合要求。

(2)离合器总泵、分泵以及管路连接处应无点滴状漏油,液面高度符合要求。

(3)手动变速器应挡位清晰,路试时应无异响,不跳挡,不乱挡。

(4)自动变速器应挡位显示准确,无明显漏油现象,油液高度符合要求。车辆挂挡后应有起步蠕动感。路试时换挡平顺,无明显冲击。

(5)传动轴应连接牢固,十字节无明显松旷。路试中,左右打足方向,球笼应无异响。

7)行驶系

(1)轮胎螺钉紧固,轮胎气压符合要求。

(2)轮胎花纹深度:乘用车、挂车≥1.6mm,其他汽车转向轮≥3.2mm。轮胎的胎面或胎壁上不应有长度超过25mm或深度足以暴露出轮胎帘布层的破裂和割伤。

(3)两前轮应配置同品牌、同型号、同花纹、花纹深度相近的轮胎。

(4)轮胎胎面不应由于局部磨损而暴露出帘布层。轮胎不应有影响使用的缺损、异常磨损和变形,前束符合原厂要求。

8)悬架系

(1)减振器应无明显松旷、漏油,减振弹簧或钢板完好。

(2)托架及球销等连接牢固,不松旷。

(3)两边前后轴距离差≤5mm。

9)电系、仪表

(1)各种灯光应完好,能正常工作,并安装牢固。

(2)刮水器、喇叭工作正常。

(3)车速表、里程表、发动机转速表、冷却液温度表、汽油表等仪表工作正常。机油灯、充电灯、冷却液温度灯等状态指示灯应工作正常。ABS(制动防抱死系统)、SBS(安全气囊系统)、发动机故障指示灯等在打开点火开关时应显亮,经数秒钟(或发动机起动)自检后自动熄灭。

(4)电线不裸露,电路静态漏电量<15mA。

10)备件

(1)备有完好备胎、千斤顶和轮胎扳手。

(2)备有有效灭火器。

对于汽车品牌4S店的二手车质量认证,另有各自的标准。

例如,奥迪品荐二手车经过专业评估师的110项专业检测,只有符合5年15万km的无事故车才可成为奥迪认证二手车,并在展厅销售。奥迪品荐二手车的质量认证按照评估收购→整备翻新→库存及车辆展示→营销沟通→销售→交车及售后跟进→客户服务及客户保持的标准流程进行。

奥迪品荐二手车车辆评估采用标准化顺序。第一步:整体目视检查:按照前部→右侧→后部→左侧的顺序检查;第二步:车身侧面检查:按照左前→右前→右后→左后的顺序检查;第三步:总成部件检查:按照前部→右前→右后→后部→左后→右前的顺序检查;第四步:驾驶舱内饰件检查。所有检查又细分为110项检测项目,评估人员边检测边填写检测单,全部项目的检测都将有三个结果:合格、检修、N/A(不适用),需检修的将进入奥迪专属的检修环节。奥迪品荐二手车的110项检测项目包括:

第一部分:内部检查。

这一部分主要检查喇叭、时钟、仪表板照明及调节功能、电动反光镜调节及记忆功能、后视镜功能、车窗功能、前后风窗雨刷及喷嘴、警示灯开关、暖风和风扇开关、手套箱、天窗、内饰磨损及污垢、踏板套、前后座椅电动、加热及记忆、前后安全带是否能正常使用。主要通过对车辆的实际配置及使用情况来判断车辆所处的状态。

第二部分:前部照明检查。

这一部分主要检查示宽灯、近光灯、前雾灯、远光灯、超车灯、转向灯、警示灯、近光灯角度、灯罩等。主要通过目测和实际试用来检测。

第三部分:后部照明检查。

这一部分主要检查示宽灯、牌照灯、后雾灯、倒车灯、制动灯、转向灯、灯罩等。主要通过目测和实际试用来检测。

第四部分：其他项目检查。

这一部分的项目涉及一些细碎而繁杂的小项目，所以被列为其他项目，通过目测和试用就可以完成。包括检查中控锁、防盗报警、雨刷片、大灯清洗、发动机盖开启、灰尘及花粉过滤装置、发动机机油液面、转向助力液液面、制动液及离合器液面、冷却系统液面、风窗清洗液、胎压、轮胎螺栓扭紧力、行李舱盖锁止机构、工具箱、警示牌、备胎及磨损程度、车门链接铰链等项目。虽然这些项目不会对车辆整体性能造成大的影响，但仍然是必须检测并进行修复调整的项目。

第五部分：检查车身。

这一部分除了目测车身是否周正之外，还要使用漆膜厚度检测仪判断车辆是否因事故检修而重新喷漆处理。主要检查侧车身、车顶、前风窗、发动机盖、前保险杠、右侧车身、后风挡、行李舱盖、后保险杠等部位。

第六部分：检查已升起车辆底部。

这部分检测对评估人员的专业性要求比较高，涉及车辆是否能正常行驶、是否有安全隐患的主要项目。

从车辆后部开始向前部推进，逐一检查车辆底部情况。主要检查排气管、减振器、后悬架安装及稳定杆紧固情况、后轴漏油情况、半轴磨损和防尘罩损坏制动管路接头腐蚀及泄露、手制动拉线位置及安全、三元催化器外侧损坏、变速器的漏油、发动机漏油、助力转向系统是否泄露、转向系统的随动性、转向节、V形皮带的磨损和张紧、车辆底部的损坏情况。

第七部分：降低车辆及腰部。

这部分主要检查前后轮制动片磨损、后鼓式制动器和制动片磨损、手制动器、轮胎磨损情况。主要通过目测和实际试用来检测。

第八部分：路试。

这一部分主要检查发动机、离合器、传动装置、后半轴噪音、转向装置、转向盘调整功能、制动效果及ABS的效果、手制动器、轮胎动平衡、转速表和里程表显示是否准确、燃油表和油位是否准确、巡航定速控制功能、空调运转、暖风是否运转、车身是否有异响、是否有风噪、收音机及CD播放、天线等情况。这些都需要通过道路试验来判断。

第九部分：奥迪特殊检查。

这一部分主要检测四轮驱动前后动力分配、四轮差速器功能。是针对奥迪的四轮驱动装置的性能是否良好的特殊检查。

第十部分：路试后的检查。

因为有一些装置在动态行驶前后会有不同的变化，因此在路试后仍然要对之前检查过的一些项目进行复查：主要检查发动机运行、发动机漏油、变速器漏油、冷却系统漏水、自动变速器的液面、尾气排放情况等进行检查。这一部分只需在静态目视检查即可。

第十一部分：移交清洗。

车辆经过以上109项的详细检查之后的最后一项就是对车内、车外进行清洗。完成110项检测后的奥迪品荐二手车就可以进入库存及车辆展示阶段。

二手车经销企业应对进入销售展示区的车辆按《车辆信息表》的要求填写有关信息,在显要位置予以明示,并可根据需要增加《车辆信息表》的有关内容。

### 7.4.3 二手车的质量担保

二手车的质量担保就是在二手车销售的同时,销售商承诺对车辆进行有条件、有范围、有限期的质量担保,并切实履行承诺的责任和义务。

二手车的质量担保是二手车销售环节中的不可或缺的重要一环。没有质量担保的二手车销售是不完整的销售。

1. 二手车质量担保的作用

1) 保护消费者权益

根据对二手车消费者(包括现实的和潜在的)的心理调查可知,最难以把握的,也即最担心的就是车辆的技术状况。尤其是车辆买到手,各种故障便在短时间内连连发生,使消费者对二手车的质量可靠性心存疑虑。因此,普遍希望二手车销售商能提供质量担保。

为二手车消费者提供质量担保是销售商保护消费者权益的具体体现,同时也是一种社会责任。

2) 促进二手车行业的规范发展

以前,二手车买卖成交后,销售商的责任即告结束,对此后车辆出现的各种故障完全不负责。这一方面使得消费者的权益得不到充分保障,另一方面,一些不法销售商就有恃无恐地干着坑蒙拐骗的勾当。事实上,二手车交易中大多数纠纷都是由售后发现质量问题而引起的。

随着社会的发展和人们生活水平的提高,为了扩大生活半径和追求时间效率而购买二手车的人越来越多,二手车交易也日益兴旺。但二手车青睐者的购车热情往往被对车况难以把握的畏惧心理所中和。实行二手车质量担保可以从根本上消除这种畏惧心理,从而激发这些潜在的购车能量。这样既规范了行业的交易行为,又促进了市场的发展,是个一举多得的措施。

二手车的质量担保是二手车行业规范发展的一个重要内涵。量的发展要与质的规范同步提升。行业的发展对二手车经营企业提出了更高的要求,在鼓励、扶持那些诚实守信、规范运作的经营企业的同时,行业管理部门还将规范、监督和约束那些不讲信誉、不讲服务的销售行为,逐步净化二手车的消费环境,提升行业的社会形象。

3) 有利于经营品牌的创立

二手车交易是一个与服务密切相关的经营行为。就二手车的质量范畴而言,一方面,如实展示并介绍车辆的客观现状、存在的缺陷,让购车者买明白车。另一方面,销售商向购车者做出质量担保承诺,让购车者买放心车。前者是销售商诚信的体现,当然对购车者也有能看得懂车辆情况的专业知识要求。而后者则是销售商信誉的保证,对销售商的要求更高。相对而言,后者更重要。为保护购车者的利益,二手车经营企业对于自己出售的二手车,当质量隐蔽故障突发而造成购车者的利益受到损害时,销售商应给予经济赔偿。这也可以作为鉴别二手车经营企业之间诚信差异、品牌优劣的重要标志。

二手车经营企业实行二手车质量担保,将服务延伸到售后,切实履行保护消费者利益的责任,有利于经营品牌的创立。这方面的工作谁做得好,谁就将赢得市场。

4) 有利于开辟新的交易方式

目前,在二手车交易中,通常采用到有形市场现场看车的方式来确定车辆状况。这种方式对买卖双方均耗时、费力、效率低,是一种较原始的方式。随着社会车辆的逐渐增多,二手车交易的日趋活跃,这种低效率的交易方式对提高交易量的制约影响将日益凸显。

因此,致力于交易方式的拓展将是一个现实的课题。如开展网上交易形式等,将有形市场与无形市场相结合,以利于日后的集中交易模式的形成。这其中一个重要的前提是经营企业诚信体系的建立、二手车质量担保的承诺以及社会及消费者对此承诺的高度认同。达到这种程度,二手车交易将会又一次由质变引起量变,必将会对活跃交易方式,提高交易能力,促进行业发展起到相当大的推动作用。

5) 有利于二手车消费信贷

尽管近两年有些银行开发了二手车的消费贷款,但从总体来看,此项业务开展得并不顺利。原因之一是因为银行对车辆质量状况把握不了。于是,纷纷抬高贷款门槛或干脆暂停此项业务。而在购买二手车的消费者中,暂时不想花大钱即可拥有一辆汽车的人不在少数,他们更希望能得到银行贷款,以解决一时手头之拮据。因此,实行二手车质量担保,既解除了银行的后顾之忧,又可帮助消费者实现购车愿望。尤其是《汽车金融公司管理办法》的出台,对二手车的消费信贷也将起到推动作用。

2. 二手车质量担保的内容

1) 质量担保期限

根据《二手车交易规范》,二手车经销企业向最终用户销售使用年限在 3 年以内或行驶里程在 6 万 km 以内的车辆(以先到者为准,营运车除外),应向用户提供不少于 3 个月或 5000km(以先到者为准)的质量保证。

对于使用年限较长的二手车,其质量担保期限一般为 30 天或 3000km(两项应同时满足),任一项超出,担保期限即告结束。

对于汽车品牌 4S 店的二手车,其质量担保期限一般较长。例如:经东风日产认证的二手车根据不同车型提供不同期限的有限质量保证,见表 7-1。

东风日产认证二手车保修期限　　　　　表 7-1

| 车　型 | 保　修　期 |
| --- | --- |
| 蓝鸟、阳光 | 6 个月或 1 万 km(以先到达者为限) |
| 天籁、奇骏、颐达、骐达、轩逸、骏逸、骊威、逍客 | 12 个月或 2 万 km(以先到达者为限) |

2) 质量担保的零部件

根据《二手车交易规范》,二手车经销企业向最终用户销售使用年限在 3 年以内或行驶里程在 6 万 km 以内的车辆(以先到者为准,营运车除外),质量保证范围为发动机系统、转向系统、传动系统、制动系统、悬架系统等。

从消除购车者对隐蔽性故障的担忧这一角度出发,下列零部件或总成应给予质量担保。

(1) 发动机冷却系中的水泵、冷却液温度表以及水箱等。

(2)发动机润滑系中的机油泵、机油压力表(灯)等。

(3)发动机供油系中的燃油泵、燃油表等。

(4)发动机点火系中的点火线圈、分电器等。

(5)发动机起动系中的点火开关、起动机等。

(6)传动系中的离合器压盘、传动轴万向节、半轴球笼等。

(7)制动系中的真空助力泵、制动鼓(盘)、制动主缸、制动轮缸的工作效能等。

(8)转向系中的转向助力泵、横直拉杆球销等。

(9)空调系统中的冷媒、风机等。

系统中各零部件工作状况的好坏以使该系统能正常工作为原则。如果由于某一零部件损坏而致使该系统无法正常工作(如水泵漏水致使发动机冷却液减少而导致冷却液温度过高),则该零部件必须及时修复或更换。

例如:东风日产认证二手车享受的是有限的免费质量保证,保修范围见表7-2。

**东风日产认证二手车免费质量保证范围** 表7-2

| 所属系统 | 覆盖的零件 |
| --- | --- |
| 发动机 | 发动机及其组件:缸体和缸盖、活塞、活塞环、连杆、曲轴、曲轴皮带轮、张紧轮、凸轮轴、主轴承、飞轮、正时齿轮、机油泵、油底壳、进排气门、气门弹簧、气门摇臂、液压挺杆 |
| 发动机电器 | 起动机、交流发电机、电压调节器、点火系统(不包括火花塞)、分电器(不包括分火头)、发动机控制模块、爆振传感器 |
| 冷却系 | 水泵、散热器、散热风扇、节温器、冷却管路 |
| 燃油供给系 | 空气流量器、汽油泵、油量表传感器、喷油嘴、油箱、燃油管路、油压调节器;不包括因使用不符合国家要求的燃油引起的零件故障 |
| 传动系 | 变速器及其内组件:液力变矩器、机油盘等、驱动桥、太阳轮、传动系、行星齿轮、主减速齿轮、差速器组件、前驱动轴(前置前驱型);不包括离合器部件、滤清器和防尘罩 |
| 转向系 | 转向柱、动力转向油泵及安装件、动力转向油泵及安装件、动力转向器、动力转向管路;不包括转向盘和转向柱护罩 |
| 行驶系 | 前轮毂总成、前悬架弹簧、前三角臂总成、前横向稳定杆、后轮轴、后轮毂带轴承总成、后横向稳定杆、稳定杆连杆 |
| 制动系 | 制动主缸、制动分泵、制动钳(不包括制动蹄片组件和制动盘)、制动伺服及伺服控制系统、制动管路、制动防抱死装置(ABS) |

3)非质量担保的零部件

与新车质量担保中的非保件相同,有些零部件因在使用中存在突变性,不能列入质保范围。

(1)易磨损件,如制动片、离合器片等。

(2)易爆件,如轮胎、灯泡、玻璃等。

(3)电化学件,如蓄电池等。

例如:不属于东风日产认证二手车保修范围的系统和零部件见表7-3,保修范围中没有明确列出的其他系统和零部件,包括但不限于表 7-3。

不属于东风日产认证二手车保修范围的系统和零部件　　表 7-3

| 所属系统 | 零件/范围 |
| --- | --- |
| 车身内外饰 | 车身油漆、玻璃、内饰、各种塑料装饰件、车身覆盖件(前后保险杠、四车门、发动机舱盖、行李舱盖、前后围板等)、钢圈、车轮饰盖、座椅、紧固件、表面外观、各类锁锁芯、各类铰链、皮革、泡沫填料 |
| 车身电器系 | 电瓶、刮水机构、天窗、车内的所有通信系统或导航系统、车载电话、收音机、CD、VCD 及 DVD、音响喇叭、点烟器、防盗系统、倒车雷达、门玻璃升降器、组合仪表、安全气囊及有关部件 |
| 易耗易损件 | 制动摩擦片/盘、离合器摩擦片、车轮平衡块、轮胎、皮带、灯泡、熔断丝、火花塞、离合器压盘、制动片、各类滤清器、刮水片条、橡胶制品(如防尘罩、橡胶水管、门密封条、胶塞等) |
| 空调系统 | 空调系统、空调制冷剂 |
| 其他 | 车身抖动及噪音、油耗问题、正常的油液渗漏、转向盘表面外观 |

4) 免责条款

(1) 由于使用不当、保养不当或不规范操作引起的零部件损坏。

(2) 隐匿了实际使用里程的车辆。

(3) 缺油少水(润滑油、制动液、冷却水)引起的零部件损坏或故障。

(4) 质量担保期内用于营运、教练等用途的车辆。

(5) 肇事、冰冻、浸水车辆所涉及的零部件损坏。

(6) 在质量担保期内经其他修理厂或自行修理过的零部件及该系统。

有以上情形之一的车辆,销售企业可免除质量担保责任。但以上免责情形应事先告知购车者。

例如,东风日产认证二手车保修免责条款:

以下项目,不属于东风日产认证二手车保修范围:

(1) 安装了非本公司纯正零部件及附件或在本公司专营店以外的厂家修理或保养后所发生的一切质量问题。

(2) 车辆定期保养所发零件费费时所发生的零件费和工时费。

(3) 定期保养项目包括但不限于:车轮平衡和定位、发动机调整、前大灯调整、各种油液和润滑剂的更换。

(4) 由于里程表读数被更改,导致实际里程无法确认的车辆。

(5) 由保修引起的间接经济损失。

(6) 用户提出质量保修前,未保护好损坏件的原始状态。

(7) 因不可抗力,如人为的故意损坏或战争、暴乱所致的损坏等。

(8) 由下列原因导致的损坏和失效:①使用不当、事故、被盗或火灾;②使用的燃油、油液或润滑剂不正确或不干净;③未按《使用说明手册》的有关规定进行正确的使用、维护和保养;④改造或修理不当;⑤碎石飞溅、化学粉尘、树液、盐、暴风、冰雹、闪电或其他不利环境造成的问题。

(9) 本公司或车主均无法证明车主所提供信息的真实性,或车主所提供信息具有欺骗性的保修索赔。

## 本章小结

本章主要内容包括二手车营销与市场分析、二手车收购定价、二手车销售定价、二手车质量认证与担保等内容。下列总体概要涵盖了本章的主要学习内容,可以利用下列线索对所学内容进行一次简要回顾,以便归纳、总结和关联知识点。

1. 二手车营销与市场分析

介绍了二手车营销内容、二手车交易市场分析。

2. 二手车收购定价

介绍了二手车收购定价的影响因素、收购定价方法、收购价格估算方法、收购风险与防范措施等内容。

3. 二手车销售定价

介绍了二手车销售定价的影响因素、销售定价目标、销售定价方法、销售定价策略和销售价格确定等内容。

4. 二手车质量认证与担保

介绍了二手车认证的概念、认证方法、质量担保内容等。

## 自测题

**一、单项选择题**(在每小题的备选答案中,选出一个正确答案,并将其序号填在括号内)

1. 下列不属于二手车营销的是(    )。
   A. 二手车整修翻新          B. 二手车配送
   C. 二手车置换              D. 二手车拍卖

2. 下列不适用于二手车收购价格计算的方法是(    )。
   A. 清算价法                B. 重置成本法
   C. 快速折旧法              D. 收益现值法

3. 下列不适用于二手车销售定价的方法是(    )。
   A. 成本加成定价法          B. 需求导向定价法
   C. 竞争导向定价法          D. 现行市价折扣法

**二、多项选择题**(在每小题的备选答案中,选出两个以上正确答案,并将其序号填在括号内)

1. 影响二手车交易市场的宏观环境包括(    )
   A. 人口环境                B. 经济环境
   C. 自然环境                D. 政治和法律的环境

2. 二手车销售定价的影响因素分析包括(    )
   A. 成本因素                B. 供求关系
   C. 竞争状况                D. 经营的需要

3. 下列不属质量担保的零部件有(    )。
   A. 易磨损件,如制动片、离合器片等    B. 易爆件,如轮胎、灯泡、玻璃等

C. 电化学件,如蓄电池等　　　　　　D. 发动机点火系中的点火线圈、分电器

**三、判断题**(在括号内正确打√,错误打×)

1. 二手车的质量担保期限一般为 30 天或 3000 公里。　　　　　　　　　　(　　)
2. 《二手车鉴定评估技术规范》中的技术状况鉴定检查项目都是二手车质量认证项目。
　　　　　　　　　　　　　　　　　　　　　　　　　　　　　　　　(　　)
3. 二手车销售定价目标包括追求利润最大化的定价目标、以获取适度利润的定价目标、以取得预期投资收益为定价目标、以保持或扩大市场占有率的定价目标。　　(　　)

**四、简答题**

1. 简述二手车收购定价的方法。
2. 简述二手车销售定价的方法。
3. 简述二手车的质量认证的流程。

# 参考文献

[1] 赵培全,蔡云.汽车评估学[M].2版.北京:中国水利水电出版社,2015.
[2] 裘文才.二手车评估[M].2版.北京:人民交通出版社股份有限公司,2016.
[3] 杜建.汽车评估[M].北京:人民交通出版社,2008.
[4] 刘康,陈李翔,原淑炜.二手车鉴定评估师.[M].北京:中国劳动社会保障出版社,2008.
[5] 鲁植雄.二手车鉴定评估师(基础知识)[M].北京:中国劳动社会保障出版社,2008.
[6] 鲁植雄.二手车鉴定评估师(国家职业资格四级)[M].北京:中国劳动社会保障出版社,2008.
[7] 鲁植雄.高级二手车鉴定评估师(国家职业资格三级)[M].北京:中国劳动社会保障出版社,2008.
[8] 刘仲国,鲁植雄.旧机动车鉴定与评估[M].北京:人民交通出版社,2006.
[9] 屠卫星.旧机动车鉴定与评估[M].2版.北京:人民交通出版社股份有限公司,2014.

# 二手车鉴定与评估

## 形成性考核册

国家开放大学汽车学院　编

考核册为附赠资源，适用于本课程采用纸质形考的学生。

若采用**网上形考**或有其他疑问请咨询课程教师。

学校名称：_____

学生姓名：_____

学生学号：_____

班　　级：_____

形成性考核是学习测量和评价的重要组成部分。在教学过程中，对学生的学习行为和成果进行考核是教与学测评改革的重要举措。

《形成性考核册》是根据课程教学大纲和考核说明的要求，结合学生的学习进度而设计的测评任务与要求的汇集。

为了便于学生使用，现将《形成性考核册》作为主教材的附赠资源提供给学生，采用纸质形考的学生可将各次作业按需撕下，完成后自行装订交给老师。若采用**网上形考**或有其他疑问请咨询课程教师。

# 二手车鉴定与评估 作业1

姓　　名：_____
学　　号：_____
得　　分：_____
教师签名：_____

一、单项选择题(在每小题的备选答案中,选出一个的正确答案,并将其序号填在括号内。15 小题,每题 2 分,共 30 分)

1. 下列选项中,属于二手车交易市场中经营主体的是(　　)。
   A. 汽修厂　　　　B. 4S 店　　　　C. 汽车美容中心　　　　D. 拍卖企业

2. 二手车市场经营主体应在(　　)部门依法登记,方可进行经营活动。
   A. 国家税务局　　B. 工商行政管理　C. 环保局　　　　　　D. 车管所

3. 2005 年 8 月 29 日,由商务部、公安部、工商总局和(　　)联合发布了《二手车流通管理办法》。
   A. 国土资源部　　B. 人社部　　　　C. 税务总局　　　　　D. 环保部

4. 2013 年 12 月 31 日,国家质检总局、国家标准委正式发布了国家标准 GB/T 30323—2013《二手车鉴定评估技术规范》,该标准的起草单位是(　　)。
   A. 商务部　　　　　　　　　　B. 中国汽车维修行业协会
   C. 中国机械工业联合会　　　　D. 中国汽车流通协会

5. 二手车鉴定评估是指由专门的鉴定评估人员,按照特定的目的,遵循法定或公允的标准和程序,运用科学的方法,对二手车进行手续检查、技术鉴定和(　　)的过程。
   A. 估算价格　　B. 打印报告书　　C. 拍卖　　　　　　D. 现场查勘

6. 变动二手车产权是指车辆所有权发生转移的经济行为,下列选项中不变动二手车产权经济行为是二手车的(　　)。
   A. 交易　　　　B. 转让　　　　　C. 拍卖　　　　　　D. 报废

7. 2017 年 12 月 1 日,《资产评估法》正式实施,根据《资产评估法》规定,评估机构应当自领取营业执照之日起(　　)日内向有关评估行政管理部门备案。
   A. 60　　　　　B. 5　　　　　　C. 25　　　　　　　D. 30

8. 下列属于国家法律禁止交易的车辆是(　　)。
   A. 小型汽车　　B. 走私车　　　　C. 小型普通客车　　D. 越野车

9. 下列属于车辆转移登记的法定来历证明的选项是(　　)。
   A. 车辆行驶证　　　　　　　　B. 车辆登记证书

C. 车辆交易发票　　　　　　　　D. 购置税证明

10. 二手车交易资格包括(　　)的合法性和车辆的合法性两个方面。
    A. 身份证　　　B. 行驶证　　　C. 手续　　　D. 交易发票

11. (　　)同时也是机动车的"户口本",所有机动车的详细信息及机动车所有人的资料都记载在上面。
    A. 车辆登记证书　　　　　　　B. 车辆运输证
    C. 车辆行驶证　　　　　　　　D. 机动车保险单

12. 机动车号牌的识伪检查主要方法包括(　　)。
    A. 号牌的识伪标记
    B. 号牌着色深浅和反光特征
    C. 查看号牌外观特征、字符特征和间隔符特征
    D. 以上都是

13. 车辆保险具体可分商业险和交强险。其中(　　)是我国首个由国家法律规定实行的强制保险制度,是机动车必须购买的险种。
    A. 车损险　　　　　　　　　　B. 车辆第三者保险
    C. 盗抢险　　　　　　　　　　D. 交强险

14. VIN码又叫作车辆识别代码,相当于车辆的身份证号码,共有(　　)位。
    A. 11　　　　　B. 18　　　　　C. 17　　　　　D. 28

15. 在评估二手车时,查验税费缴讫凭证,主要是指车辆在(　　)征收的税、费凭证。
    A. 销售环节　　B. 维修环节　　C. 生产环节　　D. 使用环节

二、多项选择题(在每小题的备选答案中,选出不少于两个的正确答案,并将其序号填在括号内。多选、少选、错选均不得分。5小题,每题4分,共20分)

1. 二手车交易类型包含(　　)。
   A. 经销　　　　B. 电子商务　　C. 置换　　　　D. 拍卖

2. 二手车鉴定评估所遵循的法律法规依据包括(　　)。
   A.《资产评估法》　　　　　　　B.《国家资产评估管理办法》
   C.《中华人民共和国机动车登记办法》D.《二手车流通管理方法》

3. 二手车交易的基本条件包括(　　)。
   A. 交易双方　　B. 交易物品　　C. 交易合同　　D. 交易发票

4. 机动车检验合格标志的颜色有(　　),每3年循环一次。
   A. 黄色　　　　B. 绿色　　　　C. 紫色　　　　D. 蓝色

5. 二手车辆的识伪检查的主要内容包括(　　)。
   A. 查验VIN码　　　　　　　　B. 查验发动机号
   C. 查验车辆行驶证　　　　　　D. 查验车辆风窗玻璃

三、判断题(对的划√,错的划×。10 小题,每题 1 分,共 10 分)

1.《二手车鉴定评估技术规范》中所述二手车是指从办理完注册登记手续到达到国家强制报废标准之前进行交易并转移所有权的汽车,将摩托车排除在二手车之外。( )

2.二手车鉴定评估机构的职能主要有交易、公证、中介。( )

3.二手车鉴定评估的假设有继续使用假设、公开市场假设和清算假设三种。( )

4.机动车使用寿命主要可分为:技术使用寿命、经济使用寿命和合理使用寿命。( )

5.按照《机动车强制报废标准》的规定,小、微型出租客运汽车使用 8 年,中型出租客运汽车使用 10 年,大型出租客运汽车使用 12 年。( )

6.二手车交易评估完全采用自愿的原则,但属于国有资产的车辆,应当按照国家有关规定进行鉴定评估。( )

7.《机动车行驶证》是由公安车辆管理机关依法对车辆进行注册登记核发的证件,它是机动车取得合法行驶权的凭证。( )

8.机动车号牌是指在法定机关登记的机动车号牌,是准予机动车在中华人民共和国境内道路上行驶的法定标志,其号码是机动车登记编号。( )

9.机动车号牌允许通过非法加工、偷牌、拼装等手段被伪造。( )

10.按照相关法规,没有办理机动车交通事故责任强制险的二手车也可以交易。( )

四、简答题(4 小题,每题 5 分,共 20 分)

1.简述个人对个人的二手车交易流程。

2.简述机动车技术状况变化的一般规律。

3.简述禁止交易车辆的类型。

4.简述二手车手续检查的内容与方法。

**五、论述题**(2小题,每题10分,共20分)

1.《资产评估法》的实施有何意义?作为机动车鉴定评估机构,在今后的工作中应该遵循哪些原则?

2.如何进行二手车辆的识伪检查?为什么要进行二手车辆的识伪检查?

# 二手车鉴定与评估 作业2

姓　　名：_____
学　　号：_____
得　　分：_____
教师签名：_____

**一、单项选择题**（在每小题的备选答案中，选出一个的正确答案，并将其序号填在括号内。15小题，每题2分，共30分）

1. 在正常工作温度下，汽缸压缩压力应符合原厂规定；其压力差，汽油机应不超过各缸平均压力的5%，柴油机应不超过(　　)。
   A. 5%　　　　　B. 8%　　　　　C. 10%　　　　　D. 12%

2. 下列选项中不属于二手车技术状况评定的内容有(　　)。
   A. 车身评定　　B. 路试评定　　C. 静态评定　　D. 功能性零件评定

3. 车身外观状态描述用语中AX表示(　　)。
   A. 安装维修　　B. 变形　　　　C. 修复　　　　D. 凹陷

4. 下列选项中不属于事故车缺陷描述用语的是(　　)。
   A. 变形　　　　B. 扭曲　　　　C. 弯曲　　　　D. 更换

5. 下列对汽车发生水灾后的处理方法中描述不正确的是(　　)。
   A. 尽快脱离水域　　　　　　　B. 等待救援
   C. 及时拆检　　　　　　　　　D. 严禁水中起动汽车

6. 以下不属于事故车的是(　　)。
   A. 水淹车　　　B. 火烧车　　　C. 碰撞车　　　D. 倾翻车

7. 下列对21XS2的对应描述错误的是(　　)。
   A. 左后车门有锈蚀　　　　　　B. 右前门有锈蚀
   C. 面积小于或等于200mm×300mm　　D. 面积大于100mm×100mm

8. 二手车鉴定评估作业表是二手车鉴定评估的基础，该表涵盖的内容不包括(　　)。
   A. 事故车信息　B. 车辆技术等级　C. 二手车基本信息　D. 评估过程

9. 二手车技术状况表(示范文本)的使用者不包括(　　)。
   A. 经销企业　　B. 拍卖企业　　C. 经纪企业　　D. 担保企业

10. 对前轴采用非独立悬架的汽车(前轴采用双转向轴时除外)，用侧滑台检验其转向轮的横向侧滑量，以下叙述错误的是(　　)。
    A. 将汽车对正侧滑检验台，并使转向盘处于正中位置

B. 以 3~5km/h 车速平稳通过侧滑台

C. 经过侧滑台时可以转动方向盘

D. 侧滑量值在 ±5m/km 之间为合格

11. 台试制动性能检验的主要项目不包括( )。

A. 制动力　　B. 制动力平衡要求　　C. 车轮阻滞力　　D. 制动踏板力

12. 制动性能道路试验检测的主要项目不包括( )。

A. 制动距离　　B. 最大减速度　　C. 制动稳定性　　D. 制动协调时间

13. 如果一缸或数缸压力偏高,汽车行驶中又出现过热或爆燃现象,其产生原因不正确的选项是( )。

A. 燃烧室内积炭过　　　　　　B. 大修后汽缸直径增大

C. 大修后汽缸盖变薄　　　　　D. 汽缸垫过厚

14. 对于上部设有观察孔的蓄电池,从观察孔能看到的颜色不包括( )。

A. 绿色　　B. 白色　　C. 黑色　　D. 蓝色

15. 对于轿车轮胎,其胎冠花纹的深度不得小于 1.6mm;其他车辆转向轮胎冠花纹的深度不得小于( )。

A. 1.6mm　　B. 2.4mm　　C. 3.2mm　　D. 4.8mm

二、**多项选择题**(在每小题的备选答案中,选出不少于两个的正确答案,并将其序号填在括号内。多选、少选、错选均不得分。5 小题,每题 4 分,共 20 分)

1. 汽车的技术状况鉴定的方法包括( )。

A. 静态检查法　　B. 动态检查法　　C. 仪器检测法　　D. 综合检测法

2. 汽车路试检查所需要的路面状态应( )。

A. 平坦　　B. 硬实　　C. 干燥　　D. 清洁

3. 测量汽缸压缩压力时,下列说法正确的是( )。

A. 发动机运转到正常工作温度　　B. 拆下所有火花塞(或喷油器)

C. 节气门全开　　　　　　　　　D. 起动发动机运转 5~10s

4. 碰撞造成的非承载式车身变形种类包括( )。

A. 左右弯曲　　B. 上下弯曲　　C. 翘曲变形　　D. 扭曲变形

5. 测量汽车车身结构变形程度所用量具包括( )。

A. 普通量具　　　　　　　　　B. 轨道式量规

C. 三维电子测量系统　　　　　D. 二维电子测量系统

三、**判断题**(对的划√,错的划×。10 小题,每题 1 分,共 10 分)

1. 发动机的起动状况检查属于二手车静态检查项目。　　　　　　　　　( )

2. 汽车的燃油消耗量可通过汽车道路试验或在底盘测功试验台上模拟路试来检测。

( )

3. 根据 GB7258—2017《机动车运行安全技术条件》规定,当汽车经台试制动性能检验后对其制动性能有质疑时,可用道路试验检测,并以满载路试的检验结果为准。（　　）

4. 当车速表检验台速度指示仪表的指示值 $v_2$ 为 40km/h 时,读取该机动车车速表的指示值 $v_1$ 在 40～45km/h 范围内为合格。（　　）

5. 在二手车鉴定评估实践中,将遭受严重撞击、水淹、火烧等,即使修复也存在安全隐患的车辆称为事故车。（　　）

6. 可将水淹高度和水淹时间对车辆损伤的影响程度划分为 6 个等级。（　　）

7. 汽车发生火灾的三要素为:火源、可燃物、助燃剂。（　　）

8. 按火源类型可将汽车火灾原因分为明火源、电气火源、炽热表面、机械故障、遗留火种。（　　）

9. 事故车描述中,11GH 表示左前减振器悬挂部位有更换痕迹。（　　）

10. 在进行二手车技术状况鉴定评分时,车身外部技术状况鉴定分值占总权重的 20%。
（　　）

**四、简答题**(4 小题,每题 5 分,共 20 分)

1. 如何对车门实施静态检查?

2. 如何识别事故车?

3.驾驶舱检查项目有哪些?

4.简述汽车碰撞损伤的区位检查法。

**五、论述题**(2 小题,每题 10 分,共 20 分)

1. 举例说明如何综合运用三种方法进行汽车技术状况鉴定。

2. 制动力平衡的要求有哪些?简要分析制动力不平衡的危害。

## 答 题 纸

# 二手车鉴定与评估 作业3

姓　　名:_____
学　　号:_____
得　　分:_____
教师签名:_____

一、单项选择题(在每小题的备选答案中,选出一个的正确答案,并将其序号填在括号内。15 小题,每题 2 分,共 30 分)

1. 在车辆评估活动中最直接、最简单、最具有说服力的一种评估方法是(　　)。
　　A. 现行市价法　　B. 收益现值法　　C. 重置成本法　　D. 清算价格法

2. 下列车辆交易场景中,可选为参照车辆的是(　　)。
　　A. 有利害关系人之间的交易
　　B. 受债权债务关系影响的交易
　　C. 与被评估二手车型号相同或类似车辆的交易
　　D. 特殊方式的交易

3. 某公司因急于将其所属车辆变现归还欠款,应采用的评估方法是(　　)。
　　A. 现行市价法　　B. 重置成本法　　C. 收益现值法　　D. 清算价格法

4. 下列选项中不属于现行市价法优点的是(　　)。
　　A. 能够在较短的期限内将车辆变现
　　B. 评估价值能准确反映市场的现时价格
　　C. 比较客观地反映目前的二手车市场交易情况
　　D. 评估参数、指标可直接从市场获得

5. 车辆在使用过程中因零部件老化、磨损而产生的贬值称为(　　)。
　　A. 功能性贬值　　B. 各种贬值都有　　C. 实体性贬值　　D. 经济性贬值

6. 下列选项中,不属于资产评估学中三大基本评估方法的是(　　)。
　　A. 收益现值法　　B. 清算价格法　　C. 重置成本法　　D. 现行市价法

7. 收益现值法的评估要素完全是基于对(　　)的分析。
　　A. 过去收益　　B. 现在收益　　C. 未来收益　　D. 全部收益

8. 重置成本法是将被评估车辆与全新车辆进行比较的过程,而且,这里的比较更侧重于(　　)方面。
　　A. 价格　　B. 技术　　C. 性能　　D. 地区

9. 依照相关法规,( )不能开具二手车销售统一发票。
   A. 二手车经纪公司　　　　　　　　　B. 二手车拍卖公司
   C. 二手车交易市场　　　　　　　　　D. 二手车经销企业

10. 对于已淘汰的产品,或是进口车辆查询不到现时市场价格时,用( )来确定重置成本,是一种好的办法。
    A. 现行市价法　　B. 清算价格法　　C. 重置成本法　　D. 物价指数法

11. 用收益现值法评估二手车价值时,若被评估车辆在剩余寿命期内,各年收益不等,则其价值的计算公式为( )。

   A. $P = \frac{1+i}{A_1} + \frac{(1+i)^2}{A_2} + \cdots + \frac{(1+i)^n}{A_n}$

   B. $P = \frac{A}{1+i} + \frac{A_2}{(1+i)^2} + \frac{A_3}{(1+i)^3} + \cdots + \frac{A_n}{(1+i)^n}$

   C. $P = \frac{A_1}{(1+i)^1} \times \frac{A_2}{(1+i)^2} \times \frac{A_3}{(1+i)^3} \times \cdots \times \frac{A_n}{(1+i)^n}$

   D. $P = \frac{A_1}{1+i} - \frac{A_2}{(1+i)^2} - \frac{A_3}{(1+i)^3} - \cdots - \frac{A_n}{(1+i)^n}$

12. 要评估一辆轿车,评估师从二手车市场获得市场参照物与被评估车辆各方面都基本相同,只是在参照物后视镜被损坏需更换,约需200元维修费用,被评估车辆改装一套真皮座椅面,价值6500元。参照物的市场价为205000元,则被评估车辆的评估值为( )。
    A. 250000元　　B. 211700元　　C. 210000元　　D. 191170元

13. 采用收益现值法评估二手车价值时,其主要缺点是( ),受较强的主观判断的影响大。
    A. 计算公式不准确　　　　　　　　B. 计算复杂
    C. 机动车剩余使用年限不确定　　　D. 预期收益预测难度大

14. 用收益现值法评估二手车时,收益率越高,那么二手车评估值( )。
    A. 无法确定　　B. 越低　　C. 越高　　D. 都不是

15. 用收益现值法评估一辆二手车,其剩余使用年限为2年,经预测这两年预期收益为:第一年11000元,第二年为9500元,若无风险报酬率为4%,风险报酬率为6%,则评估值为( )。
    A. 17356元　　B. 17851元　　C. 15703元　　D. 19000元

二、**多项选择题**(在每小题的备选答案中,选出不少于两个的正确答案,并将其序号填在括号内。多选、少选、错选均不得分。5小题,每题4分,共20分)

1. 清算价格法的主要影响因素包括( )。
   A. 企业破产的形式　　　　　　　　B. 车辆的现行市价
   C. 车辆的拍卖方式　　　　　　　　D. 车辆的拍卖时限

2. 影响折现率的因素主要有( )。
   A. 无风险利率　　　　B. 物价上涨指数　　　C. 风险报酬率　　　　D. 通货膨胀率
3. 在运用类比法评估二手车价值的过程中,应考虑的修正因素有( )。
   A. 交易情况修正　　　B. 交易日期修正　　　C. 交易地区修正　　　D. 个别因素修正
4. 购买进口车时必须要缴纳的税种有( )。
   A. 关税　　　　　　　B. 消费税　　　　　　C. 增值税　　　　　　D. 环保税
5. 在二手车评估中,通常采用的方法是( )。
   A. 现行市价法　　　　B. 收益现值法　　　　C. 重置成本法　　　　D. 快速折旧法

**三、判断题**(对的划√,错的划×。10小题,每题1分,共10分)

1. 在评估计算中,若采用新车价格作为重置成本,就认为是包含了一次性功能贬值。　　　　　　　　　　　　　　　　　　　　　　　　　　　　（　　）
2. 因通货膨胀而导致的车辆贬值属于经济性贬值。　　　　　　　　（　　）
3. 事故车的贬值程度主要取决于车辆价值、损害程度、维修质量。　（　　）
4. 可将二手车交易市场微观经济环境和政府宏观政策对二手车价格的影响转换为二手车变现系数加以考虑。　　　　　　　　　　　　　　　　　　　　（　　）
5. 保值率是某款车型在使用一段时间后将其卖出的价格与先前购买价格的比值。
　　　　　　　　　　　　　　　　　　　　　　　　　　　　　　　（　　）
6. 二手车的市场价值在某一时点是客观不变的,所以同一二手车的评估结果也是唯一的。　　　　　　　　　　　　　　　　　　　　　　　　　　　　（　　）
7. 使用年限法成新率包括等速折旧法、快速折旧法、年份数求和法和双倍余额递减法。
　　　　　　　　　　　　　　　　　　　　　　　　　　　　　　　（　　）
8. 评估二手车时,应使用评估对象销售地的价格资料。　　　　　　（　　）
9. 将未来收益进行时间价值的计算,并换算成评估基准日这一时间点的价值过程称为折现,所使用的换算比率就称为折扣率。　　　　　　　　　　　　（　　）
10. 二手车鉴定评估的目的,就决定了评估的价值类型。　　　　　　（　　）

**四、简答题**(4小题,每题5分,共20分)

1. 简述收益现值法的特点及适用范围。

2. 简述采用现行市价法评估车辆价值的过程。

3. 简述重置成本法与现行市价法的区别与联系。

4. 简述贬值损失的计算步骤。

**五、论述题**(2小题,每题10分,共20分)

1. 何为车辆贬值?说明车辆贬值的主要内容及特点。

2. 简要分析估价与折旧的区别。

答 题 纸

# 二手车鉴定与评估 作业4

姓　　名:_____
学　　号:_____
得　　分:_____
教师签名:_____

一、单项选择题(在每小题的备选答案中,选出一个的正确答案,并将其序号填在括号内。15小题,每题2分,共30分)

1. 下列关于二手车鉴定评估报告的说法中错误的是(　　)。
   A. 评估报告是履行评估合同的成果
   B. 评估报告是公开性工作报告
   C. 评估报告是评估机构承担法律责任的证明文件
   D. 评估报告是委托方支付评估费用的依据

2. 下列选项中不属于评估依据的是(　　)。
   A. 行为依据　　B. 法律法规依据　　C. 产权依据　　D. 计算依据

3. 在评估过程中,不采用基准日标准的项目是(　　)。
   A. 税率　　　　B. 费率　　　　C. 利率　　　　D. 比率

4. 二手车鉴定评估报告的质量评定要求不包括(　　)。
   A. 评估结论的准确性　　　　B. 评估方法的正确性
   C. 参数确定的合理性　　　　D. 计算结果的时效性

5. 下列不属于评估报告法律效力的选项是(　　)。
   A. 评估报告的有效期
   B. 评估基准日的期后事项对评估结论的影响
   C. 评估报告的使用范围
   D. 评估报告的移交与保存

6. 二手车鉴定评估的取价依据主要包括(　　)。
   A. 销售资料和技术资料　　　　B. 维修资料和技术资料
   C. 价格资料和评估资料　　　　D. 价格资料和技术资料

7. 下列不属于二手车交易市场营销微观环境的选项是(　　)。
   A. 企业本身　　B. 经纪人　　C. 竞争者　　D. 人口环境

8. 二手车销售定价分为五个步骤,以下选项正确的是(　　)。
   A. 分析定价因素→确定定价目标→选择定价方法→制定定价策略→确定最终价格

B. 确定定价目标→分析定价因素→选择定价方法→制定定价策略→确定最终价格

C. 分析定价因素→选择定价方法→确定定价目标→制定定价策略→确定最终价格

D. 分析定价因素→制定定价策略→选择定价方法→确定定价目标→确定最终价格

9. 固定成本费用摊销率是指单位收购价值所包含的固定成本费用,即固定成本费用与( )总价值之比。

  A. 收购车辆  B. 销售车辆  C. 待售车辆  D. 以上全是

10. 以下需求量与价格规律关系变化正确的选项是( )。

  A. 正比关系  B. 反比关系  C. 没有关系  D. 以上都不正确

11. 关于二手车销售定价计算方法,以下选项正确的是( )。

  A. 成本导向定价  B. 需求导向定价  C. 竞争导向定价  D. 以上全是

12. 以下属于二手车质量担保范围的是( )。

  A. 空调系统中的制冷剂、风机等

  B. 易磨损件,如制动摩擦片、离合器片等

  C. 易爆件,如轮胎、灯泡、玻璃等

  D. 电化学件,如蓄电池等

13. 运用快速折旧法估算一辆上海大众斯柯达轿车时,已知车辆购置全价为16万元;该车辆已使用5年,累计折旧额为5.5万元,根据技术状况鉴定,左前轮行驶偏摆,右前轮轴承失效换件,车辆维修总费用预计为300元。若规定使用年限仍为15年,则该车的收购价格为( )。

  A. 10.8万元  B. 10.0万元  C. 10.5万元  D. 10.2万元

14. 在二手车的收购中,二手车收购评估的主要目的是( )。

  A. 以经营为目的    B. 以服务为目的

  C. 以竞争为目的    D. 都不是

15. 在二手车销售定价策略中,根据消费者心理的不同来定价的策略是( )。

  A. 心理定价策略    B. 阶段性定价策略

  C. 剩余使用寿命周期定价策略  D. 折扣定价策略

二、多项选择题(在每小题的备选答案中,选出不少于两个的正确答案,并将其序号填在括号内。多选、少选、错选均不得分。5小题,每题4分,共20分)

1.《二手车鉴定评估报告》的主要内容包括( )。

  A. 评估过程  B. 评估方法  C. 评估结论  D. 评估要素

2. 二手车鉴定评估报告附件中应包括( )。

  A. 二手车鉴定评估委托书    B. 评估费用发票

  C. 二手车鉴定评估作业表    D. 鉴定评估机构营业执照复印件

3. 撰写二手车鉴定评估报告的注意事项包括( )。
   A. 实事求是,切忌出具虚假报告　　B. 坚持一致性做法,切忌表里不一
   C. 及时与委托方协商确定评估价格　D. 报告书提交及时、齐全、保密
4. 二手车的销售方式主要包括( )。
   A. 二手车超市　　　　　　　　　B. 特许经营销售
   C. 与新车同地销售　　　　　　　D. 互联网销售
5. 二手车收购评估与二手车鉴定评估的主要区别是( )。
   A. 主体不同　　　　　　　　　　B. 目的不同
   C. 思想方法不同　　　　　　　　D. 价值概念不同

**三、判断题**(对的划√,错的划×。10 小题,每题1分,共10分)

1. 应按照分类整理评估资料、分析讨论评估资料、撰写评估报告、签发评估报告的顺序撰写二手车鉴定评估报告。( )
2. 鉴定评估报告必须依照客观、公正、实事求是的原则由二手车鉴定评估机构独立撰写,如实反映鉴定评估的工作情况。( )
3. 不允许评估机构在二手车鉴定评估报告的封面载明其图形标志。( )
4. 二手车鉴定评估过程包括接受委托、验证、现场查勘、市场调查与询证、评定估算、提交报告等。( )
5. 折扣率是指车辆能够当即出售的清算价格与现行市场价格之比值。( )
6. 用重置成本法确定二手车收购价格的基本思路是先对二手车进行鉴定评估,再根据快速变现的原则估算一个折扣率,将被收购车辆的估算价格乘以折扣率既得二手车收购价格。( )
7. 企业在进行二手车销售定价时,成本是首先必须考虑的基本因素。( )
8. 固定成本费用摊销率是指单位收购价值所包含的固定成本费用,即固定成本费用与收购车辆总价值之比。( )
9. 变动成本费用是指收购车辆随收购价格和其他费用而相应变动的费用。( )
10. 竞争导向定价法又称"顾客导向定价法""市场导向定价法"。( )

**四、简答题**(4 小题,每题5分,共20分)

1. 简述分析讨论二手车评估资料的目的。

2.二手车鉴定评估的评估依据有几类？具体内容是什么？

3.简述二手车销售定价的影响因素。

4.简述二手车销售定价的方法。

**五、论述题**(2小题,每题10分,共20分)

1. 二手车鉴定评估报告中为什么要有特别事项说明?

2. 二手车质量担保的作用是什么?为什么要进行二手车质量担保?

答 题 纸